党的创新理论 体系化学理化
研究文库

谢富胜 著

中国道路的政治经济学

中国人民大学出版社
·北京·

总　　序

　　思想是行动的先导，理论是实践的指南。人类文明进程表明，一个民族要走在时代前列，就一刻不能没有理论思维，一刻不能没有思想指引。2023年6月，习近平总书记在中共中央政治局就开辟马克思主义中国化时代化新境界进行第六次集体学习时强调："推进理论的体系化、学理化，是理论创新的内在要求和重要途径。马克思主义之所以影响深远，在于其以深刻的学理揭示人类社会发展的真理性、以完备的体系论证其理论的科学性。"中国共产党是以马克思主义科学理论为指导的无产阶级政党，拥有马克思主义科学理论指导是我们党坚定信仰信念、把握历史主动的根本所在，也是我们党从弱小走向强大、从苦难走向辉煌、从胜利走向胜利的奥妙之所在。在强国建设、民族复兴的新时代，哲学社会科学繁荣发展的一项重要任务是不断推进党的创新理论体系化学理化研究。

　　一、推进理论的体系化学理化是马克思主义与时俱进的必然要求和重要途径

　　任何一种理论的形成和发展都不是一蹴而就的，而是经历了多个阶段。一般来说，理论的形成和发展要经历理论问题的发现、理论假设的提出、理论框架的建构、理论观点的阐释、理论的应用与反馈、理论的修正与拓展等多个阶段。人类思想史上流变至今并仍然具有学术价值、理论价值和实践价值的思想大都经历了这样的发展阶段。在西方，苏格拉底、柏拉图、亚里士多德等人的政治哲学思想，康德、黑格尔、费尔巴哈等人的哲学思想，圣西门、傅立叶、欧文等人的空想社会主义思想，亚当·斯密、大卫·李嘉图等人的古典政治经济学思想，都经历了这样的发展阶段。在中国漫漫历史长河中产生的儒、墨、道、法等各家学说，也经历了这样的发展阶段。以上的任何一种理论、学说，都有一个体系化学理化的研究阐释过程。

在人类思想史上产生了极为广泛而深刻影响的马克思主义，也经历了从发现问题、提出理论假说、构建理论框架，到进行体系化学理化阐释，经过实践检验不断修正和完善，随着时代发展不断与时俱进的过程。马克思主义唯物史观、剩余价值学说都经历了从形成、发展到逐步完善的过程。科学社会主义诞生的标志之作《共产党宣言》第一次全面阐述了科学社会主义基本原理。即使是这部"全部社会主义文献中传播最广和最具有国际性的著作"，在其出版后的几十年时间内，马克思、恩格斯还是为其撰写了多篇序言，并对其中的一些原理进行了进一步的阐发，马克思、恩格斯之后的马克思主义者也对这部文献的基本原理进行了深入的体系化学理化研究。习近平总书记指出："马克思主义之所以影响深远，在于其以深刻的学理揭示人类社会发展的真理性、以完备的体系论证其理论的科学性。马克思曾说他的著作是一个艺术的整体，列宁也说过马克思主义哲学是一块整钢。恩格斯撰写《社会主义从空想到科学的发展》等论著，系统阐发马克思主义基本原理，科学论证了马克思主义三个组成部分之间的内在统一性，以深刻的学理捍卫并发展了马克思主义的科学性，以完备的体系避免和修正了对马克思主义的片段化、庸俗化。"

中国是以马克思主义作为根本指导思想的社会主义国家，马克思主义是指导我们改造客观世界和主观世界的锐利思想武器。"中国共产党为什么能，中国特色社会主义为什么好，归根到底是马克思主义行，是中国化时代化的马克思主义行。"中国化时代化的马克思主义之所以行，就在于我们党不断推进马克思主义基本原理同中国具体实际相结合、同中华优秀传统文化相结合，不断深化对马克思主义体系化学理化的研究，在守正创新中不断开辟马克思主义在中国发展的新境界，并用中国化时代化的马克思主义指导实践。作为中国化时代化马克思主义的毛泽东思想、邓小平理论、"三个代表"重要思想、科学发展观、习近平新时代中国特色社会主义思想，是我们党带领人民在实践创新基础上，系统并持续推进马克思主义理论创新的成果。这些理论成果萌发、形成、发展并被写进《中国共产党章程》和《中华人民共和国宪法》，从而成为全党全国人民团结奋斗的共同思想基础，离不开以毛泽东、邓小平、江泽民、胡锦涛、习近平为主要代表的中国共产党人的理论创新和理论阐发，也离不开广大哲学社会科学工作者对于党的创新理论的体系化学理化研究。

人类思想史和马克思主义发展史清楚地表明，推进理论的体系化学理化，是理论创新的必然要求和重要途径。

二、加强党的创新理论体系化学理化研究是当前推进马克思主义中国化时代化的重要任务

在中国特色社会主义新时代，加强党的创新理论体系化学理化研究，具有重大的理论、实践和时代意义。

从理论自身发展的内在需要来看，加强党的创新理论体系化学理化研究有助于更深入、全面地理解党的创新理论的科学内涵、主要内容、核心要义、精神实质和内在逻辑。对党的创新理论进行体系化梳理，能够清晰呈现各个观点、论断之间的逻辑关联，避免片面、孤立地理解。对党的创新理论进行学理化研究，能够揭示出理论背后的学理基础、原理性成果，使人们从学理层面把握理论的科学性和真理性。对党的创新理论进行体系化学理化研究，能够发现理论发展的生长点和空白点，为进一步的理论创新提供基础和方向，推动党的理论不断与时俱进，保持旺盛的生命力。加强党的创新理论体系化学理化研究，以完备的体系论证其理论的科学性，以深刻的学理揭示人类社会发展的真理性，还能够让党的创新理论更具说服力和感染力，增强人们对党的创新理论的政治认同、思想认同、理论认同、情感认同。

从理论指导实践的要求来看，加强党的创新理论体系化学理化研究，有助于提高实践的科学性和有效性。时代是思想之母，实践是理论之源。党的创新理论既来源于实践，又指导实践，同时接受实践的检验。科学的理论能够更系统、更精准地为实践提供指导，帮助人们更好地把握实践的方向、目标和方法，提高实践活动的科学性、针对性和实效性。例如，加强对党的理论创新成果——习近平新时代中国特色社会主义思想的体系化学理化研究，能够为推进中国式现代化、实现中华民族伟大复兴等实践提供全面系统的理论指引。加强党的创新理论体系化学理化研究，还能够更好地聚焦全面推进强国建设、民族复兴伟业中遇到的新情况新问题以及进一步全面深化改革存在的深层次问题等，为解决这些问题提供理论支撑和思路方法，在对实际问题的解答中体现马克思主义的理论思考，实现理论和实践的有机联系，用创新理论指导实践，用实践创新推动理论创新，从而发展当代中国马克思主义、21世纪马克思主义。

从思想引领与理论传播的要求来看，加强党的创新理论体系化学理化研究，能够凝聚思想共识，提升传播效果。理论创新每前进一步，理论武装就要跟进一步。始终坚持用党的创新理论武装全党、教育人民、指导实践，是实现马克思主义大众化的内在要求，也是我们党百余年奋斗积累的宝贵经验。通过体系化学理化研究，将党的创新理论以更加准确、更加权威、更加清晰易懂的方式呈现给广大党员和群众，有助于人们学习、理解、掌握和接受，从而更好地凝聚全党全国各族人民的思想共识，形成共同的理想信念和价值追求，建好共同的精神家园，汇聚起团结奋斗的强大力量。通过体系化学理化研究，有助于把党的创新理论的政治话语转化为学术话语、大众话语，用通俗易懂、生动形象的方式进行传播，使理论"飞入寻常百姓家"，增强理论宣传普及的吸引力、感染力和影响力，让党的创新理论更加深入人心，从而转化为强大的精神力量。

从增强党的创新理论的国际影响力来看，加强党的创新理论体系化学理化研究，有利于提升国际话语权，提升国家软实力。加强党的创新理论体系化学理化研究，充分挖掘党的创新理论中蕴含的科学世界观和方法论，从党的创新理论中概括提炼出反映人类社会发展共性、普遍性的一般原理，有利于建构中国化时代化马克思主义的自主知识体系，在国际舞台上更好地讲好中国故事、传播好中国声音、阐述好中国理论，提高中国学术思想的国际地位，提升中国在国际思想文化领域的话语权和影响力，展现中国共产党为人类文明发展贡献的中国智慧和中国方案。

总之，强国建设、民族复兴的新征程，需要科学理论的指导，加强党的创新理论体系化学理化研究，为党和国家事业发展提供坚实的理论支撑，是当代中国马克思主义发展的必然要求，是广大哲学社会科学工作者要承担的重大责任和光荣使命。

三、加强党的创新理论体系化学理化研究，全面推进强国建设、民族复兴伟业

中国共产党的历史是一部不懈奋斗史，也是一部理论创新史。党在不断推进马克思主义中国化时代化的百余年进程中，持续推进实践创新基础上的理论创新，取得了十分丰硕的理论成果。这些理论成果的内容博大精深，需要进行多学科综合研究。因此，加强党的创新理论体系化学理化研究，需要从多个方面入手：

——坚持以马克思主义为指导。马克思主义是我们党的指导思想，是推进理论创新的"魂脉"。党的创新理论是中国共产党人把马克思主义基本原理同中国具体实际相结合、同中华优秀传统文化相结合的成果，只有坚持以马克思主义世界观和方法论为指导，才能确保体系化学理化研究不偏离正确方向。加强对广大哲学社会科学工作者的思想政治教育，确保他们在研究过程中始终坚持正确的政治方向和学术导向，能够准确把握党的创新理论的精神实质和丰富内涵。

——坚持人民至上。人民是历史的创造者，是推动社会发展的根本力量。中国共产党的理论创新始终围绕着人民的利益和需求展开，把为人民谋幸福、为民族谋复兴作为理论创新的出发点和落脚点。只有站在人民立场对党的创新理论进行体系化学理化研究，才能体现党的创新理论的人民性。

——坚持问题导向。党的创新理论是以解决实际问题为出发点和落脚点的，是在敏锐地发现问题、深入地研究问题、切实地解决问题，在破解难题中形成发展的。只有坚持问题导向，直面理论创新面临的各种复杂问题和理论研究阐释中遇到的难点疑点问题，才能把党的创新理论讲深讲透讲彻底。

——坚持系统观念。要以党的创新理论为核心，围绕其产生的历史背景、理论渊源、发展脉络、内在逻辑等方面，构建全面系统的研究框架，避免碎片化研究。特别需要研究中国化时代化马克思主义各个理论成果之间的继承与发展关系，展现党的理论创新的连续性和系统性。

——强化学理研究。要坚持运用马克思主义的立场、观点和方法，深入挖掘党的创新理论中的学科基础、学理逻辑和学术内涵，对党的创新理论进行深入探讨和解读，讲清楚其中蕴含的学理、哲理、道理。要以严谨的学术规范和方法，注重运用学术化、专业化的语言，将党的创新理论转化为具有学术影响力的话语表达，推动党的创新理论进入学术研究的主流话语体系。

——做到"两个结合"。党的创新理论是马克思主义基本原理同中国具体实际相结合、同中华优秀传统文化相结合的结晶，是植根于中国土壤、切合中国实际的科学理论，只有紧密结合中国的历史、文化、社会和经济等实际情况，才能把握党的创新理论的思想精髓。

——总结实践经验。党的创新理论是党和人民实践经验的结晶，只有立足中华民族伟大历史实践和当代实践，通过实地调研、案例分析等实证研究方法，深入了解党的创新理论在经济社会发展各领域的具体实践和应用效果，用中国道理总结好中国经验，把中国经验提升为中国理论，才能准确把握党的创新理论的科学性。

——整合研究资源。要通过体制机制创新，加强高校、科研机构、党校等各类研究力量的协同合作，打破部门和学科壁垒，组建跨学科、跨领域的研究团队，形成研究合力，共同开展重大课题研究，促进不同学科视角和研究方法的融合，从多个维度对党的创新理论进行系统研究。

——加强人才建设。在高校和科研机构设立相关专业和研究方向，加强对马克思主义理论、党史党建等学科的建设，培养一批具有扎实理论基础和创新能力的专业研究人才。通过开设专题课程、举办学术讲座、开展科研项目等方式，为青年学者提供学习和研究的平台，鼓励他们投身于党的创新理论研究事业。通过组织培训、学术交流、实践锻炼等方式，不断提高现有研究队伍的政治素质、理论水平和研究能力。

——坚持胸怀天下。在人类学术思想的流变过程中，西方学术思想的发展已经创造、积累了一系列对理论和思想进行体系化学理化研究的科学方法，我们可以将这些方法吸收借鉴过来并加以运用和改造，形成我们自身的对党的创新理论进行体系化学理化研究的科学方法，提高体系化学理化研究的质量。

——拓展传播渠道。要适应数字文明时代带来的新机遇，充分利用传统媒体和新兴媒体，提高理论的传播力和覆盖面，广泛传播党的创新理论研究成果，扩大理论影响力。要积极开展与国际学术界的交流与合作，向世界传播中国共产党的创新理论和中国特色社会主义的成功经验。通过举办国际学术会议、开展国际合作研究项目等方式，加强与国外学者的交流互动，创造条件吸引国外学者参与党的创新理论的体系化学理化研究，增进国际社会对中国共产党创新理论的了解和认同，提升中国在国际学术领域的话语权和影响力。

实践发展永无止境，理论创新未有穷期。作为中国共产党亲手创办的第一所新型正规大学，中国人民大学始终高擎马克思主义真理火炬，在党的创新理论研究阐释与体系化学理化建设方面勇立潮头。八十八载弦歌不辍，中国人民大学坚持用党的创新理论培根铸魂，筑起了马克思主义理论研究的学术重镇，打造了党的创新理论研究阐释的学术高地，产出了一批具有理论穿透力和实践解释力的标志性成果，培育了数代矢志马克思主义理论研究的卓越人才。在习近平总书记考察中国人民大学发表重要讲话三周年之际，中国人民大学出版社推出的"党的创新理论体系化学理化研究文库"，正是这一学术传统的最新见证。需要特别说明的是，为忠实记录马克思主义中国化时代化的发展轨迹，其中部分著作在再版时未作内容修订。这种"存其原貌"的编纂理念，使读者既能触摸思想演进的时代脉搏，又能透过历史语境理解理论突破的必然逻辑。这种编排方式既彰显马克思主义理论体系开放包容的品格，也构建起从经典原著到当代成果的研究谱系，让理论创新的"过去时"与"进行时"在学术长河中交相辉映，使思想探索的"源"与"流"在历史纵深中清晰可辨。

我们将立足新时代新征程，在习近平新时代中国特色社会主义思想的指引下，继续高举马克思主义的旗帜，传承红色基因，弘扬优良传统，奋力打造党的创新理论铸魂育人、研究阐释、传播普及高地，让当代中国马克思主义、21世纪马克思主义放射出更加灿烂的真理光芒，为以中国式现代化全面推进强国建设、民族复兴伟业作出新的更大贡献。

目　　录

第一编

中国共产党为什么能？

中国共产党自 1921 年成立之日起，就把实现共产主义作为党的最高理想和最终目标，把为中国人民谋幸福、为中华民族谋复兴作为党的初心和使命，义无反顾地肩负起民族复兴的历史大任，以马克思主义为指导，团结带领中国人民进行了艰苦卓绝的斗争，在革命、建设和改革的具体实践中，实现了民族独立和人民解放，建立了独立的国民经济体系，在社会主义市场经济转型的过程中造就了经济快速发展和社会长期稳定两大奇迹，创造了中国式现代化道路和人类文明新形态。中国共产党为什么能？这是理论界需要阐明的重大理论问题。本编将指出，中国共产党"能"的根本原因在于将马克思主义基本原理同中国具体实际相结合，不断进行理论创新和理论创造，形成了中国共产党百年经济思想。

百年来，中国共产党的经济思想形成于马克思主义基本原理同中国革命、建设与改革实践的紧密结合，反过来又成为指导中国实践的思想武器，并在坚持真理、修正错误、不断创新中丰富和发展，不断把马克思主义中国化推向前进。习近平总书记总结了中国共产党对马克思主义政治经济学的理论创新和创造，指出"毛泽东同志在新民主主义时期创造性地提出了新民主主义经济纲领，在探索社会主义建设道路过程中对发展我国经济提出了独创性的观点，如提出社会主义社会的基本矛盾理论，提出统筹兼顾、注意综合平衡，以农业为基础、工业为主导、农轻重协调发展等重要观点"①，"随着改革开放不断深入，我们形成了当代中国马克思主义政治经济学的许多重要理论成果，比如，关于社会主义本质的理论，关于社会主义初级阶段基本经济制度的理论，关于树立和落实创新、协调、绿色、开放、共享的新发展理念的理论，关于发展社会主义市场经济、使市场在资源配置中起决定性作用和更好发挥政府作用的理论，关于我国经济发展进入新常态的理论，关于推动新型工业化、信息化、城镇化、农业现

---

① 习近平．不断开拓当代中国马克思主义政治经济学新境界．求是，2020（16）：6.

代化相互协调的理论，关于农民承包的土地具有所有权、承包权、经营权属性的理论，关于用好国际国内两个市场、两种资源的理论，关于促进社会公平正义、逐步实现全体人民共同富裕的理论"①，以及"深化供给侧结构性改革、推动经济高质量发展的理论……关于加快形成以国内大循环为主体、国内国际双循环相互促进的新发展格局的理论……关于统筹发展和安全的理论，等等"②，"这些理论成果，马克思主义经典作家没有讲过，改革开放前我们也没有这方面的实践和认识，是适应当代中国国情和时代特点的政治经济学，不仅有力指导了我国经济发展实践，而且开拓了马克思主义政治经济学新境界"③。

学术界从多个方面研究了中国共产党百年经济思想，形成了丰富的理论成果，可以归为三个方面。一是按照阶段性详细梳理了新民主主义革命时期、社会主义革命和建设时期、改革开放和社会主义现代化建设新时期以及中国特色社会主义新时代的中国共产党经济思想。中国共产党诞生后，以毛泽东同志为主要代表的中国共产党人把马克思主义基本原理同中国革命的具体实际结合起来，明确了中国半殖民地半封建的社会性质与新民主主义革命的性质、对象、任务和前途，提出新民主主义经济纲领，形成了新民主主义经济思想，团结带领中国人民经过长期奋斗，夺取了新民主主义革命的胜利，建立起中华人民共和国，中国人民从此站起来了。新中国成立后，中国共产党人把马克思主义基本原理同中国经济建设的具体实际结合起来，提出了过渡时期的总路线，并提出了"统筹兼顾、注意综合平衡"，"以农业为基础、工业为主导、农轻重协调发展"，"自力更生为主，争取外援为辅"以及"四个现代化"等重要理论，形成了社会主义建设时期的经济思想，领导人民进行社会主义革命，确立了社会主义基本制度，进行了社会主义建设的艰辛探索，实现了一穷二白、人口众多的东方大国大步迈进社会主义社会的伟大飞跃。改革开放以来，中国共产党人把马克思主义基本原理同中国改革

---

①③　习近平．不断开拓当代中国马克思主义政治经济学新境界．求是，2020（16）：6.

②　习近平．正确认识和把握中长期经济社会发展重大问题．求是，2021（2）：9.

开放的具体实际结合起来，提出了社会主义本质、社会主义初级阶段及基本经济制度、社会主义市场经济、对外开放等重要理论，形成了以邓小平理论、"三个代表"重要思想、科学发展观为核心内容的中国特色社会主义经济思想，团结带领中国人民进行建设中国特色社会主义新的伟大实践，使中国大踏步赶上了时代，实现了中华民族从站起来到富起来的伟大飞跃。在新时代，中国共产党人把马克思主义基本原理同新时代中国具体实际结合起来，提出了新常态、供给侧结构性改革、新时代和主要矛盾转化、统筹推进"五位一体"总体布局、协调推进"四个全面"战略布局，推动新型工业化、信息化、城镇化、农业现代化相互协调，乡村振兴，以及新发展阶段、新发展理念和新发展格局等众多重要理论，形成了习近平经济思想，团结带领中国人民进行伟大斗争、建设伟大工程、推进伟大事业、实现伟大梦想，推动党和国家事业取得全方位、开创性历史成就，发生深层次、根本性历史变革，中华民族迎来了从富起来到强起来的伟大飞跃。[1] 二是总结了中国共产党能够不断进行经济理论创新和创造的经验与面临的问题，指出中国共产党创新和发展社会主义经济理论是党的性质和奋斗目标的要求、社会主义革命和建设实践的需要、社会主义经济理论成熟完善的必然趋势，基本方法是坚持马克思政治经济学基本原理与辩证唯物主义、历史唯物主义的世界观和方法论，以人民为中心，把马克思主义基本原理同中国具体实际相结合，同时注重观察总结世界各国经济活动和发展中的经验教训，努力学习、参考、借鉴全世界的经济学特别是现代西方经济学合理有用的理论和方法，展现出了中国共产党经济思想的理论自觉和历史自觉。[2] 三是聚焦于中国共产党经济思想在不同领域的创新和发展，研究了社会主义经济发展理论、社会主义市场经济理论、分配理论、共同富裕理

---

[1] 顾海良. 中国共产党百年经济思想与马克思主义政治经济学中国化. 教学与研究，2021 (6): 5-16; 洪银兴. 中国共产党百年经济思想述评. 东南学术，2021 (3): 1-22; 裴长洪，彭磊. 中国共产党和马克思主义政治经济学: 纪念中国共产党成立一百周年. 经济研究，2021 (4): 24-40; 张雷声. 中国共产党经济思想百年发展研究. 政治经济学评论，2021 (3): 3-16.

[2] 简新华. 中国共产党百年社会主义经济理论的创新和发展——庆祝中国共产党成立100周年. 毛泽东邓小平理论研究，2021 (6): 1-17; 顾海良. 中国共产党百年经济思想与马克思主义政治经济学中国化. 教学与研究，2021 (6): 5-16.

论以及中国特色开放型经济理论等。①

习近平总书记指出："理论的生命力在于创新……我们党的历史……就是一部不断推进理论创新、进行理论创造的历史。"②究竟哪些理论成果属于"理论创新"，哪些属于"理论创造"呢？裴长洪、彭磊明确提出中国共产党的"理论创造"包括新民主主义政治经济学、中国特色社会主义政治经济学和当代国际政治经济学三个方面，分别阐述了中国共产党在新中国成立前经济工作、新中国成立后经济建设以及建党以来处理国际政治经济关系方面的理论创造。③顾海良则在更一般的层面上区分了理论创新和理论创造。理论创新包括在把马克思主义政治经济学基本原理运用于中国实际中时形成的继承性创新；在继承和发展马克思主义政治经济学的同时，吸收各种经济思想有价值和可借鉴的成分，以及吸收、转化和创新中华传统经济思想实现的集成性创新。理论创造包括对马克思主义经典文本中心思想的发掘和创造性运用，以及完全以中国具体实际或当代世界发展的新现实为依据的原始性创新。④阐明中国共产党对马克思主义政治经济学的理论创造，是指导中国特色社会主义实践以及不断促进新的理论成果形成、构建中国特色社会主义政治经济学体系的基本前提和重要任务，对于不断开拓当代中国马克思主义政治经济学新境界、为马克思主义政治经济学创新发展贡献中国智慧具有重要意义，是"中国共产党为什么能"的答案之所在。

本编以马克思主义经典作家和中国共产党领袖人物的论述为纬，以中

---

① 洪银兴. 中国共产党领导建设新中国的经济发展思想演进. 管理世界，2021（4）：1-11；简新华，程杨洋. 中国共产党的社会主义市场经济理论创新：庆祝中国共产党成立100周年. 财经科学，2021（5）：39-48；简新华，聂长飞. 党对社会主义经济发展理论的创新和发展. 经济学动态，2021（6）：3-15；白永秀，周博杨，王泽润. 中国共产党百年分配思想演进的历史逻辑、理论逻辑与实践逻辑. 中国经济问题，2021（3）：20-27；逄锦聚. 中国共产党带领人民为共同富裕百年奋斗的理论与实践. 经济学动态，2021（5）：8-16；裴长洪. 中国特色开放型经济理论研究纲要. 经济研究，2016（4）：14-29，46.

② 习近平. 在党史学习教育动员大会上的讲话. 求是，2021（7）：9.

③ 裴长洪，彭磊. 中国共产党和马克思主义政治经济学：纪念中国共产党成立一百周年. 经济研究，2021（4）：24-40.

④ 顾海良. 中国共产党百年经济思想与马克思主义政治经济学中国化. 教学与研究，2021（6）：5-16.

国革命、建设和改革的具体实践为经，阐明中国共产党人立足于马克思主义的立场、观点和方法，结合中国实践，进行了理论创造，这是中国共产党人为什么能的根本原因。19 世纪中期资本主义在世界范围内扩张并与落后社会形态相连接形成了混合的社会形态，此后后进国家的社会主义实践不断发展，产生了马克思主义经典理论没有预料到的新问题。中国共产党结合中国革命、建设和改革的具体实践，贯彻辩证唯物主义和历史唯物主义，科学运用基本矛盾和主要矛盾分析法，准确把握了中国社会发展的历史方位，统筹国内和国际两个大局，解决了社会主义经济建设和中国同资本主义世界交往的各种问题，创造了中国式现代化新道路，形成了中国特色的历史方位论、中国特色的社会主义经济建设论和中国特色的社会主义与世界资本主义经济关系论，开拓了马克思主义政治经济学新境界（见下图）。

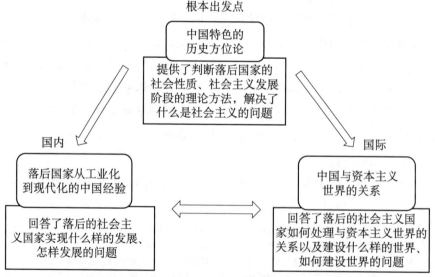

根本出发点

中国特色的
历史方位论

提供了判断落后国家的社会性质、社会主义发展阶段的理论方法，解决了什么是社会主义的问题

国内

落后国家从工业化到现代化的中国经验

回答了落后的社会主义国家实现什么样的发展、怎样发展的问题

国际

中国与资本主义世界的关系

回答了落后的社会主义国家如何处理与资本主义世界的关系以及建设什么样的世界、如何建设世界的问题

中国共产党对马克思主义政治经济学的三大理论创造

第一章表明了中国特色的历史方位论是三大理论创造的核心环节。正确认识中国社会发展的历史方位，是制定开展国内经济建设与处理国际经济关系的战略和政策的重要前提。马克思主义的社会形态和发展阶段理论阐明了人类经济社会形态发展的一般规律，揭示了资本主义社会的发展规

律，但并未提供判断混合社会形态的性质和社会主义社会发展阶段的理论方法。中国共产党人基于唯物史观和矛盾分析法，创立并发展了基本矛盾与主要矛盾分析法，创造性地解决了判断后进国家社会形态的性质、后进社会主义国家社会发展阶段的问题，构成了中国特色的历史方位论。第二章讲述了基于中国特色的历史方位论，中国共产党围绕社会主义经济建设的任务，致力于解决不同历史方位下的主要矛盾，在实践中回答了马克思主义经典作家没有解决的后进国家经济如何持续有效发展的问题，创造了"从无到有、从有到优、从优到精"的社会主义经济发展模式，分别形成了独立工业体系建设论、社会主义市场经济论和高质量发展论，这些理论共同构成了中国特色社会主义经济建设论。第三章阐释了中国共产党在社会主义现代化建设的过程中面临着与资本主义世界交往的问题。根据不同历史阶段的矛盾转化和国内经济建设的要求，中国共产党在不同的历史阶段准确分析了中国与世界资本主义的经济关系，认识到社会主义国家与资本主义国家既对立又存在普遍联系，超越了以意识形态划分阵营的帝国主义论，相继提出了中间地带思想和三个世界理论、和平与发展论，以及人类命运共同体理念等，创新发展了马克思的人类共同体思想。

第一章　中国特色的历史方位论

马克思基于生产的核心地位，阐明了人类经济社会形态发展的一般规律，并在此基础上揭示了现代资本主义生产方式的运动规律。但马克思并未提供判断混合社会形态的社会性质和同一社会形态不同发展阶段的理论依据。以毛泽东同志为主要代表的中国共产党人发展了马克思主义认识论，创立了基本矛盾与主要矛盾分析法，创造性地解决了判断落后国家社会性质的问题。改革开放后，根据中国社会主要矛盾的阶段性变化，又形成了社会主义初级阶段理论、新发展阶段等独创理论，发展和深化了对社会主义发展阶段的认识，共同构成了中国特色的历史方位论。

一、历史方位、社会形态与发展阶段

历史方位是客观事物在历史发展中所处的位置，判断一个社会发展的历史方位包括明确社会性质或该社会发展所处的具体历史阶段，这是马克思主义者揭示社会运动规律的必要前提。已有文献通常根据词义，将"历史方位"拆解为"历史"和"方位"，其中"历史"是事物存在和发展的进程，"方位"则是方向和位置。一般社会科学所使用的"历史方位"，主要是指某一社会历史事件所处的阶段或状态。① 社会发展的历史方位指的就是一个社会所处的阶段或状态，包括社会形态和同一社会形态下的发展阶段。中央文件曾多次使用"历史方位"这一概念，如习近平总书记在党的十九大报告中明确指出"经过长期努力，中国特色社会主义进入了新时代，这是我国发展新的历史方位"，实际上指的是中国特色社会主义的发展进入了新时代这一具体的历史阶段。

"现代唯物主义把历史看做人类的发展过程，而它的任务就在于发现这个过程的运动规律。"② 社会形态正是阐释人类社会发展和演进的重要概念。"历史什么事情也没有做……正是人，现实的、活生生的人在创造这一切，拥有这一切并且进行战斗。……历史不过是追求着自己目的的人的活动而已。"③ 人为了能够创造历史，必须能够生活，因此，"第一个历史活动就是……生产物质生活本身"④，"已经得到满足的第一个需要本身、满足需要的活动和已经获得的为满足需要而用的工具又引起新的需要，而这种新的需要的产生是第一个历史活动"⑤。随着生产与历史形成的需要的发展，劳动者和生产资料作为生产的要素不断实行不同的结合方式，生产方式以及随之产生的交换方式不断发生变革，人与人之间的新的社会关系不断产生并采取不同的社会形式，"使社会结构区分为各个不同的经济时期"⑥。为了表述人类历史不同发展阶段中相互区别的、具有一定特征的社会，马克思借用地质学中地质"层系"的概念，创造出了"社会形态"范畴。⑦ 与地质层系相继更迭类似，人类社会发展具有阶段性和连续性相统一的特点。"历史的每一阶段都遇到一定的物质结果，一定的生产力总和，人对自然以及个人之间历史地形成的关系，都遇到前一代传给后一代的大

---

① 韩庆祥，刘雷德．论新时代"历史方位"的鲜明标志．马克思主义研究，2019（11）：31 - 39；周善红．历史方位认知与党建理论创新．北京：中共党史出版社，2012：10.

② 马克思，恩格斯．马克思恩格斯文集：第9卷．北京：人民出版社，2009：28.

③ 马克思，恩格斯．马克思恩格斯文集：第1卷．北京：人民出版社，2009：295.

④ 同③531.

⑤ 同③531 - 532.

⑥ 马克思，恩格斯．马克思恩格斯文集：第6卷．北京：人民出版社，2009：44.

⑦ 大野节夫．马克思的社会形态和生产方式的概念//中国历史唯物主义研究会．历史唯物主义论丛．北京：清华大学出版社，1984：290 - 300.

量生产力、资金和环境，尽管一方面这些生产力、资金和环境为新的一代所改变，但另一方面，它们也预先规定新一代本身的生活条件，使它得到一定的发展和具有特殊的性质。"①

社会形态的发展作为一个自然的历史过程，代表了人类社会由低级阶段向高级阶段的历史更替，大体上分为"三社会形态"和"五社会形态"两种划分方式。"三社会形态"从社会历史发展的视角区分了人的生存和发展状态，划分出了"人的依赖关系"、"物的依赖关系"和"人的自由全面发展"等三大形态。以"人的依赖关系"为基础的社会形态是最初的社会形态，人与人之间"只是作为具有某种规定性的个人而互相发生关系"②。以"物的依赖性"为基础的社会形态是第二大社会形态，毫不相干的个人之间通过交换形成了互相和全面的依赖。在"个人全面发展"的第三大社会形态里，每个人的自由个性都"建立在个人全面发展和他们共同的、社会的生产能力成为从属于他们的社会财富这一基础上"③，而人与人之间的社会关系作为共同关系，服从于人们自己的共同控制。至于"五社会形态"，根据生产方式的特殊性质，"劳动者和生产资料……结合的特殊方式和方法，使社会结构区分为各个不同的经济时期"④，例如"亚细亚的、古希腊罗马的、封建的和现代资产阶级的生产方式可以看做是经济的社会形态演进的几个时代"⑤。恩格斯在《家庭、私有制和国家的起源》中明确了氏族社会、古代奴隶制社会、中世纪农奴制社会、近代雇佣劳动制社会等几种社会形态。后来，"五社会形态"说在苏联马克思主义者的发展下逐渐成熟。列宁针对社会形态的发展主要做过两次表述：一是认为人类社会的发展"起初是无阶级的社会——父权制原始社会，即没有贵族的原始社会；然后是以奴隶制为基础的社会，即奴隶占有制社会"⑥，接着

---

① 马克思，恩格斯．马克思恩格斯文集：第1卷．北京：人民出版社，2009：544－545．
② 马克思，恩格斯．马克思恩格斯全集：第30卷．2版．北京：人民出版社，1995：113．
③ 同②107－108．
④ 马克思．资本论：第2卷．2版．北京：人民出版社，2004：44．
⑤ 马克思，恩格斯．马克思恩格斯文集：第2卷．北京：人民出版社，2009：592．
⑥ 列宁．列宁全集：第37卷．2版增订版．北京：人民出版社，2017：67．

"奴隶制发展成了农奴制"①，后来"农奴制被资本主义所代替"②；二是"依次叙述原始氏族共产主义时期、奴隶制时期、封建主义和行会时期、最后是资本主义时期"③。斯大林在《论辩证的和历史的唯物主义》中提出"历史上有五种基本类型的生产关系：原始公社制的、奴隶占有制的、封建制的、资本主义的、社会主义的"④。1939 年，《简明哲学辞典》正式提出了五种社会形态，"原始公社制度、奴隶占有制度、封建制度、资本主义制度以及社会主义制度（共产主义制度），是各种不同的社会经济形态，是人类社会发展的各个特殊阶段"⑤。

从历史学的角度来看，社会形态概念刻画的是人类历史发展的"长时段"，借以研究那些缓慢变化的、历时百年的经济社会体系的基本结构和形态。而任何社会形态内部都能区分不同的发展阶段，这种较短时段的研究则有利于探索同一社会形态内部经济社会结构的周期性变动，即"发展阶段"。发展阶段的划分并没有形成统一标准，例如，马克思在研究资本主义地租起源的时候，分析了封建社会由于生产力发展，为了满足土地所有者的利益需要所引致的地租形式的变化，如劳动地租、产品地租和货币地租，这样，封建社会就明显地区分为三个阶段。⑥ 后来的马克思主义者根据不同的标准将资本主义社会形态划分为若干个发展阶段。列宁将资本主义生产方式区分为自由竞争、私人垄断和国家垄断等三个阶段；调节学派根据资本主义积累体系在不同历史阶段下生产和消费的不同特点，将其区分为外延型积累体系、没有群众消费的内涵型积累体系、伴有群众消费的内涵型积累体系、大规模个性化消费的积累体系；积累的社会结构学派根据美国积累的社会结构（SSA）具有调节主义还是自由主义的特性，将其分为进步时代的调节主义的 SSA、一战后的自由主义的 SSA、二战后的调节主义的 SSA 以及当前的新自由主义的 SSA；宇野学派根据占主导地位

---

① 列宁.列宁全集：第 37 卷.2 版增订版.北京：人民出版社，2017：68.

② 同①69.

③ 列宁.列宁全集：第 4 卷.2 版增订版.北京：人民出版社，2013：2.

④ 斯大林.列宁主义问题.北京：人民出版社，1964：649.

⑤ 罗森塔尔，尤金.简明哲学辞典.2 版.北京：人民出版社，1958：30.

⑥ 马克思，恩格斯.马克思恩格斯文集：第 7 卷.北京：人民出版社，2009：884-906.

的使用价值生产的不同，从而产业技术和积累模式的不同，将资本主义划分为重商主义阶段、自由主义阶段、帝国主义阶段和消费主义阶段等。

然而，这些社会形态和发展阶段的划分无法直接用于判断落后国家社会发展的历史方位。首先，社会形态的发展在空间上是不均衡的，有些国家发展成资本主义社会，但有些国家还处于封建社会，而资本主义社会形态作为一种扩张的社会经济秩序会改变落后国家的历史进程。马克思曾在《不列颠在印度的统治》和《不列颠在印度统治的未来结果》两篇文章中以英国对印度的殖民为研究对象，揭示了资本主义国家对经济落后的东方国家施行殖民统治的特征，说明了对于落后国家而言，资本主义生产方式的世界性扩张"破坏了本地的公社，摧毁了本地的工业，夷平了本地社会中伟大和崇高的一切"①，"内战、外侮、革命、征服、饥荒——尽管所有这一切接连不断地对印度斯坦造成的影响异常复杂、剧烈和具有破坏性，它们却只不过触动它的表面。英国则摧毁了印度社会的整个结构，而且至今还没有任何重新改建的迹象"②。尽管英国殖民者在利益驱动下不得不创造了印度"现代工业的先驱"，但这"既不会使人民群众得到解放，也不会根本改善他们的社会状况"③，"在大不列颠本国现在的统治阶级还没有被工业无产阶级取代以前，或者在印度人自己还没有强大到能够完全摆脱英国的枷锁以前，印度人是不会收获到不列颠资产阶级在他们中间播下的新的社会因素所结的果实的"④。其次，以生产方式的具体特征来划分社会形态的方法在生产日益全球化的今天已经逐渐不适用了。马克思曾深刻指出，"各种经济时代的区别，不在于生产什么，而在于怎样生产，用什么劳动资料生产"⑤，"不论生产的社会形式如何，劳动者和生产资料始终是生产的因素。但是，二者在彼此分离的情况下只在可能性上是生产因素。凡要进行生产，就必须使它们结合起来。实行这种结合的特殊方式和方

---

① 马克思，恩格斯．马克思恩格斯文集：第2卷．北京：人民出版社，2009：686.
② 同①679.
③ 同①689.
④ 同①690.
⑤ 马克思．资本论：第1卷．2版．北京：人民出版社，2004：210.

法，使社会结构区分为各个不同的经济时期"①。但资本主义生产方式的扩张，不仅"开拓了世界市场，使一切国家的生产和消费都成为世界性的"②，还导致世界生产方式逐渐趋同，并通过核心-外围体系把世界上大部分国家都纳入资本主义生产体系之中，这意味着要寻求其他判断社会形态的方法。最后，"五社会形态"和资本主义发展阶段的划分都是以西方发达国家为研究对象的，而"三社会形态"则采取了社会形态发展的大历史时代这一更为宏观的划分视角，对于理解落后国家的社会形态性质的帮助较为有限。

托洛茨基曾指出，世界资本主义发展的统一过程吞没在其道路上所遇到的一切国家，并且结合当地的条件和资本主义的一般规律，与其他落后的社会形态发生"连接"③，创造出多种社会混合的形态，形成了一种社会混合物。从世界资本主义的发展来看，这是先进的资本主义社会形态与落后的社会形态在地理空间上的结合。要决定这种社会混合物的性质，不能用死板的历史公式，而只能借助唯物主义的分析方式。④

二、中国共产党对矛盾分析法的运用和发展

由于帝国主义列强入侵，近代中国处于一种混合的社会形态，如何判断近代中国社会形态的性质成为中国共产党在革命战争时期需要解决的首要问题。同时马克思主义发展阶段理论也没有为判断同一社会形态的不同发展阶段提供统一的理论标准，中国从"混合的社会形态"进入社会主义社会后，如何认识落后社会主义国家的社会发展阶段，是中国共产党需要回答的另一重大问题。

① 马克思.资本论：第2卷.2版.北京：人民出版社，2004：44.
② 马克思，恩格斯.马克思恩格斯文集：第2卷.北京：人民出版社，2009：35.
③ "连接"指的是资本主义和非资本主义生产方式在落后国家共同统治的状态，参见 Taylor, J. *From Modernization to Modes of Production*：*A Critique of the Sociologies of Development and Underdevelopment*，London and Basingstoke：The Macmillan Press，1979.
④ Trotsky, L. *1905*，Chicago：Haymarket Books，2016.

中国社会性质论战

1840 年鸦片战争后，随着帝国主义列强入侵和外国资本输入，中国社会性质发生了深刻的变化，如何认识中国社会形态的性质是为革命指明方向要回答的首要问题。党的二大以后，中国共产党在列宁的民族殖民地理论的影响下，就中国是一个"半殖民地"社会达成了共识，"各种事实证明，加给中国人民（无论是资产阶级工人或农人）最大的痛苦的是资本帝国主义和军阀官僚的封建势力，因此反对那两种势力的民主主义的革命运动是极有意义的：即因民主主义革命成功，便可得到独立和比较的自由。因此我们无产阶级审察今日中国的政治经济状况，我们无产阶级和贫苦的农民都应该援助民主主义革命运动。而且我们无产阶级相信在现今的奋斗进行中间，只有无产阶级的革命势力和民主主义的革命势力合同动作，才能使真正民主主义革命格外迅速成功"①，但此时党对中国的社会性质仍未明确。在共产国际内部，布哈林、斯大林等人认为封建关系在中国占主导地位。斯大林指出："决定中国革命性质的基本事实是：（甲）中国的半殖民地地位和帝国主义的财政经济的统治；（乙）因军阀和官僚的压迫而加重的封建残余的压迫；（丙）千百万工农群众日益发展的反封建官僚压迫、反军阀、反帝国主义的革命斗争；（丁）民族资产阶级在政治上的软弱性，它对帝国主义的依赖性，它对革命运动规模的畏惧；（戊）无产阶级日益增长的革命积极性，无产阶级在千百万劳动群众中的威信的增长；（己）中国邻邦无产阶级专政的存在。"② 而托洛茨基则认为封建"残余是不能起支配作用的"，他指出"在商业和银行资本无孔不入的作用的基础上，国内工业的十分迅速的增长；最重要的农业地区对市场的彻底依赖；对外贸易的巨大的和仍在增长的作用；中国农村对城市的全面服从，所有这一切都说明，资本主义关系在中国的绝对优势，它的直接的统治"，在中国"占统治地位的是资本主义关系，而不是'封建'关系（更确切地说是农奴制

---

① 中央档案馆.中共中央文件选集：第 1 册.北京：中共中央党校出版社，1989：114.
② 斯大林.斯大林全集：第 9 卷.北京：人民出版社，1954：199.

的关系，一般来说，即资本主义前的关系）"。①

1927年大革命失败后，蒋介石国民党政权成立，中国社会各种政治力量和阶级关系迅速分化整合，如何认识中国的社会性质是为革命指明方向要回答的核心问题。针对中国社会性质和中国革命性质问题，存在几种不同的看法，"中国革命是资产阶级革命呢，还是资产阶级性民权革命，或已转变到无产阶级社会主义革命？这一根本问题将决定今后革命之一切战术与策略"②。中国一些知识分子进一步发展了托洛茨基的观点，认为西方列强的入侵推动了中国资本主义的发展，资本主义先进国的商品输入落后的国家，将封建的城壁打破，并征服了封建势力，中国已经进入资本主义社会，产生了"取消中国反帝反封建的革命任务"等错误主张。③ 如陈独秀在《关于中国革命问题致中共中央信》中认为，"中国的封建残余，经过了商业资本长期的侵蚀，自国际资本主义侵入中国以后，资本主义的矛盾形态伸入了农村，整个的农民社会之经济构造，都为商品经济所支配，已显然不能够以农村经济支配城市，封建阶级和资产阶级经济利益之根本矛盾，如领主农奴制，实质上已久不存在"，不应当"过分估量封建势力的地位"，中国正处于"前一个革命高潮已经过去，后一个革命高潮还未到来"的过渡时期，他断言"资产阶级胜利"，并认为应当集中准备力量，留待将来再进行无产阶级革命。④ 随后，李立三在《中国革命的根本问题》中驳斥了这一观点，认为帝国主义支配着中国政治经济生活的同时，封建阶级仍然占有主要地位。1928年党的六大决议采纳了斯大林的说法，在肯定中国是半殖民地的同时，指出"现在的中国经济政治制度，的确应当规定为半封建制度"⑤，明确了中国革命的性质是资产阶级民主革命，但没有使用"半殖民地半封建"这一概念。

---

① 列夫·托洛茨基．托洛茨基论中国革命（1925—1927）．西安：陕西人民出版社，2011：288.

② 蔡和森．中国革命的性质及其前途．布尔塞维克，1928（1）：17.

③ 谢本书．中国社会性质问题论战的回顾及启示．思想战线，1987（6）：60-65；吴怀友，刘艳．中国社会性质问题论战与中共对国情认识的变化．党史研究与教学，2013（6）：45-53.

④ 中国共产党中央政治局，等．中国革命与机会主义．上海：民志书局，1929：96-118.

⑤ 中央档案馆．中共中央文件选集：第4册．北京：中共中央党校出版社，1989：336.

随着1930年"中国社会科学家联盟"的成立，中国一批先进知识分子展开了对中国社会和革命性质的研究，并以受中国共产党影响和教育的"新思潮派"和受托洛茨基观点影响的"动力派"为两大阵营，围绕着中国社会性质是资本主义、封建主义还是半殖民地半封建主义，主要在三大问题上展开了争论。第一，帝国主义入侵对近代中国社会经济关系造成了什么影响？"动力派"认为帝国主义的入侵破坏了封建制度的基础，促进了中国资本主义的发展，要通过对外贸易进一步促进商品经济从而促进资本主义的发展，对待外国资本和中国资本应一视同仁。"新思潮派"则认为，帝国主义虽然破坏了封建经济的基础，但并没有完全消灭封建势力，中国民族资本主义的发展受到抑制，而商品经济的发展并不能决定近代中国具有资本主义性质，必须严格划分外国资本和中国资本。第二，中国资本主义发展到什么程度了？"动力派"认为中国资本主义已经占据主导地位，甚至已经和整个世界资本主义发展到了相同的阶段，即金融资本主义统治的阶段。"新思潮派"严格区分帝国主义和民族资本主义，认为是帝国主义的资本而非民族资本主义在中国占据统治地位，使中国经济殖民地化。"中国幼稚的工业遂处处受着限制、剥削。以致出品的成本昂贵"，无法和"帝国主义者进步的大机器生产，成品低廉又占着协定税则的便宜的货物竞争"。① 第三，中国封建势力的地位是怎样的？农村社会构成了近代中国社会的绝大部分，认识封建势力在农村社会的统治情况对认识中国社会性质具有十分重要的意义。"动力派"认为帝国主义的入侵推动了农村经济资本主义化，封建经济在农村不再具有主导地位。"新思潮派"反驳了这一观点，并指出帝国主义通过维护封建关系来维持自己的统治，"帝国主义要维持他在中国的统治，只有极力维持中国的封建势力"②，以租佃制度为代表的封建式剥削关系仍然没有解除。

1935年前后，中国先进知识分子围绕着中国农村社会性质开展了一场论战，这场论战的胜利推动了中国共产党领导的土地革命和武装斗争的深

---

① 瞿秋白. 瞿秋白选集. 北京：人民出版社，1985：299.
② 中央档案馆. 中共中央文件选集：第5册. 北京：中共中央党校出版社，1990：630.

入发展。论战双方是以《中国经济》杂志为中心的"中国经济派"和以薛暮桥、钱俊瑞、孙冶方等马克思主义者为代表的以《中国农村》杂志为阵地的"中国农村派"。首先，中国农村经济研究的方法和对象是什么？"中国经济派"认为中国农村经济研究的对象是生产力而不是生产关系，脱离了生产力的社会形式，摒弃了人与人之间的关系转而考察人与自然之间的关系，消除了生产力的社会性。"中国农村派"则强调了生产关系的重要性，认为技术只有通过一定的社会关系才能产生改造自然的力量。其次，中国农村的社会性质是什么？"中国经济派"认为由于帝国主义的支配、商品经济和小农经营的发展，当时中国农村已经进入资本主义社会，阶级关系是地主与农民的对立，以及农民内部的企业家和雇佣劳动者的对立。"中国农村派"则指出这种观点错误地混淆了商品经济和资本主义，混淆了中国小农经营与美国等资本主义国家的区别，也没有认识到帝国主义对民族资本主义的消极影响。由于土地仍然掌握在少数人手中，广大农民不得不被地主阶级剥削，农村受到帝国主义、买办阶级和封建势力的联合统治，更不存在"农业企业家"，依然维持着排斥一切分工协作的小农生产方式，阶级划分的标准依然是土地占有。"这里对立的不是在土地上投下资本取得平均利润的资本家与得到工资的工人，而是将土地出租给农民，从农民那里收到地租的地主与农民。"① 最后，中国农业改造应该走什么道路？"中国经济派"否认土地分配问题，认为资本分配问题更为重要。而"中国农村派"坚持土地问题是中国问题的核心，是封建和半封建生产关系的基础。② 毛泽东在 1927—1933 年开展了一系列农村调查活动，陈翰笙在 1929—1933 年也带领一批进步青年先后在东北、江苏、河北、广东、陕西、浙江等地的农村开展了社会经济调查，都大大深化了党对农村社会性质的认识，为论战提供了有力的事实依据。③

① 张闻天. 张闻天选集. 北京：人民出版社，1985：5-6.
② 韩凌轩. 第二次国内革命战争时期中国农村社会性质的论战. 文史哲，1982 (1)：55-62.
③ 吴怀友，刘艳. 中国社会性质问题论战与中共对国情认识的变化. 党史研究与教学，2013 (6)：45-53.

毛泽东与矛盾分析法

20 世纪二三十年代的中国社会性质论战得出了中国半殖民地半封建社会性质的正确结论，但仍然缺乏一个判断社会形态性质的理论。1937 年毛泽东的《矛盾论》出版，标志着中国共产党基本矛盾和主要矛盾分析法的创立，提供了分析中国社会形态性质的学理依据，是中国特色的历史方位论的理论基础。

唯物辩证法的最根本的法则就是对立统一规律。毛泽东指出，矛盾的普遍性是指矛盾存在于一切事物的发展过程中，每一事物的发展过程中都存在着自始至终的矛盾运动。而矛盾的特殊性是指任何事物内部都包含着本身特殊的矛盾。"这种特殊的矛盾，就构成一事物区别于他事物的特殊的本质……每一种社会形式和思想形式，都有它的特殊的矛盾和特殊的本质。"[1] "不但要研究每一个大系统的物质运动形式的特殊的矛盾性及其所规定的本质，而且要研究每一个物质运动形式在其发展长途中的每一个过程的特殊的矛盾及其本质。"[2] 对于不同质的矛盾，只能用不同的方法去解决。

事物在其发展过程中包含着许多矛盾，"矛盾存在于一切事物发展的过程中"[3]，而"一个大的事物，在其发展过程中，包含着许多的矛盾"[4]。基本矛盾贯穿于事物发展过程的始终，规定着过程的根本性质，是我们从根本性质上区分不同事物的重要依据。"事物发展过程的根本矛盾及为此根本矛盾所规定的过程的本质，非到过程完结之日，是不会消灭的"[5]，基本矛盾解决了，事物发展的整个过程也就终结了，事物的根本性质也就随之发生根本变化。在同一事物的发展过程中存在着许多矛盾，在复杂事物的矛盾体系中处于支配地位、对事物发展过程起着决定作用的矛盾是主要

---

① 毛泽东. 毛泽东选集：第 1 卷 . 2 版 . 北京：人民出版社，1991：308 - 309.

② 同①310 - 311.

③ 同①308.

④ 同①311.

⑤ 同①314.

矛盾，主要矛盾的存在和发展规定或影响着其他矛盾的存在和发展。"事物发展过程的根本矛盾的性质和过程的本质虽然没有变化，但是根本矛盾在长过程中的各个发展阶段上采取了逐渐激化的形式。……过程就显出阶段性来。如果人们不去注意事物发展过程中的阶段性，人们就不能适当地处理事物的矛盾。"① 因此，主要矛盾只存在于基本矛盾发展的一定阶段，起着领导的、决定的作用，其他矛盾则处于次要和服从的地位，主要矛盾是我们区分不同阶段的重要依据。社会基本矛盾只有通过各个阶段的主要矛盾的解决才能逐步解决。矛盾的发展是不平衡的，平衡只是暂时的和相对的，基本的运动过程是不平衡的。在矛盾的两方中，必有一方是主要的，另一方是次要的。矛盾的主要方面就是矛盾起主导作用的方面。"事物的性质，主要地是由取得支配地位的矛盾的主要方面所规定的。"② 矛盾的主要和非主要的方面随着事物发展中矛盾双方的力量的增减而互相转化，这样，事物的性质也就随之变化。"当新的方面对于旧的方面取得支配地位的时候，旧事物的性质就变化为新事物的性质。"③

以基本矛盾和主要矛盾分析法为理论基础，用基本矛盾判断社会形态的性质，用主要矛盾判断社会发展阶段，初步形成了中国特色的历史方位论。在社会发展过程中，社会基本矛盾决定了社会的性质。社会基本矛盾规定着社会主要矛盾，主要矛盾的产生、发展、变化要受基本矛盾的规定和影响，主要矛盾和矛盾的主要方面决定事物的发展方向和性质。主要矛盾和矛盾的主要方面决定了社会发展阶段。社会基本矛盾只有通过各个阶段的主要矛盾的解决才能逐步解决，主要矛盾和矛盾主要方面的解决程度对社会基本矛盾的发展会产生一定的影响。人的认识活动和实践活动，从根本上讲，就是不断认识矛盾、不断解决矛盾的过程。矛盾分析法是指导中国共产党和人民群众认识世界、改造世界的重要思想武器和工作方法。"对待矛盾的正确态度，应该是直面矛盾，并运用矛盾相辅相成的特性，

---

① 毛泽东. 毛泽东选集：第1卷.2版. 北京：人民出版社，1991：314.

② 同①322.

③ 同①323.

在解决矛盾过程中推动事物发展。"①

社会基本矛盾和主要矛盾的具体内容是什么呢？从历史的最初时期起，生产、需要、繁殖等人类社会活动就同时存在着；生活的生产表现为双重关系，即一方面是自然关系，另一方面是许多个人的合作关系。社会活动的三个方面与这种共同活动表明人们之间是有物质联系的，这种物质联系是由需要和生产方式决定的，生产与历史形成的需要的发展产生新的社会关系，这种关系便不断采取不同的社会形式，这就表现为人类社会形态的演变过程。随着分工的发展，人们改造自然的能力不断增强，满足需要的生产活动与控制自然资源以及人与这种资源相结合的社会组织即生产关系之间产生了分离，其结果就是社会关系中居于统治地位的阶级需要被"普遍化"为社会共同的需要，被统治阶级的需要只有在实现统治阶级的需要的前提下才是有意义的。统治阶级的需要与满足需要的生产方式之间的矛盾就表现为生产力与生产关系之间、经济基础与上层建筑之间的矛盾运动。这种矛盾运动在人类社会发展的历史过程中具有不同的根本性质，基本矛盾不同就是一种社会形态区别于其他社会形态的依据。

以毛泽东同志为主要代表的中国共产党人运用基本矛盾分析法正确认识了近代中国社会形态的性质和革命任务。"自周秦以来，中国是一个封建社会……自外国资本主义侵略中国，中国社会又逐渐地生长了资本主义因素以来"②，外国资本主义的侵入在"破坏了中国自给自足的自然经济的基础，破坏了城市的手工业和农民的家庭手工业……促进了中国城乡商品经济的发展"③ 的同时，"勾结中国封建势力压迫中国资本主义的发展"④ 以"把中国变成它们的半殖民地和殖民地"⑤，"现在的中国，在日本占领区，是殖民地社会；在国民党统治区，基本上也还是一个半殖民地社会；而不论在日本占领区和国民党统治区，都是封建半封建制度占优势的社

---

① 中共中央宣传部．习近平总书记系列重要讲话读本．2016 年版．北京：学习出版社、人民出版社，2016：280.

② 毛泽东．毛泽东选集：第 2 卷．2 版．北京：人民出版社，1991：664.

③ 同②626.

④⑤ 同②628.

会"①。近代中国社会的基本矛盾就是"帝国主义和中华民族的矛盾，封建主义和人民大众的矛盾"②，社会形态的性质是半殖民地半封建社会，"这些矛盾的斗争及其尖锐化，就不能不造成日益发展的革命运动"③。并且革命要分两步走：第一步是新民主主义革命，目的是改变半殖民地半封建的社会形态，推翻帝国主义、封建主义、官僚资本主义三座大山；第二步是使革命向前发展，建立一个社会主义社会。毛泽东等中国共产党人判断当时的中国革命是在走第一步，并据此制定了新民主主义基本纲领，领导中国新民主主义革命取得了胜利，推翻了帝国主义和封建主义的统治，建立了中华人民共和国。新中国成立后，随着1956年社会主义基本制度的确立，如何根据社会主要矛盾判断中国社会主义的发展阶段成了首要问题。

任何一种社会形态的基本矛盾都是相对稳定的，它规定着该社会的基本经济结构，主要矛盾则随着需要的社会体系向上发展而不断发展。马克思和恩格斯把人的需要分成三个基本层次，依次是生存或生理需要、谋生或占有需要、自我实现和全面发展的需要。④ 人们在生存需要不断得到满足的情况下，会激发出更高层次的物质、文化、精神、政治等需要，从而使社会需要对社会生产的作用力越来越大。一定社会的生产体系决定并制约着人类需要的满足程度，随着生产力的发展，人类也相应产生新的历史需要。社会主要矛盾就表现为社会生产同社会需要之间的矛盾。中国共产党自成立之日起，就把全心全意为人民服务作为根本宗旨，把实现好、维护好、发展好最广大人民根本利益作为一切工作的出发点和落脚点，社会主义生产目的是满足人民群众日益增长的物质文化需要、实现人的全面发展和社会成员共同富裕。随着社会主义制度基本确立，以毛泽东同志为主要代表的中国共产党人就已经意识到当时社会的主要矛盾是人民需要和不能满足需要的生产之间的矛盾。但"由于对社会主义建设经验不足，对经

---

① 毛泽东．毛泽东选集：第2卷．2版．北京：人民出版社，1991：664－665．
②③ 同①631．
④ 姚顺良．论马克思关于人的需要的理论：兼论马克思同弗洛伊德和马斯洛的关系．东南学术，2008（2）：105－113．

济发展规律和中国经济基本情况认识不足"①，中国共产党对中国进入社会主义社会后的主要矛盾的认识经历了曲折的探索。

社会主要矛盾的发展与矛盾分析法的完善

改革开放后，以邓小平同志为主要代表的中国共产党人正确认识了中国社会的主要矛盾，提出了社会主义初级阶段的概念，从三个方面发展了中国特色的历史方位论。其一，明确了社会主义社会的发展是分阶段的。②就社会发展而言，"社会主义本身是共产主义的初级阶段，而我们中国又处在社会主义的初级阶段，就是不发达的阶段"③。其二，区分了社会主义初级阶段的基本矛盾和主要矛盾。"关于基本矛盾，我想现在还是按照毛泽东同志在《关于正确处理人民内部矛盾的问题》一文中的提法比较好。……'在社会主义社会中，基本的矛盾仍然是生产关系和生产力之间的矛盾，上层建筑和经济基础之间的矛盾。'……当然，指出这些基本矛盾，并不就完全解决了问题，还需要就此作深入的具体的研究。"④ 邓小平指出"巩固和发展社会主义制度，还需要一个很长的历史阶段，需要我们几代人、十几代人，甚至几十代人坚持不懈地努力奋斗"⑤，表明社会主义初级阶段将持续很长时间，所以社会主义初级阶段也存在基本矛盾和主要矛盾，而"阶级斗争在一定范围内还会长期存在，但已经不是主要矛盾"⑥。其三，明确了社会主义初级阶段主要矛盾的具体内容，中国共产党全心全意为人民服务的根本宗旨决定了在社会主义初级阶段，主要矛盾服从于基本矛

---

① 中共中央文献研究室. 改革开放三十年来重要文献选编（上）. 北京：中央文献出版社，2008：192.

② 20世纪50年代末60年代初，毛泽东在阅读苏联《政治经济教科书》时也曾设想，"社会主义这个阶段，又可能分为两个阶段，第一个阶段是不发达的社会主义，第二个阶段是比较发达的社会主义。后一阶段可能比前一阶段需要更长的时间"。这为社会主义初级阶段的提出提供了有益的启示。见毛泽东. 毛泽东文集：第8卷. 北京：人民出版社，1999：116。

③ 邓小平. 邓小平文选：第3卷. 北京：人民出版社，1993：252.

④ 邓小平. 邓小平文选：第2卷. 2版. 北京：人民出版社，1994：181-182.

⑤ 同③379-380.

⑥ 中共中央文献研究室. 改革开放三十年来重要文献选编（上）. 北京：中央文献出版社，2008：476.

盾，由人民需要和社会生产之间的矛盾表现出来。在社会主义初级阶段满足人民群众日益增长的物质文化需要受到其生产体系的制约，因此需要和生产之间的矛盾就是社会主义初级阶段的主要矛盾。随着生产力的发展，在这一矛盾得到解决的同时，随着人民群众的物质文化需要的向上发展，又产生着新的矛盾。如果这一矛盾难以解决，进而影响中国特色社会主义经济建设顺利进行，就可能激化基本矛盾，化解需要和生产之间的矛盾就成为化解其他矛盾的着力点。

党的十八大以来，以习近平同志为主要代表的中国共产党人进一步明确了社会主义初级阶段的主要矛盾是运动的、发展变化的，因此社会主义初级阶段也是分阶段的，并提出了新发展阶段的概念，完善了中国特色的历史方位论。毛泽东同志只是从抽象层面对社会主义初级阶段的基本矛盾进行了表述，社会主义初级阶段相对于其他社会形态而言的特殊的基本矛盾的阐述还需要深入的具体研究。阐明社会主义初级阶段的基本矛盾，我们需要"坚持辩证唯物主义和历史唯物主义的方法论，从历史和现实、理论和实践、国内和国际等的结合上进行思考，从我国社会发展的历史方位上来思考，从党和国家事业发展大局出发进行思考，得出正确结论"①。"社会基本矛盾总是不断发展的"，社会主要矛盾是随之不断变化的，"调整生产关系、完善上层建筑需要相应地不断进行下去"。② 但主要矛盾的转变"没有改变我们对我国社会主义所处历史阶段的判断，我国仍处于并将长期处于社会主义初级阶段的基本国情没有变"③。"社会主义初级阶段不是一个静态、一成不变、停滞不前的阶段，也不是一个自发、被动、不用费多大气力自然而然就可以跨过的阶段，而是一个动态、积极有为、始终洋溢着蓬勃生机活力的过程，是一个阶梯式递进、不断发展进步、日益接近质的飞跃的量的积累和发展变化的过程"，而新发展阶段"就是社会主

---

① 习近平. 习近平谈治国理政：第2卷. 北京：外文出版社，2017：61.
② 习近平. 坚持历史唯物主义 不断开辟当代中国马克思主义发展新境界. 求是，2020 (2)：4-11.
③ 中共中央党史和文献研究室. 十九大以来重要文献选编（上）. 北京：中央文献出版社，2019：9.

义初级阶段中的一个阶段"。① 同时，党的十八届五中全会提出了以人民为中心的发展思想，要求把增进人民福祉、促进人的全面发展作为发展的出发点和落脚点。"以人民为中心的发展思想，不是一个抽象的、玄奥的概念，不能只停留在口头上、止步于思想环节，而要体现在经济社会发展各个环节。要坚持人民主体地位，顺应人民群众对美好生活的向往，不断实现好、维护好、发展好最广大人民根本利益，做到发展为了人民、发展依靠人民、发展成果由人民共享。要通过深化改革、创新驱动，提高经济发展质量和效益，生产出更多更好的物质精神产品，不断满足人民日益增长的物质文化需要。"②

从理论和实践来看，社会主义运动是指在马克思的科学社会主义理论形成后，在科学社会主义理论的指导下，进行社会主义革命，建立社会主义制度，从理论到实践都是一个无产阶级政党指导下的自觉的推进过程，这一过程的成功要以遵循社会经济发展规律为条件。③ 如果不遵循社会经济发展规律，就有可能超越阶段；只讲社会主义不讲初级阶段，会走上封闭僵化的老路，犯下"左"的错误。从国际范围来看，人类社会仍然处在资本主义向社会主义过渡的伟大时代，社会主义力量还比较渺小，资本主义力量从世界范围内看还比较强大；从国内看，尽管经过近70年的社会主义建设，生产力有了巨大发展，但是离"形成普遍的社会物质变换、全面的关系、多方面的需求以及全面的能力的体系"④ 还很遥远，我们仍然处于"物的依赖关系"阶段，我们仍然处于需要发展市场经济为实现人的自由全面发展创造条件的阶段。在发展社会主义市场经济的过程中，确实存在着只讲市场经济不讲社会主义的现象，容易走上改旗易帜的邪路。这两种道路的存在都会改变我们的社会性质，因此也就是社会主义初级阶段发展中国特色社会主义市场经济过程中的基本矛盾。

---

① 习近平. 把握新发展阶段，贯彻新发展理念，构建新发展格局. 求是，2021（9）：4-18.
② 习近平. 习近平谈治国理政：第2卷. 北京：外文出版社，2017：213-214.
③ 卫兴华. 有领导有谋划地自觉发展是社会主义的客观要求和重要特点：兼析社会主义初级阶段的理论与实践. 经济纵横，2017（10）：1-11.
④ 马克思，恩格斯. 马克思恩格斯全集：第30卷. 2版. 北京：人民出版社，1995：107.

在相当长的历史时期内，社会主义初级阶段的基本矛盾都是存在的，要解决这一矛盾，"改革必须坚持正确方向，既不走封闭僵化的老路、也不走改旗易帜的邪路"①。坚持改革的正确方向，必须坚持党的领导，只有这样才能保证我国社会主义市场经济沿着正确的方向发展。坚持和加强党的全面领导，必须加强党的长期执政能力建设。在社会主义市场经济条件下，必须以先进性和纯洁性建设为主线，以党的政治建设为统领，以坚定理想信念宗旨为根基，全面推进党的政治、思想、组织、作风和纪律等方面的建设，把党建设成为始终走在时代前列、人民衷心拥护、勇于自我革命、经得起各种风浪考验、朝气蓬勃的马克思主义执政党。要确保中国特色社会主义方向不动摇，坚持社会主义市场经济改革方向不动摇。

三、新中国成立以来中国社会发展的历史方位

新民主主义革命取得胜利后，中国先后经历了新民主主义经济建设与国民经济恢复时期（1949—1952 年）、社会主义改造的过渡时期（1953—1956 年）。新中国成立前后，毛泽东等中央领导人正确认识到中国社会的基本矛盾依然是旧时代的生产关系与生产力发展之间的矛盾，提出"新民主主义的革命任务"②，"在国内，就是要消灭地主阶级和官僚资产阶级（大资产阶级）的剥削和压迫，改变买办的封建的生产关系，解放被束缚的生产力"③，建立新民主主义经济制度。在此期间，要认识到民族资产阶级的两面性，充分利用它的积极作用，迅速恢复国民经济，为有计划的经济建设奠定基础，由农业国进入工业国。在中国的生产力有了较大发展，"在国家经济事业和文化事业大为兴盛了以后，在各种条件具备以后"④，

---

① 习近平．习近平谈治国理政：第 2 卷．北京：外文出版社，2017：39．
②③ 毛泽东．毛泽东选集：第 4 卷．2 版．北京：人民出版社，1991：1254．
④ 中共中央文献研究室．建国以来重要文献选编：第 1 册．北京：中央文献出版社，2011：282．

"从容地和妥善地走进社会主义的新时期"①。1949—1952 年间，中国共产党领导人民完成了土地改革，彻底消灭了封建土地所有制，在具有社会主义性质的国营经济的领导下，半社会主义性质的合作社经济、私人资本主义经济、个体经济、国家资本同私人资本合作的国家资本主义经济等各种经济成分分工合作，各得其所，工业比重增大，国营经济的成分上升，到 1952 年底，我国取得了恢复国民经济的历史性胜利。

新民主主义经济建设要持续多长时间？党中央曾在 1951 年 2 月作出"三年准备，十年计划经济建设"的发展规划。基于"世界和平民主阵营更加巩固和扩大"和国内"各种社会改革也已基本上完成"、"社会主义成分的比重一天一天增加，国营经济的领导地位一天一天加强"的有利形势②，以及资本主义工商业与国计民生的"利益冲突越来越明显"的情况和"国家的社会主义工业化"的客观要求③，毛泽东提出"我们现在就要开始用十年到十五年的时间基本上完成到社会主义的过渡"④。1953 年 6 月，毛泽东批评了"确立新民主主义社会秩序""由新民主主义走向社会主义""确保私有财产"这三个提法，明确了"党在过渡时期的总路线和总任务，是要在十年到十五年或者更多一些时间内，基本上完成国家工业化和对农业、手工业、资本主义工商业的社会主义改造"⑤，正式开启了社会主义改造的过渡时期。过渡时期中国社会的基本矛盾转变为无产阶级同资产阶级的矛盾，革命性质随之发生了根本转变，革命任务"就是要变革资产阶级所有制，变革产生资本主义的根源的小私有制"⑥，"使生产资料的社会主义所有制成为我国国家和社会的唯一的经济基础"⑦。根据中国的

---

① 中共中央文献研究室．建国以来重要文献选编：第 1 册．北京：中央文献出版社，2011：282.

② 周恩来．周恩来选集（下）．北京：人民出版社，1984：107.

③ 中共中央文献研究室．改革开放三十年来重要文献选编（上）．北京：中央文献出版社，2008：188-189.

④ 中共中央文献研究室．毛泽东年谱：第 1 卷．北京：中央文献出版社，2013：603.

⑤ 中共中央文献研究室．毛泽东年谱：第 2 卷．北京：中央文献出版社，2013：116.

⑥ 中共中央文献研究室．建国以来重要文献选编：第 9 册．北京：中央文献出版社，2011：292.

⑦ 同⑤200.

具体情况，中国共产党创造性地运用"国家资本主义的形式与和平赎买政策改造资本主义工商业，用逐步过渡的形式改造个体农业和个体手工业，在社会主义改造的过程中，使社会生产力继续得到发展，广大人民生活水平得到提高"①。到了 1956 年，党中央宣布"我国的无产阶级同资产阶级之间的矛盾已经基本上解决，几千年来的阶级剥削制度的历史已经基本上结束，社会主义的社会制度在我国已经基本上建立起来了"②，标志着中国进入社会主义社会。

列宁在回应关于"俄国生产力还没有发展到可以实现社会主义的高度"的责难时提出，"既然建立社会主义需要有一定的文化水平……我们为什么不能首先用革命手段取得达到这个一定水平的前提，然后在工农政权和苏维埃制度的基础上赶上别国人民呢？"③ 关于中国的新民主主义建设时期缩短，毛泽东也提出了类似的想法。他在 1953 年 12 月修改过渡时期总路线的宣传提纲时说道："我们所以必须这样做，是因为只有完成了由生产资料的私人所有制到社会主义所有制的过渡，才利于社会生产力的迅速向前发展，才利于在技术上起一个革命，把在我国绝大部分社会经济中使用简单的落后的工具农具去工作的情况，改变为使用各类机器直至最先进的机器去工作的情况。"④ 在 20 世纪 50 年代末阅读苏联《政治经济学教科书》时，他进一步提出《政治经济学教科书》认为"发展大工业是对经济进行社会主义改造的基础，说得不完全。一切革命的历史都证明，并不是先有充分发展的新生产力，然后才改造落后的生产关系，而是要首先造成舆论，进行革命，夺取政权，才有可能消灭旧的生产关系。消灭了旧的生产关系，确立了新的生产关系，这样就为新的生产力的发展开辟了道路"⑤。这就回应了那些认为只有在生产力高度发展的社会中才能建设社会主义的理论观点。

---

① 江泽民.江泽民文选：第 1 卷.北京：人民出版社，2006：342.

② 中共中央文献研究室.建国以来重要文献选编：第 9 册.北京：中央文献出版社，2011：292.

③ 列宁.列宁全集：第 43 卷.2 版增订版.北京：人民出版社，2017：375.

④ 中共中央文献研究室.毛泽东年谱：第 2 卷.北京：中央文献出版社，2013：200.

⑤ 毛泽东.毛泽东文集：第 8 卷.北京：人民出版社，1999：132.

进入社会主义社会后，1956年党的八大决议正确认识了当时社会的主要矛盾"已经是人民对于建立先进的工业国的要求同落后的农业国的现实之间的矛盾，已经是人民对于经济文化迅速发展的需要同当前经济文化不能满足人民需要的状况之间的矛盾。这一矛盾的实质，在我国社会主义制度已经建立的情况下，也就是先进的社会主义制度同落后的社会生产力之间的矛盾"①，宣布中国进入社会主义经济建设时期。但党的八大决议对主要矛盾的表述"在理论上有不完全准确的地方"②，没有指出尽管"社会主义生产关系已经建立起来"③，"但是，它又还很不完善，这些不完善的方面和生产力的发展又是相矛盾的"④。但这一正确认识并没有成为后来我国社会主义建设的指导方针。1958年党的八大二次会议在提出主要任务是进行社会主义建设的同时，提出"在社会主义社会建成以前，无产阶级同资产阶级的斗争，社会主义道路同资本主义道路的斗争，始终是我国内部的主要矛盾"⑤。对社会主要矛盾的错误认识"把社会主义社会中一定范围内存在的阶级斗争扩大化和绝对化"⑥，导致我们党在后来的经济建设和国家发展过程中不遵循社会经济发展规律，试图超越发展阶段，是"大跃进"直至"文化大革命"提出"无产阶级专政下继续革命"口号的错误的根源。

改革开放后，中国共产党及时反思了中国社会所处的历史方位，通过准确把握基本矛盾和主要矛盾判断中国处于社会主义初级阶段。邓小平指出社会主义初级阶段的基本矛盾"仍然是生产关系和生产力之间的矛盾，上层建筑和经济基础之间的矛盾"，但"指出这些基本矛盾，并不就完全

---

① 中共中央文献研究室. 建国以来重要文献选编：第9册. 北京：中央文献出版社，2011：293.

② 中共中央党史研究室. 中国共产党历史：第2卷（上册）. 北京：中共党史出版社，2011：396.

③④ 毛泽东. 关于正确处理人民内部矛盾的问题. 人民日报，1957－06－19.

⑤ 中共中央文献研究室. 建国以来重要文献选编：第11册. 北京：中央文献出版社，2011：249－250.

⑥ 中共中央文献研究室. 改革开放三十年来重要文献选编（上）. 北京：中央文献出版社，2008：193.

解决了问题，还需要就此作深入的具体的研究"①。社会主义初级阶段"脱胎于半殖民地半封建社会"②，仍然处于"物的依赖性"社会，是"我国在生产力落后、商品经济不发达条件下建设社会主义必然要经历的特定阶段"③，"既不同于社会主义经济基础尚未奠定的过渡时期，又不同于已经实现社会主义现代化的阶段"④，要在坚持党的领导和社会主义制度的前提下，遵循社会经济发展规律，改革经济体制，"解放生产力，发展生产力，消灭剥削，消除两极分化，最终达到共同富裕"⑤。社会主义初级阶段存在只讲社会主义不讲初级阶段的封闭僵化的老路和只讲市场经济不讲社会主义的改旗易帜的邪路，这两种道路的存在都会改变我们的社会性质，因此是社会主义初级阶段的基本矛盾。党的十三大提出"我们在现阶段所面临的主要矛盾，是人民日益增长的物质文化需要同落后的社会生产之间的矛盾"⑥。解决主要矛盾是化解其他矛盾的着力点，"为了解决现阶段的主要矛盾，就必须大力发展商品经济，提高劳动生产率，逐步实现工业、农业、国防和科学技术的现代化，并且为此而改革生产关系和上层建筑中不适应生产力发展的部分"⑦。

党的十八大以来，随着主要矛盾的转化，"中国特色社会主义进入了新时代"⑧，而"全面建成小康社会、实现第一个百年奋斗目标之后，我们要乘势而上开启全面建设社会主义现代化国家新征程、向第二个百年奋斗目标进军，这标志着我国进入了一个新发展阶段"⑨。中国社会主义初级阶段的基本国情没有变，社会基本矛盾的根本性质没有改变，但"社会主要矛盾已经转化为人民日益增长的美好生活需要和不平衡不充分的发展之间

---

①　邓小平.邓小平文选：第2卷.2版.北京：人民出版社，1994：182.

②　中共中央文献研究室.改革开放三十年来重要文献选编（上）.北京：中央文献出版社，2008：474.

③④⑥⑦　同②476.

⑤　邓小平.邓小平文选：第3卷.北京：人民出版社，1993：373.

⑧　中共中央党史和文献研究室.十九大以来重要文献选编（上）.北京：中央文献出版社，2019：7.

⑨　习近平.把握新发展阶段，贯彻新发展理念，构建新发展格局.求是，2021（9）：5.

的矛盾"①。在新发展阶段，中国的任务是全面建设具有中国特色、符合中国实际的社会主义现代化国家，"是人口规模巨大的现代化，是全体人民共同富裕的现代化，是物质文明和精神文明相协调的现代化，是人与自然和谐共生的现代化，是走和平发展道路的现代化"②。

---

① 中共中央党史和文献研究室. 十九大以来重要文献选编（上）. 北京：中央文献出版社，2019：8.

② 习近平. 把握新发展阶段，贯彻新发展理念，构建新发展格局. 求是，2021（9）：7-8.

第二章 中国特色的社会主义经济建设论

新中国成立以来，基于中国特色的历史方位论，中国共产党围绕着社会主义经济建设的任务，致力于解决不同历史方位下的主要矛盾，在实践中回答了马克思主义经典作家没有解决的落后国家的经济持续有效发展的问题，创造了"从无到有、从有到优、从优到精"的社会主义经济发展模式，分别形成了独立工业体系建设论、社会主义市场经济论和高质量发展论，共同构成了中国特色社会主义经济建设论。

一、落后国家经济建设的理论争论与苏联实践

马克思和恩格斯揭示了资本主义社会的经济运动规律，提出了社会主义和共产主义是必然趋势，但由于历史和实践局限性，他们没有也不可能深入研究如何建设社会主义经济并使其持续有效发展的问题。① 马克思和恩格斯的初步构想是，在资本主义社会生产力大发展的基础上，"无产阶

---

① 简新华，聂长飞. 党对社会主义经济发展理论的创新和发展. 经济学动态，2021（6）：3-15.

级将利用自己的政治统治，一步一步地夺取资产阶级的全部资本，把一切生产工具集中在国家即组织成为统治阶级的无产阶级手里，并且尽可能快地增加生产力的总量"①。然而，与马克思和恩格斯构想的从发达资本主义社会过渡到社会主义、共产主义社会不同的是，1917 年俄国十月革命的胜利标志着资本主义不发达国家率先开始进行社会主义建设。与俄国相比，中国的社会主义社会脱胎于以小农经济为特征的半殖民地半封建社会，没有经历资本主义生产方式下的生产力大发展，生产力更为落后，如何在落后农业国的基础上开展社会主义经济建设？尚未有人回答过"已经夺得了政权的工人阶级在它着手把资本主义所积累的一切最丰富的、从历史的角度讲对我们是必然需要的全部文化、知识和技术由资本主义的工具变成社会主义的工具时，会遇到哪些具体实际的困难"②，复制资本主义国家海外掠夺和殖民的历史来实现经济社会发展显然不是正确答案。

马克思晚年曾有过著名的跨越"卡夫丁峡谷"的相关论述。马克思给维·伊·查苏利奇的复信的草稿记录了跨越"卡夫丁峡谷"的相关论述。在初稿和三稿中，马克思提到，"和控制着世界市场的西方生产同时存在，就使俄国可以不通过资本主义制度的卡夫丁峡谷，而把资本主义制度所创造的一切积极的成果用到公社中来"③；"因此，它可以不通过资本主义制度的卡夫丁峡谷，而占有资本主义制度所创造的一切积极的成果"④。学者们围绕着经济文化落后国家是否能够不经过资本主义制度或发展阶段而建设社会主义展开了激烈讨论。抛开这些争论本身，马克思的相关论述对落后国家的经济建设至少有以下几点启示。

首先，西方中心主义的经济现代化道路并不是人类社会发展的一般道路。正如马克思所说，"一定要把我关于西欧资本主义起源的历史概述彻底变成一般发展道路的历史哲学理论"，"他这样做，会给我过多的荣誉，

---

① 马克思，恩格斯．马克思恩格斯选集：第 1 卷．3 版．北京：人民出版社，2012：421.
② 列宁．列宁选集：第 3 卷．3 版修订版．北京：人民出版社，2012：547.
③ 马克思，恩格斯．马克思恩格斯选集：第 3 卷．3 版．北京：人民出版社，2012：825.
④ 同③837.

同时也会给我过多的侮辱"。① 西欧的经济现代化道路使其在一定历史条件下的经济社会发展走在了世界前列，但并不代表其他国家也一定要遵循这条发展道路。资本主义社会形态是人类社会处在"物的依赖性"阶段的典型代表，但并不排斥其他新社会形态的建构，相应地也不排斥其他新的经济现代化道路。落后国家究竟怎样开展经济建设是根据其所处的国内和国际条件决定的。

其次，世界资本主义的发展对推动落后国家的经济现代化有积极意义。马克思提出跨越"卡夫丁峡谷"时，始终强调"俄国农村公社"和"资本主义生产"同时存在的历史环境的重要性。俄国公社本身具有私有和公有的二重因素，而资本主义生产则"为它提供了大规模组织起来进行合作劳动的现成的物质条件"，"它可以借使用机器而逐步以联合耕作代替小地块耕作，而俄国土地的天然地势又非常适合于使用机器。如果它在现在的形式下事先被置于正常条件之下，那它就能够成为现代社会所趋向的那种经济制度的直接出发点，不必自杀就可以获得新的生命"。② 在这种条件下，俄国公社可以在公有制的基础上，利用资本主义现成的物质条件，大规模地进行共同劳动，就有可能"使它一下子越过整个资本主义时期进入一切生产资料的现代社会主义公有制"③。但恩格斯仍然指出"这方面的必不可少的条件是：目前还是资本主义的西方作出榜样和积极支持"④。

最后，经济文化落后国家可以在不采取资本主义制度的情况下吸收资本主义的先进文明成果来建设社会主义，从而在经济上实现发展阶段的压缩。一个国家的现代化通常是由工业化带动的⑤，而工业化进程在世界范围内是不平衡的，首先实现工业化的先进国家的发展历程就成为后来者的一个写照。"凡是民族作为民族所做的事情，都是他们为人类社会而做的事情，他们的全部价值仅仅在于：每个民族都为其他民族完成了人类从中

---

① 马克思，恩格斯. 马克思恩格斯文集：第3卷. 北京：人民出版社，2009：466.

② 马克思，恩格斯. 马克思恩格斯选集：第3卷. 3版. 北京：人民出版社，2012：837.

③ 马克思，恩格斯. 马克思恩格斯选集：第4卷. 3版. 北京：人民出版社，2012：310.

④ 同③313.

⑤ 刘伟，蔡志洲. 我国工业化进程中产业结构升级与新常态下的经济增长. 北京大学学报（哲学社会科学版），2015（3）：5-19.

经历了自己发展的一个主要的使命（主要的方面）。因此，在英国的工业……制定出来之后……就是为全世界制定的了"①。"工业较发达的国家向工业较不发达的国家所显示的，只是后者未来的景象。"② 资本主义经济的发展"提供了并且在某种意义上实现了人类发展的普遍性与持续性"，这意味着落后国家不需要复制先进国家以往所有的发展阶段，其发展"不会遵循常规次序"，而能够"在应定的期限之前吸收现成的文明成果，从而能跨越一系列过渡阶段"。③ 例如，落后国家不需要经历资本主义工场手工业、机器大工业的阶段，直接吸取和借鉴第二次工业革命的成果和发展经验，就有可能以一种特殊的方式把不同的历史阶段结合起来，落后国家的发展整体而言便呈现出一种不确定、复杂、综合的特色。

在实践中，列宁和斯大林领导苏联人民在实践中建立了世界上首个社会主义国家，完成了社会主义国家工业化，奠定了社会主义经济建设的物质基础，发展了社会主义经济建设论。列宁和斯大林明确了社会主义国家经济发展的前提是实现工业化，"社会主义的物质基础只能是同时也能改造农业的大机器工业"④，"工业是社会主义和社会主义建设的基础、开端和终结"⑤，而"工业化的中心，工业化的基础，就是发展重工业（燃料、金属等等），归根到底，就是发展生产资料的生产，发展本国的机器制造业"⑥，只有这样才能保持国家的独立性。如何在一穷二白的基础上建设社会主义工业化？列宁和斯大林带领苏联人民走出了一条"靠本国节约来发展工业的……社会主义积累的道路"⑦，建立了独立、强大的工业体系。苏联的社会主义经济建设论以重工业优先发展为主要内容，虽然初步完成了社会主义工业化，但却由于没能灵活调整生产体系而陷入僵化。随着20世纪90年代向市场经济转型的失败，苏联解体、东欧剧变终止了苏联社会主

---

① 马克思，恩格斯. 马克思恩格斯全集：第42卷. 北京：人民出版社，1979：257.
② 马克思. 资本论：第1卷. 2版. 北京：人民出版社，2004：8.
③ 列夫·托洛茨基. 俄国革命史：第1卷. 北京：商务印书馆，2017：16.
④ 列宁. 列宁选集：第4卷. 3版修订版. 北京：人民出版社，2012：542.
⑤ 斯大林. 斯大林选集（上）. 北京：人民出版社，1979：460.
⑥ 同⑤462.
⑦ 同⑤464.

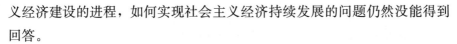

义经济建设的进程，如何实现社会主义经济持续发展的问题仍然没能得到回答。

正如邓小平所说，"把中国变成一个现代化的社会主义国家"的事业"是一项新事业，马克思没有讲过，我们的前人没有做过，其他社会主义国家也没有干过，所以，没有现成的经验可学。我们只能在干中学，在实践中摸索"。[①]中国用新中国成立后 70 余年社会主义经济建设的经验回答了落后社会主义国家如何持续有效地发展经济的问题，根据不同历史方位下主要矛盾的变化，社会主义经济建设的核心任务也随之变化，践行了一条"从无到有、从有到优、从优到精"的发展之路，形成了中国特色的社会主义经济建设论。中国的发展经验"拓展了发展中国家走向现代化的途径，给世界上那些既希望加快发展又希望保持自身独立性的国家和民族提供了全新选择，为解决人类问题贡献了中国智慧和中国方案"[②]。

二、"从无到有"：独立工业体系建设论

在社会主义革命和建设时期，面对建立先进工业国的需求同落后农业国的现实之间的矛盾，中国共产党利用计划经济体制，以重工业优先发展为发展战略，以国家和政府干预为基本手段，以农业支持工业为机制保障，以同苏联合作作为主要方法，从 0 到 1 建立起独立且比较完整的工业体系，为社会主义经济建设奠定了物质基础，形成了独立工业体系建设论。

马克思揭示了现代生产的进步意义在于通过建立一定规模的人类协作的劳动体系，摆脱个人劳动的生理局限，发展社会劳动的生产力。随着技术的演变，劳动资料经历了各种不同的形态变化，以自动的机器体系为最终形态，发展出机器协作的劳动体系，只有"用机器来生产机器"，大工

[①]　邓小平.邓小平文选：第 3 卷.北京：人民出版社，1993：258 - 259.

[②]　中共中央党史和文献研究室.十九大以来重要文献选编（上）.北京：中央文献出版社，2019：8.

业才能获得"与自己相适应的技术基础"并"得以自立"。① 与此同时，落后国家在发展经济时，市场缺陷引致的扭曲效应会通过后向需求联系而累积，导致上游工业部门成为缺陷的交汇点，并且具有最大规模的扭曲效应。② 这表明落后国家要克服小生产方式的局限性并发展现代生产的前提是建立工业体系，并且要在国家和政府的干预下优先发展重工业，奠定经济发展的物质基础。世界各国的经验也表明，从 0 到 1 建立起独立的工业体系必须依靠国家的力量，例如美国、德国、日本和韩国。

1954 年，周恩来在《政府工作报告》中首次提出"四个现代化"的任务，即为了"摆脱落后和贫困"，我国必须"建设起强大的现代化的工业、现代化的农业、现代化的交通运输业和现代化的国防"。③ 1964 年底，"四个现代化"被正式确定为国家发展的总体战略目标，在 20 世纪内分为两步："第一步，建立一个独立的比较完整的工业体系和国民经济体系；第二步，全面实现农业、工业、国防和科学技术的现代化，使我国经济走在世界的前列。"④ 而中国共产党努力实现国家工业化的想法在革命时期就已经产生并且在新中国成立初期就开始实践了。20 世纪 50—70 年代，我国现代化建设的最突出的成绩就是，以政府为投资主体，以国家指令性计划为资源配置手段，优先快速发展重工业，从 0 到 1 建立了独立且较为完整的工业体系。

抗日战争以前，由于帝国主义和封建主义的压迫，中国的"现代工业产值不过只占全国国民经济总产值的百分之十左右"⑤。早在革命时期，中国共产党就认识到"中国落后的原因，主要的是没有新式工业"⑥，"要中国的民族独立有巩固的保障，就必需工业化"⑦，"在新民主主义的政治条件获得之后，中国人民及其政府必须采取切实的步骤，在若干年内逐步地

---

① 马克思.资本论：第 1 卷.2 版.北京：人民出版社，2004：441.
② Liu, E. "Industrial Policies in Production Networks," *The Quarterly Journal of Economics*, 2020, vol. 134, no. 3, pp. 1883-1948.
③ 周恩来.周恩来选集（下）.北京：人民出版社，1984：132.
④ 同③439.
⑤ 毛泽东.毛泽东选集：第 4 卷.2 版.北京：人民出版社，1991：1479.
⑥⑦ 毛泽东.毛泽东文集：第 3 卷.北京：人民出版社，1996：146.

建立重工业和轻工业，使中国由农业国变为工业国"①。建立军事工业、基础工业和基础设施是中国实现民族独立和国家发展的基本保障。随着中华人民共和国的成立，中国实现了民族独立、国家统一和人民解放，为建立工业体系提供了根本社会条件。新中国成立初期，中国共产党制定了优先发展重工业战略，"以有计划有步骤地恢复和发展重工业为重点，例如矿业、钢铁工业、动力工业、机械制造业、电器工业和主要化学工业等，以创立国家工业化的基础。同时，应恢复和增加纺织业及其他有利于国计民生的轻工业的生产，以供应人民日常消费的需要"，"迅速恢复并逐步增建铁路和公路，疏浚河流，推广水运，改善并发展邮政和电信事业，有计划有步骤地建造各种交通工具和创办民用航空"。② 但在一穷二白的落后农业国发展重工业面临重重困难。战争对中国重工业的破坏十分严重，兴建重工业的投资巨大、建设周期长且资金回流慢，私人资本"总是只寻求自己价值增殖的特殊条件，而把共同的条件作为全国的需要推给整个国家"③，在物资和技术匮乏的新中国，工业化建设只能由国家来主导，"强化人民的国家机器……借以巩固国防和保护人民利益"，"有步骤地解决国家工业化的问题"。④

在国家和政府的主导下，中国逐步从 0 到 1 建立了独立自主的工业体系。由于工业化过程是不可复制的，建立工业体系需要前人在技术、人才等方面的援助。1944 年在同美军观察组成员谢韦思的多次谈话中，毛泽东曾在新中国成立前设想中美两国进行经济合作——中国向美国出口工业原料和农产品以换取美国的重工业产品和企业投资⑤，但该计划未能实现。二战结束后的国际形势使得中国确立了向苏联"一边倒"的外交方针。1949 年 12 月，美国政府宣布"美国不应给共产党中国以官方的经济援助，也不应鼓励私人在共产党中国投资"，并将中国列入了"巴黎统筹委员会"

① 毛泽东. 毛泽东选集：第 3 卷 . 2 版 . 北京：人民出版社，1991：1081.
② 中共中央文献研究室. 建国以来重要文献选编：第 1 册. 北京：中央文献出版社，2011：8.
③ 马克思，恩格斯. 马克思恩格斯全集：第 30 卷 . 2 版 . 北京：人民出版社，1995：529.
④ 毛泽东. 毛泽东选集：第 4 卷 . 2 版 . 北京：人民出版社，1991：1476，1477.
⑤ 董志凯，毛立言，武力. 延安时期毛泽东经济思想. 西安：陕西人民教育出版社，1993.

管制的国家之中。① 新中国成立初期，中国制定了以平等互利的贸易方式从苏联引进资金和技术的经济建设方针，到"一五"计划时期，逐步确定了"156项"建设计划。为了在经济极端困难的条件下开展工业建设，中国学习和实施了苏联式的计划经济体制，设立了计划机构以拟定经济发展战略和发展规划、制定产业政策和价格政策、监测和调节国民经济运行、搞好经济总量平衡、优化重大经济结构、安排国家重大建设项目等。② 与此同时，彻底的土地改革引领的农业改造和治理模式变革也保障了农业支持工业发展的机制。③ 1952—1966年，中国在计划经济体制的保障下，集中全国力量，开展了大规模的工业建设。苏联援助的156个建设项目与中国自主完成的1 000余个限额以上建设项目相配套，在工业基础极端薄弱、工业建设经验近乎空白的中国建立起了独立自主的工业体系。④

在中国进行工业建设的过程中，中国共产党人并未完全照搬苏联模式，而是根据中国国情融入了统筹兼顾、综合平衡等重要观点。1956年，毛泽东在《论十大关系》中总结了我国的社会主义建设经验，并对适合中国国情的社会主义建设道路进行了初步探索。他认为苏联和东欧国家"片面地注重重工业，忽视农业和轻工业，因而市场上的货物不够，货币不稳定"，我国应当在重点建设重工业的前提下，继续"适当地调整重工业和农业、轻工业的投资比例，更多地发展农业、轻工业"。⑤ 同时还要注意平衡沿海工业和内地工业、经济建设和国防建设、中央和地方的关系，兼顾国家、集体和个人等等，实现国民经济综合平衡发展。

1966年"三五"计划开始，国民经济发展的主要任务是"在不太长的历史时期内，把我国建设成为一个具有现代农业、现代工业、现代国防和现代科学技术的社会主义强国"⑥。这一时期工业化在曲折的发展过程中，

---

① ④ 董志凯. 关于"156项"的确立. 中国经济史研究，1999（4）：95 - 109.

② 董志凯. 中国计划经济时期计划管理的若干问题. 当代中国史研究，2003（5）：34 - 45.

③ 孙乐强. 农民土地问题与中国道路选择的历史逻辑：透视中国共产党百年奋斗历程的一个重要维度. 中国社会科学，2021（6）：49 - 76.

⑤ 中共中央文献研究室. 建国以来重要文献选编：第8册. 北京：中央文献出版社，2011：207.

⑥ 周恩来. 周恩来选集（下）. 北京：人民出版社，1984：439.

通过"三线"建设建成了一批重要项目，形成了若干新的工业中心，"三线"地区的某些省份成为工业门类齐全、机械装备程度很高的地区。① 总体来说，在计划经济时期我国"在工业建设中取得重大成就，逐步建立了独立的比较完整的工业体系和国民经济体系"，工业固定资产投资和工业品产量大大增加，"在辽阔的内地和少数民族地区，兴建了一批新的工业基地"，"国防工业从无到有地逐步建设起来"，资源勘探、"铁路、公路、水运、空运和邮电事业，都有很大的发展"。②

三、"从有到优"：社会主义市场经济论

在新中国成立初期，生产力极端落后，计划经济模式通过集中与动员全国资源和力量实现了快速的工业积累。到了改革开放和社会主义现代化建设新时期，面对人民日益增长的物质文化需要同落后的社会生产之间的矛盾，计划经济体制抑制了潜在生产能力的释放，中国共产党通过渐进式改革建立社会主义市场经济激发了经济增长的内生动力，启动了社会主义经济快速增长的"引擎"，形成了社会主义市场经济论。

在落后国家利用计划经济体制建立完整的工业体系是投资能够迅速转化为生产能力的根本前提，而一旦工业体系得以建立，如何激发各经济主体的活力，调动经济增长的内生动力，就成为社会主义经济建设的首要问题。正如马克思所说，"最初表现为资本生成的条件，因而还不能从资本作为资本的活动中产生"，但当这些条件具备以后，"资本为了生成，不再从前提出发，它本身就是前提，它从它自身出发，自己创造出保存和增殖自己的前提"。③ 中国的社会主义经济脱胎于落后的小农经济，从人类经济社会形态的时间发展来看，中国特色社会主义仍然处于"物的依赖性"阶

① 汪海波，刘立峰. 新中国工业经济史. 3版. 北京：经济管理出版社，2017：248-249.

② 中共中央文献研究室. 改革开放三十年来重要文献选编（上）. 北京：中央文献出版社，2008：186.

③ 马克思，恩格斯. 马克思恩格斯全集：第30卷. 2版. 北京：人民出版社，1995：452.

段，表明中国应当借鉴现代生产的有益经验，通过引入市场调节机制赋予经济内生增长动力，加速经济的循环运转；从人类经济社会形态的空间发展来看，中国特色社会主义既不同于实行生产资料私有制的资本主义社会，也不同于消灭商品经济的共产主义理想社会，表明国家和政府既不能完全退出也不能大包大揽，而应当在积极制定政策引导经济发展的同时，以顺应市场规律的方式干预经济，即有为政府与有效市场有机结合。

20 世纪 70 年代末，中国共产党认识到受限于生产力发展的实际水平，完全遵循"有计划按比例"的原则发展社会主义经济有一定局限性，"市场调节受到限制，而计划又只能对大路货、主要品种作出计划数字，因此生产不能丰富多彩，人民所需日用品十分单调"①，导致工业体系的生产能力无法释放，随着国内外局势趋稳和独立工业体系的建成，计划经济体制和优先发展重工业战略成了经济增长的障碍。以邓小平同志为核心的党的第二代中央领导集体基于社会主义初级阶段的历史方位和对社会主要矛盾的判断，"把全党工作的着重点和全国人民的注意力转移到社会主义现代化建设上"②，创造性地提出了社会主义不等于计划经济、市场经济不等于资本主义，将社会主义与市场经济相结合的观点，打破了"公有制＋计划经济"的苏联模式，突破了传统马克思主义政治经济学和西方新古典经济学中公有制和市场经济二元对立的理论框架。邓小平指出过去"我们有些经济制度，特别是企业的管理、企业的组织这些方面，受苏联影响比较大"，但"资本主义国家先进的经营方法、管理方法、发展科学的方法，我们社会主义应该继承"，"说市场经济只存在于资本主义社会，只有资本主义的市场经济，这肯定是不正确的。社会主义为什么不可以搞市场经济，这个不能说是资本主义。我们是计划经济为主，也结合市场经济，但这是社会主义的市场经济"③ 这就明确了我国在社会主义初级阶段要围绕发展生产力的根本任务，"在坚持社会主义制度的前提下，改革生产关系

---

① 中共中央文献研究室．改革开放三十年来重要文献选编（上）．北京：中央文献出版社，2008：25.

② 同①15.

③ 邓小平．邓小平文选：第 2 卷．2 版．北京：人民出版社，1994：235，236.

和上层建筑中不适应生产力发展的一系列相互联系的环节和方面"[①]，"来适应初级阶段生产力发展水平和实现现代化的历史要求"[②]。为了释放经济增长的活力，社会主义市场经济改革"在党和政府的领导下有计划、有步骤，有秩序地进行"[③]，改革从农村开始后转移到城市，改革的原则和方针从"计划经济为主、市场调节为辅"[④] 到"自觉依据和运用价值规律……在公有制基础上的有计划的商品经济"[⑤] 再到建立"社会主义市场经济体制……使市场在社会主义国家宏观调控下对资源配置起基础性作用"[⑥]，层层推进，逐渐深化，不断扩大和强化市场调节的范围和作用，解决经济中需求和供给的矛盾，使中国成为少数成功从计划经济体制向社会主义市场经济体制转型的国家。

社会主义市场经济的建立从四个方面启动了经济增长。第一，公有制为主体、多种所有制经济共同发展的基本经济制度形成了有利于经济增长的企业协同竞争结构。20 世纪 80 年代，随着一系列政策的实施，高度国有化的所有制结构让位于公有制为主体下多种经济成分并存的新格局。[⑦] 其中，乡镇企业成为 80 年代经济增长的主力军。90 年代，随着公有制为主体、多种所有制经济共同发展的方针的确立，国有企业通过"抓大放小"的改革逐渐退出了不占有竞争优势的领域，并增强了在具有竞争优势和国民基础性领域的规模效应。民营企业充分发挥优势，填补了国有企业退出领域的空白，形成了高度协作的国有企业-民营企业的垂直产业结构，专业化协作水平和大中小企业的社会分工程度大大提高。第二，社会主义

---

①③　中共中央文献研究室. 改革开放三十年来重要文献选编（上）. 北京：中央文献出版社，2008：347.

②　中共中央文献研究室. 改革开放三十年来重要文献选编（下）. 北京：中央文献出版社，2008：898.

④　同①271.

⑤　同①350.

⑥　同①659.

⑦　个体、私营和三资企业在这一时期开始出现。具体的政策包括：1978 年确定对外开放方针，鼓励外商来华投资，与中资合办企业（主要在经济特区）；1981 年党的十一届六中全会肯定了"一定范围的劳动者个体经济是公有制经济的必要补充"，正式承认了个体业主制企业的合法性；1988 年《中华人民共和国宪法修正案》第 11 条将私营企业正式合法化。

市场经济体制的宏观调控框架提供了经济增长的制度基础。1987年党的十三大就提出"当前深化改革的任务主要是：围绕转变企业经营机制这个中心环节，分阶段地进行计划、投资、物资、财政、金融、外贸等方面体制的配套改革，逐步建立起有计划商品经济新体制的基本框架"[①]。20世纪90年代，我国大步推进了财税、金融、外贸、外汇、计划、投资、价格、流通、住房和社会保障等体制改革，市场在资源配置中的基础性作用明显增强，党的十五大宣布我国"宏观调控体系的框架初步建立"[②]。第三，按劳分配为主体、多种分配方式并存的分配制度调动了各经济主体的积极性。"把按劳分配、劳动所得，同允许和鼓励资本、技术等生产要素参与收益分配结合起来，坚持效率优先、兼顾公平"[③]，"允许一部分地区一部分人先富起来，带动和帮助后富，逐步走向共同富裕"[④]。第四，坚持和完善对外开放使得中国在融入全球生产网络的过程中抓住机遇，实现了经济高速增长。改革开放以来，我国长期坚持对外开放的基本国策，建立并逐步完善了全方位、多层次、宽领域的对外开放格局。2001年底加入世界贸易组织，标志着中国"在更大范围、更深程度上参与经济全球化，对外开放进入新阶段"[⑤]。中国下游加工制造业企业以生产模块化部件的方式融入全球生产网络，在市场经济制度和工业基础的保障下，制造业投资能够迅速转化为生产能力，并通过国企-民企的垂直产业结构带动了整体经济增长，吸引了大量农村剩余劳动力转移就业，推动了城镇化过程，带动了住房、汽车需求和基建投资，形成了产品有市场、投资有回报、企业有利润、人民有收入、政府有税收的良性国民经济循环，开启了中国经济的黄金增长期。总体而言，社会主义市场经济的建立为"现代化建设创造了良好的体制条件，开辟了广阔的市场需求和资金来源，亿万人民新的

---

① 中共中央文献研究室. 改革开放三十年来重要文献选编（上）. 北京：中央文献出版社，2008：484.

② 中共中央文献研究室. 改革开放三十年来重要文献选编（下）. 北京：中央文献出版社，2008：892.

③ 同②1005.

④ 同②899.

⑤ 同②1220.

创造活力进一步发挥出来"①,"从有到优"地启动了社会主义经济增长的"引擎"。

社会主义市场经济是中国共产党的伟大创举。从理论上来说,"社会主义市场经济"是中国共产党人创造的新理论范畴,突破了传统的马克思主义政治经济学和西方新古典经济学中公有制和市场经济二元对立的理论框架。从实践上来看,中国是成功从计划经济体制向社会主义市场经济体制转型的国家,其他从计划向市场转型的社会主义国家基本上都放弃了公有制和共产党领导,彻底地向私有制和市场经济转轨。而中国在从计划经济向市场经济转型的过程中,不仅同时实现了平稳过渡和快速增长,而且突破了后发工业国依附性发展的路径,走出了一条独立自主的发展道路。从改革开放到世纪之交,中国经济持续快速健康发展,市场调节与政府宏观调控相结合,释放了经济主体的积极性,并利用外资通过引进、消化、吸收、创新的方式提高了企业的技术水平,在传统产业得到提升的同时,高新技术产业、现代服务业和基础设施工程加速发展,经济效益不断提高,财政收入不断增长,城乡居民收入稳步增长,商品供应充裕,告别短缺经济,人民生活总体上达到小康水平,同时也克服了"亚洲金融危机和世界经济波动对我国的不利影响"②。2001 年以后,中国以加入世界贸易组织为契机,紧紧抓住和用好发展的重要战略机遇期,巩固和发展了改革开放和社会主义现代化建设大局,提高了国际地位。2008 年以后,国际金融危机使中国发展遭遇严重困难,我们党"科学判断、果断决策,采取一系列重大举措,在全球率先实现经济企稳回升,积累了有效应对外部经济风险冲击、保持经济平稳较快发展的重要经验"③,彰显了中国特色社会主义的巨大优越性和强大生命力。

---

① 中共中央文献研究室.改革开放三十年来重要文献选编(下).北京:中央文献出版社,2008:891.

② 同①1241.

③ 中共中央文献研究室.十八大以来重要文献选编(上).北京:中央文献出版社,2014:5.

四、"从优到精"：高质量发展论

党的十八大以来中国特色社会主义进入新时代，面对人民日益增长的美好生活需要和不平衡不充分的发展之间的矛盾，中国共产党通过不断发展和完善中国特色社会主义经济制度和战略措施，逐步转变社会主义经济发展方式，向高质量发展迈进，形成了高质量发展论。

独立且比较完整的工业体系为经济建设奠定了物质基础，而社会主义市场经济的建立则启动了经济增长的"引擎"，但经济的持续有效发展并不是具备了物质基础后在市场经济和价值规律的调节下就能自然而然实现的过程。"经济发展是一个螺旋式上升的过程，上升不是线性的，量累积到一定阶段，必须转向质的提升。"① 历史经验表明，20 世纪 60 年代以来，"全球 100 多个中等收入经济体中只有十几个成功进入高收入经济体。那些取得成功的国家，就是在经历高速增长阶段后实现了经济发展从量的扩张转向质的提高。那些徘徊不前甚至倒退的国家，就是没有实现这种根本性转变"②。因此，转变社会主义经济发展的方式、迈向高质量发展，"是遵循经济规律发展的必然要求"，中国"经济发展也要遵循这一规律"。③

党的十八大以来，中国共产党深刻认识到了中国社会主义经济发展中突出的"不平衡、不协调、不可持续问题"，以及"科技创新能力不强，产业结构不合理，农业基础依然薄弱，资源环境约束加剧"等各种问题，亟须"转变经济发展方式"。④ 习近平总书记基于社会主要矛盾转变和中国社会发展的历史方位指出，随着"中国特色社会主义进入了新时代，我国经济发展也进入了新时代"，"我国经济已由高速增长阶段转向高质量发展阶段"，推动经济高质量发展"是保持经济持续健康发展的必然要求"，"是适应我国社会主要矛盾变化和全面建成小康社会、全面建设社会主义

①②③　习近平. 习近平谈治国理政：第 3 卷. 北京：外文出版社，2020：238.
④　中共中央文献研究室. 十八大以来重要文献选编（上）. 北京：中央文献出版社，2014：4.

现代化国家的必然要求"。① 与资本主义国家为了促进资本积累而转变发展方式不同的是，社会主义国家的高质量发展是以人民为中心的、体现新发展理念的发展，"是创新成为第一动力、协调成为内生特点、绿色成为普遍形态、开放成为必由之路、共享成为根本目的的发展"②。具体而言，高质量发展要"实现产业体系比较完整"，"不断满足人民群众个性化、多样化、不断升级的需求"，不断提高各生产要素的效率，保障各经济主体的收益，使"生产、流通、分配、消费循环畅通"，经济平稳发展。③

2020 年以来，习近平总书记基于国内外形势，进一步提出要加快构建以国内大循环为主体、国内国际双循环相互促进的新发展格局，"努力实现更高质量、更有效率、更加公平、更可持续、更为安全的发展"④，丰富了高质量发展论的内容。习近平总书记提出要"以辩证思维看待新发展阶段的新机遇新挑战"，"深刻认识我国社会主要矛盾发展变化带来的新特征新要求，深刻认识错综复杂的国际环境带来的新矛盾新挑战"。⑤ 在新发展阶段，以新发展理念为指导原则，加快构建新发展格局是我国开启全面建设社会主义现代化国家新征程的路径选择，是对新发展阶段新形势、新问题的全面回应，是事关全局的系统性深层次变革。21 世纪以来，中国适应发达国家生产结构的转变，参与国际经济大循环并带动国内经济循环，形成了由国际大循环主导的发展格局，取得了跨越式的经济增长。但由国际大循环主导的发展格局建立在企业以低廉劳动力成本为基础的大规模标准化生产方式之上，经济的快速发展有赖于"世界工厂"的数量和规模优势。随着全球市场收缩、贸易保护主义抬头和新冠疫情的影响，以及国内消费结构变化、生产要素成本上升、资源承载能力遇到瓶颈、科学技术重要性全面提升，生产体系内部循环不畅和供求脱节现象显现，"卡脖子"问题突出，经济增速趋缓，表明"旧的生产函数组合方式已经难以持续"，"大

---

① 习近平. 习近平谈治国理政：第 3 卷. 北京：外文出版社，2020：237.

② 同①238.

③ 同①238-239.

④ 习近平. 正确认识和把握中长期经济社会发展重大问题. 求是，2021（2）：6.

⑤ 李学仁. 着眼长远把握大势开门问策集思广益 研究新情况作出新规划. 人民日报，2020-08-25.

进大出的环境条件已经变化，必须根据新的形势提出引领发展的新思路"。①

　　新发展格局体现了我们党的忧患意识和安全观，延续了中国特色社会主义制度和国家治理体系坚持独立自主与对外开放相统一的显著优势。改革开放以来，面对波诡云谲的国际形势，中国共产党领导人民创造了举世罕见的经济快速发展奇迹和社会长期稳定奇迹，重要原因之一就是坚定不移地贯彻独立自主和对外开放相统一的原则。21世纪以来，随着我国融入世界经济，2002年党的十六大报告明确提出"在扩大对外开放中，要十分注意维护国家经济安全"②，2003年党的十六届三中全会通过的《中共中央关于完善社会主义市场经济体制若干问题的决定》将"统筹国内发展和对外开放"作为协调发展"五个统筹"的重要内容③，2007年党的十七大报告将"坚持独立自主同参与经济全球化结合起来"作为我国"摆脱贫困、加快实现现代化、巩固和发展社会主义的宝贵经验"之一④。随着我国进入新发展阶段，社会主要矛盾变化和国际力量对比深刻调整，发展面临的内外部风险空前上升，习近平总书记多次强调要统筹发展和安全，"必须增强忧患意识、坚持底线思维，随时准备应对更加复杂困难的局面"⑤，"要防止大起大落，资本市场上要防止外资大进大出，粮食、能源、重要资源上要确保供给安全，要确保产业链供应链稳定安全，要防止资本无序扩张、野蛮生长，还要确保生态环境安全，坚决抓好安全生产……要防止大规模失业风险，加强公共卫生安全……要加强保障国家安全的制度性建设"⑥，等等。统筹发展和安全是构建新发展格局的核心要义，贯彻了中华民族独立自主、自力更生的优良传统，是新发展阶段我国坚持独立自主和对外开放相统一的新的体现。

---

　　① 习近平.把握新发展阶段，贯彻新发展理念，构建新发展格局.求是，2021（9）：14，16.

　　② 中共中央文献研究室.十六大以来重要文献选编（上）.北京：中央文献出版社，2011：23.

　　③ 同②465.

　　④ 中共中央文献研究室.十七大以来重要文献选编（上）.北京：中央文献出版社，2009：8.

　　⑤ 深入学习坚决贯彻党的十九届五中全会精神 确保全面建设社会主义现代化国家开好局.人民日报，2021-01-12.

　　⑥ 同①13.

　　新发展格局在战略层面上回答了在新发展阶段，中国如何贯彻新发展理念，转变经济发展方式，推动"十四五"时期高质量发展，确保全面建设社会主义现代化国家开好局、起好步的问题。具体来看，第一，贯彻新发展理念的指导原则，以创新、协调、绿色、开放、共享为行动准则，解决好发展动力、发展不平衡、人与自然和谐相处、发展内外联动以及社会公平正义问题，推动高质量发展，满足人民日益增长的美好生活需要。第二，坚持供给侧结构性改革的战略方向，减少无效供给、扩大有效供给，着力提升整个供给体系的质量，提升供给体系的创新力和关联性，满足国内需求标准化和个性化并存的需求结构，贯通经济循环各环节，使生产、分配、流通、消费更多依托国内市场，实现国民经济体系高水平的完整性。第三，扭住扩大内需的战略基点，不断巩固、增强、利用和发挥超大规模市场的优势，加强需求侧管理，释放内需潜力，使建设超大规模的国内市场成为一个可持续的历史过程。第四，抓住实现高水平自立自强的本质特征，大力推动科技创新，从引进技术迈向自主创新，解决各类"卡脖子"和瓶颈问题，保障产业链供应链的安全稳定。第五，实行高水平对外开放，通过构建强大的国内经济循环体系，形成稳固的基本盘，成为吸引国际商品和要素资源的巨大引力场，使国内市场和国际市场更好联通，更好利用国际国内两个市场、两种资源，实现更加强劲可持续的发展，带动世界经济复苏。所当乘者势也，不可失者时也。紧紧把握重要战略机遇，加快构建新发展格局，将续写中国全面建设社会主义现代化国家的新历史，有机会使中国成为世界经济发展和现代化建设的典范国家。

第三章　中国特色的社会主义与世界资本主义经济关系论

　　资本主义生产方式的广泛发展使得世界由封闭孤立走向联系融合。中国共产党在社会主义现代化建设的过程中与世界各国产生联系，如何处理中国与资本主义世界的关系成为中国共产党亟须回答的另一重大问题。马克思提出了共同体理论，并阐释了资本主义世界的经济联系，而列宁则提出了社会主义和资本主义对立的帝国主义论。但这些理论在指导中国实践时都存在一定局限性。中国共产党在与资本主义世界交往的实践中，根据不同历史阶段的矛盾转化和国内经济建设的要求，重新发现了蕴含在马克思共同体理论中世界各国相互依赖、普遍联系的思想，超越了以意识形态划分社会主义和资本主义两大阵营的帝国主义论，相继提出了中间地带思想和三个世界理论、和平与发展论，以及人类命运共同体理念等一脉相承又与时俱进的理念、思想和理论。

一、社会主义国家与世界资本主义的辩证关系

　　马克思的世界交往思想是在分析资本逻辑及其形成的阶级共同体的基

础上展开的。马克思认为"人们为之奋斗的一切，都同他们的利益有关"①，"共同利益不是仅仅作为一种'普遍的东西'存在于观念之中，而首先是作为彼此有了分工的个人之间的相互依存关系存在于现实之中"②，表明人类社会的本质是利益共同体。根据人类经济社会形态的发展规律，利益共同体在发展中依次表现为以"人的依赖关系"为特征的自然共同体、以"物的依赖性"为基础的阶级利益共同体和以"个人全面发展"为特征的人类共同体。③

在以"人的依赖关系"为基础的社会形态下，"人都是互相依赖的：农奴和领主，陪臣和诸侯，俗人和牧师。物质生产的社会关系以及建立在这种生产的基础上的生活领域，都是以人身依附为特征的"④，"人身依附关系构成该社会的基础"⑤，各个人的联合、人与人之间的统治和从属关系是自然发生的或政治性的。资本主义社会是以物的依赖性为基础的社会形态的典型代表，在那里，随着原始封闭的交往方式逐渐被消灭，"每一民族都依赖于其他民族的变革"，产生了现代意义的以民族国家为基础的世界交往，并为共产主义真正共同体的形成创造了"绝对必需的实际前提"。⑥ 然而，资本主义世界的普遍交往无法形成真正的人类共同体。马克思在两种含义上使用了"真正的共同体"一词。第一种是未来社会的"自由人联合体"。"利益的共同已经成为基本原则、公共利益和个人利益已经没有什么差别"⑦，一切人从旧的生产关系中解放出来，"推翻一切旧的生产关系和交往关系的基础，并且第一次自觉地把一切自发形成的前提看做是前人的创造，消除这些前提的自发性，使这些前提受联合起来的个人的支配"⑧。第二种是"作为阶级是有共同利益的"资产者⑨，以国家和资产

---

① 马克思，恩格斯. 马克思恩格斯全集：第1卷. 2版. 北京：人民出版社，2002：187.
② 马克思，恩格斯. 马克思恩格斯文集：第1卷. 北京：人民出版社，2009：536.
③ 黄瑾. 利益共同体与人类命运共同体. 学习与探索，2019（10）：94-101.
④ 马克思. 资本论：第1卷. 2版. 北京：人民出版社，2004：94-95.
⑤ 同④95.
⑥ 同②538.
⑦ 马克思，恩格斯. 马克思恩格斯全集：第2卷. 北京：人民出版社，1957：609.
⑧ 同②574.
⑨ 马克思，恩格斯. 马克思恩格斯全集：第42卷. 北京：人民出版社，1979：257.

阶级国际联盟的形式形成"真正的共同体"①。资本主义生产方式以独立于个人的物的形式为基础，个人作为阶级成员隶属于其所属的阶级共同体，"某一阶级的各个人所结成的、受他们的与另一阶级相对立的那种共同利益所制约的共同关系，总是这样一种共同体，这些个人只是作为一般化的个人隶属于这种共同体，只是由于他们还处在本阶级的生存条件下才隶属于这种共同体；他们不是作为个人而是作为阶级的成员处于这种共同关系中的。而在控制了自己的生存条件和社会全体成员的生存条件的革命无产者的共同体中，情况就完全不同了。在这个共同体中各个人都是作为个人参加的。它是各个人的这样一种联合（自然是以当时发达的生产力为前提的），这种联合把个人的自由发展和运动的条件置于他们的控制之下"②。在资本主义社会中，阶级关系简单化"为两大相互直接对立的阶级：资产阶级和无产阶级"，"整个社会日益分裂为两大敌对的阵营"。③ 其中，无产阶级"完全丧失了客体条件，他只是在主体上存在着"。④ 与之相对立的资产阶级"日甚一日地消灭生产资料、财产和人口的分散状态。它使人口密集起来，使生产资料集中起来，使财产聚集在少数人的手里"。⑤ 为了掩盖阶级利益冲突，资产阶级国家以"虚幻的共同体的形式"⑥ 代表资产阶级利益共同体。"这种共同体是一个阶级反对另一个阶级的联合"⑦，其实质是"管理整个资产阶级的共同事务的委员会"⑧。随着资本在世界范围内不断提高集中化程度，资产阶级国家的同盟关系也益发紧密。"不管单个资产者同其他资产者进行多么激烈的斗争，资产者作为阶级是有共同利益的"⑨，"各自独立的、几乎只有同盟关系的、各有不同利益、不同法律、不同政府、不同关税的各个地区，现在已经结合为一个拥有统一的政府、

①④　马克思，恩格斯．马克思恩格斯全集：第30卷．2版．北京：人民出版社，1995：490．
②　马克思，恩格斯．马克思恩格斯文集：第1卷．北京：人民出版社，2009：573．
③　马克思，恩格斯．马克思恩格斯文集：第2卷．北京：人民出版社，2009：32．
⑤　同③36．
⑥　同②536．
⑦　同②571．
⑧　同③33．
⑨　马克思，恩格斯．马克思恩格斯全集：第42卷．北京：人民出版社，1979：257．

统一的法律、统一的民族阶级利益和统一的关税的统一的民族"①。只有到共产主义社会，"利益的共同已经成为基本原则、公共利益和个人利益已经没有什么差别"②，此时所形成的共同体才会真正使得一切人从旧的生产关系中解放出来。

马克思基于人类社会共同体理论阐明了资本主义国家内部两大阶级的对立关系以及资本主义国家间的相互依存和普遍联系。随着社会主义革命的胜利，无产阶级利益共同体在落后国家建立起了社会主义制度。如何认识和处理社会主义国家与资本主义世界的关系是新的历史实践提出的全新问题——如何从阶级利益共同体过渡到真正的人类共同体？列宁以两大阶级利益共同体的矛盾关系为主线，试图通过无产阶级共同体对资产阶级共同体的革命方式实现未来社会的发展过渡，并以此指导社会主义国家的对外交往关系。列宁以 19 世纪末 20 世纪初垄断资本主义阶段为背景，创造了帝国主义论，将两大阶级利益共同体的对立关系发展为代表无产阶级共同体利益的社会主义国家与代表资产阶级共同体利益的资本主义国家之间的对立关系，强调代表垄断资本利益的发达国家和地区对落后国家和地区的破坏作用。尽管列宁曾经指出世界普遍交往的客观规律不受任何阶级的主观愿望限制，"有一种力量胜过任何一个跟我们敌对的政府或阶级的愿望、意志和决定，这种力量就是世界共同的经济关系。正是这种关系迫使它们走上这条同我们往来的道路"③，社会主义国家即使付出一定代价也应积极利用资本主义国家的先进技术和管理经验，"要用加倍的利润收买资本主义。资本主义将得到额外的利润——这种额外的利润由它去吧——我们所得到的将是能使我们巩固起来，最终站立起来，并在经济上战胜资本主义的主要的东西"④，但在列宁的理论中，苏联与资本主义国家的关系仍以阶级共同体对立矛盾为前提和基础，"只要存在着资本主义和社会主义，

---

① 马克思，恩格斯. 马克思恩格斯文集：第 2 卷. 北京：人民出版社，2009：36.
② 马克思，恩格斯. 马克思恩格斯全集：第 2 卷. 北京：人民出版社，1957：609.
③ 列宁. 列宁全集：第 42 卷. 2 版增订版. 北京：人民出版社，2017：343.
④ 列宁. 列宁全集：第 40 卷. 2 版增订版. 北京：人民出版社，2017：115.

它们就不能和平相处"①，二者的交往联系只是出于落后国家对先进国家文明成果吸收、利用的目的。在论述社会主义国家利用资本主义发展生产力时，列宁认为："租让并不是和平，它也是战争，不过是用另外一种、对我们比较有利的形式进行的战争。……现在这场战争将在经济战线上进行。"② 列宁还分析了反帝国主义的无产阶级力量，他认为资本主义国家的无产阶级已经落伍，"大量的超额利润……可以用来收买工人领袖和工人贵族这个上层"作为"资本家阶级的工人帮办"③，落后国家的无产阶级更为先进，反帝国主义的力量主要来自被压迫的国家及其劳动者阶级，无产阶级共同体以落后国家的无产阶级为主，"世界政治形势把无产阶级专政提上了日程，世界政治的一切事变都必然围绕着一个中心点，就是围绕世界资产阶级反对俄罗斯苏维埃共和国的斗争"④。

斯大林进一步将两大阶级利益共同体的对立关系发展为社会主义国家阵营与资本主义国家阵营之间的对立冲突关系，将列宁的"社会主义革命的前夜"论推向"社会主义革命时代"论。⑤ 斯大林指出，十月革命"扩大了民族问题的范围，使民族问题从欧洲反对民族压迫的局部问题变为各被压迫民族、各殖民地和半殖民地从帝国主义下解放出来的总问题"⑥，局部的民族独立问题成为世界性的反帝国主义的问题，世界被划分为被革命的帝国主义国家、地区与革命的反帝国主义的国家、地区。相应地，无产阶级革命也扩展到世界范围，"从前，通常都是说某一个发达的国家内的无产阶级革命，认为这是个别的独立自在的现象，而以个别的民族的资本战线为敌方。现在，这种观点已经不够了。现在必须说世界无产阶级革命，因为个别的民族的资本战线已经变成所谓世界帝国主义战线的整个链条的各个环节，必须拿世界各国革命运动的总战线来对抗这个世界帝国主

---

① 列宁．列宁全集：第 40 卷．2 版增订版．北京：人民出版社，2017：78.

② 同①43.

③ 列宁．列宁专题文集（论资本主义）．北京：人民出版社，2009：105.

④ 同③253.

⑤ 钟哲明．对"帝国主义和无产阶级革命时代"提法的比较分析．马克思主义研究，2006（1）：95 - 101.

⑥ 斯大林．斯大林选集（上）．北京：人民出版社，1979：126.

义战线"①。十月革命的胜利"开始了一个新的时代即世界革命的时代，这是一个充满冲突和战争、进攻和退却、胜利和失败的时代，这是各主要资本主义国家的无产阶级走向胜利的时代"②。社会主义国家与资本主义国家的并存被看作是暂时现象，两种不同性质的国家分别作为两大阶级共同体的代表，表现为直接的对立关系。由于帝国主义的存在，"战争的不可避免性也仍然是存在的"，"要消除战争的不可避免性，就必须消灭帝国主义"。③ 20 世纪 50 年代后，基于两大阶级利益共同体对立的国际关系理论形成了以意识形态划线的冷战思维，表现为以苏联为代表的社会主义国家阵营与以美国为代表的资本主义国家阵营之间的对抗性关系，两大阵营通过局部代理战争、科技和军备竞赛、太空竞赛、外交竞争等"冷"方式展开了数十年的斗争。

二、中间地带思想和三个世界理论

从中国共产党成立到新中国成立初期，鉴于过去长期受到帝国主义压迫以及新生社会主义政权面临资本主义阵营封锁和敌视的实际情况，中国共产党一直以帝国主义论为指导审视社会主义和资本主义的关系。随着中国经济实践的不断发展，到 20 世纪 50 年代中后期，毛泽东意识到中国与资本主义世界既有对立又有联系和普遍联系，随后逐渐提出了中间地带思想和三个世界理论。其中，"中间地带"的概念在国内学术界有两个不同的研究维度，一是毛泽东所指的中间地带，二是一般国际政治理论中所指的特殊地域，如处于大国争夺下的地区和国家，本书指的是前者。"三个世界"一词被看作使用非常广泛的政治术语，据沃尔夫·菲利普斯考证，最早使用该词的是法国人口统计学家阿尔弗雷德·索维（Alfred Sauvy），索维在 1952 年使用该词指代"被忽略、待开发、具有革命潜力"的力量。

---

①　斯大林.斯大林全集：第 6 卷.北京：人民出版社，1956：85.

②　斯大林.斯大林全集：第 7 卷.北京：人民出版社，1958：76.

③　斯大林.斯大林选集（下）.北京：人民出版社，1979：566.

作为其近义词的"第三种力量"最早由法国总统戴高乐在 20 世纪 40 年代末首次使用。① 本书所指"三个世界"是由毛泽东提出并发展成为一种理论的具体思想。

中间地带思想和三个世界理论是中国共产党首次以中国话语对马克思主义世界经济体系理论进行创新发展和阐述，它超越了意识形态，突破了当时被奉为圭臬的两大阵营对立论，重新发现了长期被忽视的马克思、恩格斯关于世界普遍交往的理论，提出实行不同社会制度的国家间可以建立正常的经济贸易联系，回答了新中国与资本主义世界对立、依赖的辩证关系问题，是列宁帝国主义论后马克思主义世界经济体系理论的重大突破，它将马克思关于世界普遍交往的世界市场理论带回经典帝国主义理论框架，意味着中国共产党对世界经济关系的认识超出了苏联式基于阶级共同体的二分法框架，不仅为中国外交打开了新局面，而且为中国主动争取有利于生存发展的国际环境，为马克思主义政党认识和处理社会主义国家的对外关系争取了更广阔的实践空间。②

早在解放战争之初，毛泽东就已经意识到阶级共同体的内部矛盾与阶级共同体之间的矛盾交织在一起。1946 年 8 月，在同美国记者谈话时，毛泽东提出资本主义与社会主义之间的殖民地、半殖民地国家构成了一个中间地带，"美国反苏战争的口号，在目前的实际意义，是压迫美国人民和向资本主义世界扩张它的侵略势力。……美国和苏联中间隔着极其辽阔的地带，这里有欧、亚、非三洲的许多资本主义国家和殖民地、半殖民地国家"③。同年 11 月，毛泽东再次提出："现在世界上有三块地方：美国，苏

① 胡佳虹. 毛泽东"三个世界"思想综述：作为一种战略和一种理论. 兰州学刊，2010 (1)：16 - 18.

② 刘山，薛君度. 中国外交新论. 北京：世界知识出版社，1998：34；胡为雄. 新中国成立后毛泽东关于和平与战争的思想探索. 马克思主义研究，2013 (7)：22 - 27. 也有研究认为三个世界划分理论仍是国内革命战争时期的思维，忽视了世界和平发展趋势，中国因此错过了一些发展机遇，这种判断与三个世界划分理论所内含的普遍联系思想显然有所矛盾，参见：何理. 毛泽东关于三个世界划分理论与二十世纪七十年代中国外交战略调整. 中共党史研究，2010 (4)：14 - 21；张辉. 从"中间地带"理论到"三个世界"理论：论毛泽东的国际统一战线思想. 桂海论丛，2004 (3)：41 - 43。

③ 毛泽东. 毛泽东选集：第 4 卷. 2 版. 北京：人民出版社，1991：1193.

联，还有美苏之间。这三块地方的人民都反对美国反动派，今天的世界是美帝国主义同全世界人民的矛盾和对立。"① 随后，中共中央机关报《解放日报》对"中间地带"进行集中阐述："现在世界的主要矛盾是美国人民与美国反动派的矛盾，是英美矛盾和中美矛盾。"② 该论述表明中国共产党并未陷入意识形态对立的窠臼，其对世界关系的分析已经包含着将世界普遍交往的客观规律与资本主义世界阶级共同体思想纳入同一分析框架内的理论萌芽。1947 年，随着国际形势的不断发展，毛泽东对世界关系的认识逐渐转向了"两大阵营"论，将世界两分为"以苏联为首的世界反帝国主义阵线的力量"与帝国主义力量。③ 有研究表明，中国共产党之所以在1947 年后暂时放弃了"中间地带"思想、接受了"两大阵营"论，部分是出于抵抗美国"扶蒋反共"反动政策的考虑。④ 20 世纪 50 年代后，中间地带思想重新得到发展。

中间地带思想发现了阶级利益共同体内部存在广泛的矛盾。随着美苏两大阵营对立矛盾的深化，美国在广阔的中间地带"实行着实力政策"⑤，不仅被压迫民族国家反对美国的力量强大起来，西方阵营国家与美国的矛盾也日渐加深。随着 1955 年亚非国家万隆会议的召开、1961 年不结盟运动和 1964 年"77 国集团"等国际组织的形成，毛泽东指出，许多民族主义国家既"不是帝国主义国家，也不是社会主义国家"⑥，它们站在不参加美苏双方集团的中立立场。1957 年 1 月，毛泽东在分析苏伊士运河事件时指出："在那里冲突的，有两类矛盾和三种力量。两类矛盾，一类是帝国主义跟帝国主义之间的矛盾，即美国跟英国、美国跟法国之间的矛盾，一类是帝国主义跟被压迫民族之间的矛盾。三种力量，第一种是最大的帝国

---

① 毛泽东. 毛泽东文集：第 4 卷. 北京：人民出版社，1996：197.
② 陆定一. 对于战后国际形势中几个基本问题的解释. 解放日报，1947 - 01 - 04.
③ 毛泽东. 毛泽东外交文选. 北京：中央文献出版社，世界知识出版社，1994：79 - 80.
④ 牛军. 重建"中间地带"：中国亚洲政策的缘起（1949—1955 年）. 国际政治研究，2012
(2)：61 - 80；胡新民. 毛泽东与三个世界划分理论. 党史博采（纪实版），2021 (3)：22 - 26.
⑤ 同③205.
⑥ 同③336.

主义美国，第二种是二等帝国主义英、法，第三种就是被压迫民族。"① 毛泽东还将世界分为帝国主义、社会主义和民族主义，帝国主义和民族主义都是资本主义，而帝国主义是"压迫别的民族的资本主义"，"中间这一派民族主义，本来是帝国主义的后方，但因为它又反帝，就转化为我们无产阶级的后方，社会主义的后方"。② 20 世纪 60 年代后，法国等西方国家越来越反对美国的霸权主义行为。社会主义阵营内部同样也存在矛盾，中苏关系因为苏联对中国奉行大国沙文主义政策而恶化。③ 基于现实实践，毛泽东进一步指出实际上存在两个中间地带："亚洲、非洲、拉丁美洲是第一个中间地带；欧洲、北美加拿大、大洋洲是第二个中间地带。日本也属于第二个中间地带。"④

　　与帝国主义论关注阶级利益共同体之间的对立不同，中间地带思想强调了阶级利益共同体之间存在相互依赖关系，中国应超越意识形态限制，加强与资本主义国家的交流合作。中间地带思想关于阶级利益共同体依赖关系的认识不仅包括落后国家对先进国家的成果学习与经验借鉴，而且强调与社会性质不同的第三世界国家进行国际交往。1954 年，毛泽东提出"要跟一切愿意和平的人合作"⑤，不仅要与广大发展中国家建立友好关系，而且要与英法等国家建立正式外交关系，主动巩固加强与周边国家的友好关系。各民族国家相互依赖的思想突出地表现在中国共产党对自力更生与学习外国经验之间关系的处理上，"我们的方针是，一切民族、一切国家的长处都要学，政治、经济、科学、技术、文学、艺术的一切真正好的东西都要学。但是，必须有分析有批判地学，不能盲目地学，不能一切照抄，机械搬运。他们的短处、缺点，当然不要学"⑥。1956 年中共八大提

---

① 毛泽东. 毛泽东文集：第 7 卷. 北京：人民出版社，1999：188.
② 中共中央文献研究室. 毛泽东年谱：第 3 卷. 北京：中央文献出版社，2013：411.
③ 王树荫. 马克思主义中国化史：第 2 卷. 北京：中国人民大学出版社，2015：426.
④ 毛泽东. 毛泽东外交文选. 北京：中央文献出版社，世界知识出版社，1994：509.
⑤ 中共中央文献研究室. 毛泽东年谱：第 2 卷. 北京：中央文献出版社，2013：256.
⑥ 中共中央文献研究室. 建国以来重要文献选编：第 8 册. 北京：中央文献出版社，2011：223.

出坚持以和平共处五项原则为基础的外交政策。① 在中间地带思想的指导下，20 世纪 60 年代，中国尽可能地支持亚非拉人民的反殖民反帝斗争，给予已独立亚非拉友好国家尽可能的援助，在错综复杂的国际局势中保持着较大的战略主动局面。②

20 世纪 60 年代末到 70 年代初国际局势发生变化，美苏在表面关系缓和的同时加紧了霸权争夺。在反对美苏霸权的政策下，中国面临着被孤立的困境和可能双线作战的危险，长期备战破坏了各产业部门的比例关系③，中共中央必须重新评估国际形势和中国的对外关系④。与此同时，美国陷入了越南战争泥潭，急于进行战略转向，希望改善中美关系，于 1971 年结束了已实施 20 年的中美贸易禁令。1974 年毛泽东在中间地带思想的基础上进一步提出了三个世界理论，指出世界上存在相互联系又相互矛盾的三个世界⑤，强调不同阶级共同体在反对霸权主义方面具有超越社会性质的共同利益。毛泽东提出："美国、苏联是第一世界。中间派，日本、欧洲、澳大利亚、加拿大是第二世界。咱们是第三世界。……亚洲除了日本，都是第三世界。整个非洲都是第三世界，拉丁美洲也是第三世界。"⑥

在这一时期，中国不仅与社会主义阵营国家发展经贸关系，与东南亚国家及部分西方国家的国际贸易也逐渐发展起来，贸易额增长十分迅速。以日本为例，中日进出口贸易总额在 1953 年时为 992 万美元，到 1970 年时增长到 8.1 亿美元。⑦ 20 世纪 70 年代中后期中国从西方国家引进的成套工业设备成为中国经济发展的重要基础。⑧ 1978 年，中日、中德（联邦德

---

①④　王树荫. 马克思主义中国化史：第 2 卷. 北京：中国人民大学出版社，2015：425.

②　李捷. 毛泽东国际战略思想的形成、发展及其体系. 中共党史研究，1993（6）：61－68.

③　如军工企业盲目扩大压缩了农业、轻工业等其他部门的投资比例。参见顾龙生. 中国共产党经济思想史（1921—2011）：下册. 太原：山西经济出版社，2014：528.

⑤　邓小平在联大特别会议上讲述毛泽东三个世界划分的战略思想时指出："目前世界上各种政治力量经过长期的较量和斗争，发生了急剧的分化和改组。现在的世界实际上存在着互相联系又互相矛盾着的三个方面、三个世界。"见中共中央文献研究室. 毛泽东年谱：第 6 卷. 北京：中央文献出版社，2013：528.

⑥　中共中央文献研究室. 毛泽东年谱：第 6 卷. 北京：中央文献出版社，2013：520－521.

⑦　数据来自《中国统计年鉴》。

⑧　裴长洪. 融合世界一切先进事物推进人类命运：中国共产党百年对外开放观. 教学与研究，2021（6）：33－45.

国）贸易总额分别从 1971 年的 8.8 亿美元、2.3 亿美元增加到 48.2 亿美元、13.6 亿美元。①

三、和平与发展论和世界多极化趋势

20 世纪 70 年代后，资产阶级共同体内部的矛盾随着竞争的不断加剧而变得尖锐，二战后日本、联邦德国等发达国家的崛起在一定程度上削弱了美国在资本主义阵营中一家独大的局面。随着独立的工业体系的建立，中国面临着加强国际经济交往的内在需求。邓小平等中国共产党人根据中国所处的历史方位、国际环境和国内经济发展的需要，重新审视了资本主义世界长期存在两个对立阶级共同体的现实，批判吸收经典理论的传统，指出中国与资本主义世界的经济利益共同体不仅不会影响中国的社会主义制度，而且能够促进社会主义建设，进一步发展了马克思主义世界交往思想。在"和平与发展"的总体战略判断下，中国在区域、产业、贸易与投资等方面开始了渐进开放的伟大历史实践，创新性地分析了资本主义世界主要矛盾、国际资本与社会主义建设关系等问题，回答了中国如何在资本主义世界中建设社会主义的问题，开启了改革开放和社会主义现代化建设新时期。

和平与发展论认为："现在世界上真正大的问题，带全球性的战略问题，一个是和平问题，一个是经济问题或者说发展问题。"② 邓小平继承毛泽东超越意识形态局限性的三个世界理论，指出两大阶级共同体之间的对抗关系不再是主要问题，各民族国家在相互依赖的世界市场中寻求发展，和平取代战争成为世界性问题，进一步强调了世界各民族之间具有超越阶级利益共同体的普遍依赖关系，中国应该抓住资本带来的世界普遍发展的机遇，促进中国社会主义的发展，为人类真正的共同体创造条件。"任何一个民族、一个国家，都需要学习别的民族、别的国家的长处，学习人家

---

① 数据来自《中国统计年鉴》。

② 邓小平. 邓小平文选：第 3 卷. 北京：人民出版社，1993：105.

的先进科学技术。我们不仅因为今天科学技术落后，需要努力向外国学习，即使我们的科学技术赶上了世界先进水平，也还要学习人家的长处。"① 可以看出，相较于马克思、恩格斯从资本主义社会化大生产中得出世界普遍交往的必然性，以及列宁关于社会主义国家为摆脱落后局面而与发达资本主义国家经济交往的思想，邓小平对世界各国基于发展逻辑而必然保持广泛国际交往的论述具有鲜明的创新性，指明了中国与资本主义世界的关系以合作为主的总体方向，为此后坚定不移扩大和深化对外开放奠定了基调。② 随着中国特色社会主义市场经济建设的展开，这一思想不断得以丰富。

在和平与发展的时代主题下，不仅社会主义国家间的交往更加密切，而且中国社会主义建设迫切需要解决如何处理社会主义国家与资本主义国家资本的关系问题。和平与发展论回答了社会主义国家建设与国外资本的关系问题，指出可以在资本主义世界中建设社会主义。在列宁垄断资本理论的基础上③，邓小平揭示了发达国家资本的二重性质，为中国可以利用国外资本建设社会主义奠定了理论基础。已建立社会主义制度的新中国拥有庞大的"社会主义经济基础"，能够以独立自主的身份与国际资本合作，不再是无力摆脱国际资本控制的被掠夺者，"我们对外开放二十来个城市，这也是在社会主义经济是主体这个前提下进行的，不会改变它们的社会主义性质。相反地，对外开放有利于壮大和发展社会主义经济"。④ 吸收国际资本在中国境内投资，固然会产生国际资本占有中国工人所生产部分剩余价值的结果，但对于缺乏先进生产技术、现代管理经验的中国经济来说，吸收国际资本在中国境内投资，能够较快地解决资本积累不足的问题。在

---

　　① 邓小平.邓小平文选：第 2 卷.2 版.北京：人民出版社，1994：91.

　　② 顾龙生.中国共产党经济思想史（1921—2011）：下册.太原：山西经济出版社，2014：696－698.

　　③ 列宁的帝国主义论指出了国际垄断资本具有鲜明的国家属性，落后国家是具有国际垄断资本的发达国家追求高利润率的"过剩资本"的投资对象。"资本主义向垄断资本主义阶段的过渡……是同瓜分世界的斗争的尖锐化联系着的。"见列宁.列宁专题文集（论资本主义）.北京：人民出版社，2009：165。

　　④ 邓小平.邓小平文选：第 3 卷.北京：人民出版社，1993：134，103.

全球化背景下，中国社会主义建设与资本主义国家的资本并不是建立在对立基础上的互相排斥关系，二者的合作也不是对抗思维下的权宜之计，社会主义国家通过参与资本主义世界实现自身发展是社会主义商品经济的内在要求。[①] 1979—1984 年期间，中国以合资、合作经营、外资、合作开发项目等形式利用的外资规模为 29.63 亿美元，随着开放程度不断提高，这一数值在 1985—1992 年增加到 324.05 亿美元。[②]

20 世纪 90 年代后，以"生产碎片化"为特征的全球生产网络占据主导地位。发达国家的垄断资本通过外包、分包等方式在世界范围内选择最有利于积累的投资地点，拥有廉价劳动力和丰富自然资源的发展中国家以史无前例的深度参与到世界市场中，世界交往有了前所未有的深度和广度。如马克思所指出的，在资本"按照自己的面貌为自己创造出一个世界"[③] 的过程中，"一切国家的生产和消费都成为世界性的了"[④]，落后国家也"被卷入世界市场网"[⑤]。在中国等部分发展中国家在全球化过程中获得发展机遇的同时，发达国家凭借技术、军事、文化等领域的垄断地位加强了对全球产业链的控制，再加上苏联解体和东欧剧变终结了两极格局，催生了新的世界政治格局，中国共产党对中国与资本主义世界市场的关系有了新的认识。中国共产党提出世界多极化趋势的思想，积极推动中国渐进式对外开放。

根据世界局势的变化，江泽民在马克思、恩格斯、列宁等经典作家理论和中国共产党创新理论的基础上分析了当时的世界形势，摆脱了意识形态限制，认为在全球化背景下，和平与发展的时代特征没有变，丰富发展了世界多极化发展趋势的观点，积极推动中国渐进式对外开放。"世界多极化和经济全球化的趋势在曲折中发展，科技进步日新月异，综合国力竞争日趋激烈，世界的力量组合和利益分配正在发生新的深刻变化。和平与

---

① 顾龙生.中国共产党经济思想史（1921—2011）：下册.太原：山西经济出版社，2014：696-697.

② 汪海波，刘立峰.新中国工业经济史.3 版.北京：经济管理出版社，2017：323，374.

③ 马克思，恩格斯.马克思恩格斯文集：第 2 卷.北京：人民出版社，2009：36.

④ 同③35.

⑤ 马克思.资本论：第 1 卷.2 版.北京：人民出版社，2004：874.

发展这两大课题至今一个都没有解决，天下仍很不太平。"①

　　"多极化"的概念最早是由法国学者提出的，尼克松也曾提出五极格局说，将中国作为世界均势的一极。但中国共产党所提出的世界"多极化"趋势有着不同的含义。首先，它以"人类自由联合体"为价值导向，提出以国际关系民主化保证世界和平与发展②，强调各国的共同参与、平等协商，"这种多极化格局，不同于历史上大国争霸、瓜分势力范围的局面。各国应是独立自主的"③，同时，"世界发展的主体是各国人民，世界的管理必须由各国人民共同参与。应该推进国际关系民主化，协商解决国际问题，共同应对人类面临的挑战"④。其次，它将世界多极化趋势置于三个世界的划分之下，而不是美苏两极大格局或以美国为核心的条件下，意味着对多极化的认识不以基于意识形态的两大对抗性阵营为前提。最后，它将多极化趋势与全球化发展相联系，指出"世界多极化和经济全球化的趋势在曲折中发展"⑤。对世界多极化趋势的分析及时地响应了后冷战时代国际格局的新变化，得到了国际社会的广泛认同，避免了片面以两大阶级利益共同体分析世界可能产生的认知误区。⑥ 在多极化趋势思想的指导下，中国共产党准确把握了以"生产碎片化"为基础的生产网络全球化趋势，坚持扩大对外开放，中国对世界市场的参与程度不断提高。1993—2000年，中国在引进外资方面居世界第二位，仅次于美国。2000年中国实际利用外资规模从1992年的192亿美元提高到594亿美元，外商投资约占当年中国固定资产投资总额的10.3%。⑦

---

①⑤　江泽民. 江泽民文选：第3卷. 北京：人民出版社，2006：297.

②　国际关系民主化虽然不是国际关系领域的新词汇，但是作为关于国际交往的政治理念，是2000年中国共产党率先提出并实践的。参见任晶晶. 新世纪以来中国推动国际关系民主化的理论与实践. 当代中国史研究，2011（6）：109-116。

③　同①108.

④　江泽民. 中非携手合作　共迎新的世纪：在"中非合作论坛—北京二〇〇〇年部长级会议"开幕式上的讲话. 人民日报，2000-10-11.

⑥　例如，当时许多学者认为世界进入由美国领导、发达资本主义国家共同主导的单极世界。参见俞邃. 世界多极化问题. 世界经济与政治，2004（3）：15-20。

⑦　汪海波，刘立峰. 新中国工业经济史. 3版. 北京：经济管理出版社，2017：323，374，438.

世界多极化趋势思想将中国作为世界的一极，意味着中国不仅要在世界中实现发展，更要参与到世界秩序建设中。中国以更加积极主动的姿态参与到国际秩序建设中，一方面是因为中国与资本主义世界的关系变得更加复杂。随着资本利益共同体内部竞争不断加剧，资本与国家的关系变得更加密切，国家在资本主义世界中的地位和作用益发显著，更加紧密的国际经济交往使得各国有了更多超意识形态的共同利益，处于"三个世界"不同位置的各国在世界经济治理机制等问题上面临更深刻的分歧，世界政治经济关系应超越意识形态限制加强合作与交流。21世纪初中国加入WTO后，中国与资本主义世界的关系变得更加密切，各种形式的矛盾与摩擦也相应增多。中国等发展中国家既应能够自主解决本国的问题，也应平等地参与国际事务。"这种多极化格局，不同于历史上大国争霸、瓜分势力范围的局面。各国应是独立自主的，各国的相互合作及各种形式的伙伴关系，不应针对第三方。⋯⋯大国应该尊重小国，强国应该扶持弱国，富国应该帮助穷国。"① 另一方面是因为中国逐步具备了参与国际政治经济秩序改革的力量，尤其是在"国际金融危机把我国进一步推到了国际社会讨论和处理重大问题的前台"② 后，中国需要从模仿到成熟运用国际规则维护自身利益。中国共产党在坚持和平与发展仍是时代主题、世界多极化趋势的总体判断下，将互利共赢的开放战略作为改革开放以来经济社会持续快速发展的重要经验和实现长远发展的内在要求。③

四、人类命运共同体理念

随着中国成为世界上最大的出口国、最大的制造业国家、第二大经济体，中国所面临的国际国内形势都发生了重大变化。2012年后，中国特色社会主义进入新时代，世界正经历百年未有之大变局，中国处于比历史上

① 江泽民. 江泽民文选：第3卷. 北京：人民出版社，2006：108.
② 胡锦涛. 胡锦涛文选：第3卷. 北京：人民出版社，2016：285.
③ 顾龙生. 中国共产党经济思想史（1921—2011）：下册. 太原：山西经济出版社，2014.

任何时期都更接近中华民族伟大复兴的历史时刻，中国共产党正带领人民进行具有许多新的历史特点的伟大斗争。中国共产党站在全人类命运的高度审视中国与世界资本主义的关系，系统总结中国共产党的对外交往思想，从中华民族关于"大同"社会的理想传统中汲取营养，提出了人类命运共同体理念，明确回答了中国应该发展什么样的开放型经济，以及如何更好地建设人类世界的重大历史问题。

2013 年 3 月 23 日，习近平提出"人类生活在同一个地球村里，生活在历史和现实交汇的同一个时空里，越来越成为你中有我、我中有你的命运共同体"①。人类命运共同体理念认为不同国家、民族的世界人民具有超越社会制度、意识形态的共同价值取向，"和平、发展、公平、正义、民主、自由，是全人类的共同价值"②，超越了以"物的依赖性"为基础的共同体，它不具有意识形态的内在属性，而是强调利益共同性。尽管经济基础具有决定作用，但是上层建筑同样具有强大的反作用能力。"理念引领行动，方向决定出路"③，人类可以有意识地共同改造世界，并朝着"个人全面发展"共同体过渡。④"每个民族、每个国家的前途命运都紧紧联系在一起，应该风雨同舟，荣辱与共，努力把我们生于斯、长于斯的这个星球建成一个和睦的大家庭，把世界各国人民对美好生活的向往变成现实。"⑤"一带一路"倡议正是中国率先践行人类命运共同体的典范。它不仅在原则和理念方面克服了资本主义"物的依赖关系"所具有的弊端，在建设模式上也为从"物的依赖关系"走向"个人全面发展"提供了支撑。"一带一路"以互联互通为聚焦点，以基础设施为基石，是对发达商品经济发展规律的准确把握，"生产越是以交换价值为基础，因而越是以交换为基础，

---

① 习近平. 顺应时代前进潮流 促进世界和平发展：在莫斯科国际关系学院的演讲. 人民日报，2013 - 03 - 24.

② 习近平. 携手构建合作共赢新伙伴 同心打造人类命运共同体：在第七十届联合国大会一般性辩论时的讲话. 人民日报，2015 - 09 - 29.

③ 习近平. 共同构建人类命运共同体. 人民日报，2017 - 01 - 20.

④ 孙来斌. 论"人类命运共同体"与马克思共同体思想的关系. 马克思主义研究，2019（12）：35 - 44；黄瑾. 利益共同体与人类命运共同体. 学习与探索，2019（10）：94 - 101.

⑤ 习近平. 习近平谈治国理政：第 3 卷. 北京：外文出版社，2020：433.

交换的物质条件——交通运输工具——对生产来说就越是重要"①。"大工业应当首先创造出必要的手段,即大工业城市和廉价而便利的交通。"② 对于相对落后的国家而言,中国将基础设施建设作为互联互通的基石,是打破落后国家持续不发展瓶颈的关键。目前,"六廊六路多国多港"架构基本形成,中老铁路、中泰铁路、匈塞铁路、雅万高铁等取得积极进展,瓜达尔港、汉班托塔港等合作港口建设运营良好,中俄东线天然气管道等建设稳步推进。③

人类命运共同体理念系统总结了中国共产党的对外交往思想,始终将两大阶级利益共同体与世界普遍交往的思想作为分析中国与资本主义世界关系的理论基础,指出人类可以在普遍交往的基础上构建超越两大阶级共同体对立关系的命运共同体,发展了马克思主义共同体理论。自马克思、恩格斯以历史唯物主义方法论勾勒了人类社会发展各阶段后,许多马克思主义学者都对人类世界如何从阶级利益共同体过渡到人类共同体问题进行了深入思考。总的来说,相关理论发展主要沿着两条逻辑路线。第一条以列宁、斯大林为代表,他们以两大阶级利益共同体的矛盾关系为主线,试图通过无产阶级共同体对资产阶级共同体的革命方式实现未来社会的发展过渡。第二条以中国共产党人为代表,将世界普遍交往作为人类社会发展的必然趋势,以"人类利益"为价值导向④,主张在社会主义能够取代资本主义之前的复杂、长期历史阶段,摆脱意识形态偏见,通过全人类的共同协作改造世界,最终走向自由人联合体。习近平所提出的"人类命运共同体"就是第二条逻辑路线的最新理论成果。

人类命运共同体理念凸显了被主流国际经济理论回避的全球生产关系问题,强调共赢共享的发展。主流国际经济学理论以"经济人假设"为前提、以比较优势论为基础,试图掩盖自资本主义生产方式确立以来发达资

---

① 马克思,恩格斯. 马克思恩格斯全集:第30卷.2版. 北京:人民出版社,1995:521.

② 马克思,恩格斯. 马克思恩格斯文集:第1卷. 北京:人民出版社,2009:568.

③ "一带一路"八周年 国际互联互通水平持续提升. 中国一带一路网,2021-09-07.

④ 裴长洪,彭磊. 中国共产党和马克思主义政治经济学:纪念中国共产党成立一百周年. 经济研究,2021(4):24-40.

本主义国家与落后国家之间的不平等经济关系。然而，如马克思所揭露的，人的本质"是一切社会关系的总和"①，一切经济行为都发生于特定的生产关系中，"经济人假设"回避了人是社会关系总和的本质，比较优势论忽视了国际贸易发生于资本主导的国际分工体系中。若以这些理论指导实践，中国作为发展中国家将极易被锁定在国际分工的低端，成为"核心-外围"世界体系的牺牲者。人类命运共同体理念认为，在经济全球化趋势下，各国应通过构建开放型世界经济，共建繁荣的世界。中国正以更高层次对外开放，即高标准的贸易协定、高质量的全球合作平台、高自由度的自贸区、高开放度的贸易规则②，推动世界互利共赢。2013 年至 2021 年初，中国已建立 21 个自由贸易试验区③，其中包括世界上最大的《区域全面经济伙伴关系协定》（RCEP）自贸区，2021 年 9 月中国向《全面与进步跨太平洋伙伴关系协定》（CPTPP）提交了加入申请。

　　人类命运共同体理念克服了西方以"霸权稳定论"为基础、以维护本国资本利益为目的的主流国际政治经济学理论的狭隘视角。④ 自资本主义生产方式产生以来，英国、美国等霸权国家为维护本国资本的利益而扮演国际秩序维护者的角色，但这并不意味着国际秩序只有一种形式。人类命运共同体正是以互利共赢、多元平衡、安全高效为价值导向的新国际秩序倡议，将"维护和践行多边主义"作为解决世界问题的出路。⑤ 中国提出的"一带一路"倡议作为国际合作的新模式，以共商共建共享的原则和绿色、开放、廉洁的理念，为人类命运共同体建设提供了思路和方案，得到

　　① 马克思，恩格斯. 马克思恩格斯选集：第 1 卷.3 版. 北京：人民出版社，2012：4.
　　② 江小涓. 立足国情与时代，探索开放促发展促改革之道路. 经济研究，2021（6）：16－22.
　　③ 数据来自中国自由贸易区服务网。
　　④ 霸权稳定论将世界体系的稳定看做一种具有非排他性和非竞争性的公共产品，借口霸权国家为世界稳定而承担的领导责任，提出如果没有支配性国家领导世界，世界稳定这一公共产品将得不到足够的供给。在西方主流国际政治经济学理论中，霸权稳定论最初是现实主义的基础理论之一。随着基欧汉等新自由主义学者部分接受了现实主义理论的基础假设，发展了新的霸权稳定论，霸权稳定论基本成为西方主流国际政治经济学普遍接受的理论。
　　⑤ 习近平. 让多边主义的火炬照亮人类前行之路：在世界经济论坛"达沃斯议程"对话会上的特别致辞. 人民日报，2021－01－26；裴长洪. 融合世界一切先进事物推进人类命运：中国共产党百年对外开放观. 教学与研究，2021（6）：33－45.

了越来越多国家的肯定和响应。截至 2021 年 1 月，中国与 171 个国家和国际组织签署了 205 份共建"一带一路"合作文件，成立了亚投行、丝路基金、"16＋1"金融控股公司等金融组织。2013 年至 2020 年，中国对共建"一带一路"国家累计直接投资达 1 360 亿美元，共建"一带一路"国家实际在华投资达到约 600 亿美元。2020 年中国与共建"一带一路"国家的业务占中国对外承包工程业务的一半以上，新签合同额达 1 414.6 亿美元，完成营业额达 911.2 亿元。①

人类命运共同体是中国共产党对当今世界政治经济关系的前瞻性思考和主张，在主张建立以合作共赢为核心的国际政治经济秩序的同时强调坚持社会主义的伟大斗争，是资本主义阶级共同体仍然在场的历史阶段中国共产党始终坚定不移的诉求。自新中国成立以来，中国共产党就拒绝接受依附于霸权国家的旧国际秩序，强调各国独立自主参与国际事务。1974 年邓小平代表中国政府发言时就提出建立国际经济新秩序，20 世纪 80 年代又提出建立国际政治新秩序和国际经济新秩序。1992 年江泽民正式将建立新秩序定为中国对外政策的重要内容。2015 年习近平在第七十届联合国大会一般性辩论时倡导："构建以合作共赢为核心的新型国际关系，打造人类命运共同体。"② 面对和平赤字、发展赤字、治理赤字等人类社会日益尖锐的矛盾和挑战，建立新型国际秩序、推动构建人类命运共同体是唯一可行的道路。与此同时，构建人类命运共同体是一项长期而艰巨的历史任务，"必须准备进行具有许多新的历史特点的伟大斗争。这就告诫全党，要时刻准备应对重大挑战、抵御重大风险、克服重大阻力、解决重大矛盾"，这一过程的核心是要"坚持和发展中国特色社会主义，坚持和巩固党的领导地位和执政地位，使我们的党、我们的国家、我们的人民永远立于不败之地"。③

---

① 数据来自中国一带一路网。

② 习近平. 携手构建合作共赢新伙伴 同心打造人类命运共同体：在第七十届联合国大会一般性辩论时的讲话. 人民日报，2015 - 09 - 29.

③ 习近平. 在庆祝中国共产党成立 95 周年大会上的讲话. 求是，2021 (8)：8.

　　人类命运共同体理念贯彻中国共产党对独立自主与改革开放关系的辩证认识，回应了如何认识中国与世界发展关系的最新时代问题。自新中国成立以来，中国共产党在现实的社会主义建设实践中发现了中国建设与世界发展相互依赖的规律，摸索了一条以独立自主发展为主、不断扩大对外开放的发展道路。改革开放前，中国共产党提出"自力更生为主，争取外援为辅"，为社会主义建设奠定了坚实的工业化基础。在改革开放和社会主义现代化建设新时期，中国共产党提出"利用两个市场、两种资源"，极大地解放和发展了生产力，形成了外向型发展模式。在世界正经历百年未有之大变局的新时代，习近平以人类命运共同体理念进一步阐明了新时代中国社会主义建设与资本主义世界的关系。"我们参与全球治理的根本目的，就是服从服务于实现'两个一百年'奋斗目标、实现中华民族伟大复兴的中国梦。要审时度势，努力抓住机遇，妥善应对挑战，统筹国内国际两个大局，推动全球治理体制向着更加公正合理方向发展，为我国发展和世界和平创造更加有利的条件"①，"积极引导经济全球化发展方向，着力解决公平公正问题，让经济全球化进程更有活力、更加包容、更可持续"②。为了实现这个目标，中国必须保持强大的战略定力，把握经济全球化的总体趋势，"支持多边贸易体制，促进自由贸易区建设"③，"共同维护和发展开放型世界经济"④。

　　在资本主导的世界市场中，资本逻辑使得人类社会面临威胁自身生存的共同挑战。和平赤字、发展赤字、治理赤字等人类社会日益尖锐的矛盾挑战，"任何一国想单打独斗都无法解决"⑤。正如马克思在"两个决不会"

---

　　①　推动全球治理体制更加公正更加合理　为我国发展和世界和平创造有利条件．人民日报，2015－10－14．

　　②　习近平．深化伙伴关系　增强发展动力：在亚太经合组织工商领导人峰会上的主旨演讲．人民日报，2016－11－21．

　　③　中共中央党史和文献研究室．十九大以来重要文献选编（上）．北京：中央文献出版社，2019：42．

　　④　习近平．共同维护和发展开放型世界经济：在二十国集团领导人峰会第一阶段会议上关于世界经济形势的发言．人民日报，2013－09－06．

　　⑤　习近平．让多边主义的火炬照亮人类前行之路：在世界经济论坛"达沃斯议程"对话会上的特别致辞．人民日报，2021－01－26．

理论中所揭示的那样，"无论哪一个社会形态，在它所能容纳的全部生产力发挥出来以前，是决不会灭亡的；而新的更高的生产关系，在它的物质存在条件在旧社会的胎胞里成熟以前，是决不会出现的"①。资本主义世界在资本仍具有活力的条件下不可能自发灭亡，人类命运共同体的建设需要各国人民的共同努力。

① 马克思，恩格斯．马克思恩格斯选集：第 2 卷 . 3 版 . 北京：人民出版社，2012：3.

尾　　论

无产阶级政党的"全部理论来自对政治经济学的研究"①，而"理论在一个国家实现的程度，总是取决于理论满足这个国家的需要的程度"②。资本主义在世界范围内扩张的过程中，通过侵略和殖民等途径将当时先进的资本主义社会形态与落后国家的社会形态相连接，导致落后国家发展进程受阻，形成了混合的社会形态，在此基础上社会主义实践不断发展，产生了一系列马克思、恩格斯经典理论没有解决的新问题，新的历史实践要求中国共产党人基于中国具体实际"把坚持马克思主义和发展马克思主义统一起来，结合新的实践不断作出新的理论创造"③。在革命时期，毛泽东同志就曾指出中国共产党对马克思主义的运用"必须将马克思主义的普遍真理和中国革命的具体实践完全地恰当地统一起来，就是说，和民族的特点相结合，经过一定的民族形式，才有用处，决不能主观地公式地应用它"④。改革开放后，邓小平同志进一步提出："我们历来主张世界各国共产党根据自己的特点去继承和发展马克思主义，离开自己国家的实际谈马

---

① 马克思，恩格斯.马克思恩格斯文集：第2卷.北京：人民出版社，2009：596.
② 马克思，恩格斯.马克思恩格斯选集：第1卷.3版.北京：人民出版社，2012：11.
③ 习近平：在哲学社会科学工作座谈会上的讲话.国务院新闻办公室网站，2016-05-19.
④ 毛泽东.毛泽东选集：第2卷.2版.北京：人民出版社，1991：707.

克思主义，没有意义。"① 党的十八大以来，习近平同志多次强调"把坚持马克思主义和发展马克思主义统一起来，结合新的实践不断作出新的理论创造，这是马克思主义永葆生机活力的奥妙所在"②。正是在独立运用马克思主义的立场、观点与方法的基础上，中国共产党结合中国革命、建设和改革的具体实践，贯彻辩证唯物主义和历史唯物主义，科学运用基本矛盾和主要矛盾分析法，准确把握了中国社会发展的历史方位，统筹国内和国际两个大局，解决了社会主义经济建设和同资本主义世界交往的各种问题，创造了中国式现代化新道路，形成了中国特色的历史方位论、中国特色的社会主义经济建设论和中国特色的社会主义与世界资本主义经济关系论，开拓了马克思主义政治经济学新境界。中国共产党的理论创造具有阶段性与连续性相统一的特点。阶段性意味着中国共产党立足于中国革命、建设和改革的不同历史阶段，发展并形成了适应各阶段实际情况的经济思想；连续性意味着中国共产党每个阶段形成的经济思想，都集成了上一阶段的经济思想和中国经济发展的最新实践，既一脉相承又与时俱进、不断创新。

"马克思主义的全部精神，它的整个体系，要求人们对每一个原理都要（α）历史地，（β）都要同其他原理联系起来，（γ）都要同具体的历史经验联系起来加以考察。"③ 党的十八大以来，面对国内外环境的深刻复杂变化，习近平总书记科学把握世界发展大势和中国发展的阶段性特征，作出了一系列关于中国特色社会主义经济建设与发展的论述，是中国共产党百年经济思想的集大成和中国共产党百年来继承、发展并创新马克思主义政治经济学理论的一个高峰，初步形成了由"一般、特殊、具体"组成的多层次复合的科学理论体系。从中国特色社会主义政治经济学一般来讲，这一论述牢牢立足于社会主义初级阶段，将坚持党的集中统一领导概括为中国特色社会主义的本质特征；阐明了贯彻以人民为中心的新发展理念的根本立场；确立了公有制为主体、多种所有制经济共同发展，按劳分配为

---

① 邓小平．邓小平文选：第3卷．北京：人民出版社，1993：191.

② 习近平：在哲学社会科学工作座谈会上的讲话．国务院新闻办公室网站，2016-05-19.

③ 列宁．列宁选集：第2卷．3版修订版．北京：人民出版社，2012：785.

主体、多种分配方式并存，社会主义市场经济体制等社会主义初级阶段的基本经济制度；将构建人类命运共同体作为中国特色社会主义新型世界政治经济关系的出发点；提出了建设中国特色社会主义必须坚持问题导向、稳中求进的辩证思维方法。从中国特色社会主义经济发展的特殊阶段来讲，习近平总书记面对国内外形势的复杂变化，立足于党的百年历史新起点，提出了中国特色社会主义进入新发展阶段；准确把握了我国社会主要矛盾的转化，阐明了主要矛盾的主要方面在供给侧；明确了发展中国的社会主义事业必须统筹推进"五位一体"总体布局和协调推进"四个全面"战略布局；规划了我国社会主义现代化建设的新目标和路线图，开启了"新三步走"战略的伟大征程；作出了世界正在经历百年未有之大变局的重大战略判断。从中国特色社会主义经济发展的具体方面来讲，党的十八大以来，习近平总书记对现阶段中国特色社会主义经济发展提出了一系列重大战略和措施，核心是以供给侧结构性改革为主线，深入贯彻新发展理念，构建以国内大循环为主体、国内国际双循环相互促进的新发展格局，实现高质量发展，包括实施创新驱动发展战略、区域协调发展战略、绿色发展战略、精准扶贫战略、乡村振兴战略、"一带一路"倡议和建立现代化经济体系等等。习近平总书记关于中国特色社会主义政治经济学的论述，正确把握了中国特色社会主义经济发展的本质规定，科学判断了中国特色社会主义经济发展的历史方位，深刻阐明了中国特色社会主义经济发展的战略政策，形成了具有内在逻辑联系的理论体系，深刻回应了新时代中国特色社会主义伟大实践的呼唤，也为解决人类面临的共同难题提供了中国方案，为建设美好世界贡献了中国智慧，成为引领世界马克思主义创新发展的思想理论高地，初步形成了 21 世纪马克思主义经济学学术体系。①

---

① 由于在 2017 年以后，习近平总书记对中国特色社会主义经济发展作出了许多新的论述，本书提出的"21 世纪马克思主义经济学学术体系"在内容上包括但不限于 2017 年中央经济工作会议对习近平经济思想内涵的概括。

第二编

中国特色社会主义为什么好？

中国共产党人把马克思主义基本原理同中国具体实际相结合，不断进行理论创新和理论创造，在理论上形成了中国共产党百年经济思想，在实践上创造了中国特色社会主义制度，走出了有别于西方的现代化道路，取得了巨大的历史成就。近代以来，各个后发国家都试图通过"向西方取经"、复制西方资本主义制度来实现自身的经济发展和现代化，但大都沦为西方核心国家的附庸，处于世界体系中的依附地位。与此同时，西方资本主义制度本身也陷入经济发展停滞、不平等程度扩大、金融危机频发等困境，而西方制度的追随者纷纷陷入"民主陷阱""发展陷阱"。在西方资本主义疾病缠身的同时，中国特色社会主义制度显示出了自己独特的优越性。从经济层面来看，中国特色社会主义经济制度带领中国在保持自身独立的同时，创造了经济快速发展和社会长期稳定两大奇迹。中国特色社会主义经济制度为什么好？这是亟须回答的重大理论问题，不仅有助于我国经济的持续发展，而且能帮助后发国家找到解决经济发展问题的良方。

中国特色社会主义经济制度究竟好在哪里？不同的学者有不同的看法。第一类研究强调市场经济体制的作用，认为建立市场经济体制、实施所有制改革、充分发挥市场的调节作用是中国经济高速增长的根本原因。第二类研究认为以公有制为主体、多种所有制经济共同发展的所有制结构对经济增长发挥了重要作用。这类研究包含了三种不同的观点。一些学者认为恰恰是坚持公有制、发挥国有制经济的主导作用保障了中国的经济增长；而另一些学者则认为民营经济才是经济增长的生力军；还有一些学者认为正是二者的结合适应了中国特色社会主义生产力性质和发展要求的多样性，才能够有效推动经济增长。第三类研究关注财政体制的作用，特别是以经济分权和政治集权相结合为特征的"中国式分权"，认为"中国式分权"成功地塑造了地方政府为增长而竞争的行为模式，有效促进了中国经济增长。

但无论是哪一种观点，一旦过分关注制度对经济增长的作用，就容易陷入制度决定论的泥淖，而忽略了制度内生于经济增长模式的同时又反作用于经济增长的事实。因此，关键问题是找到制度与经济增长模式的互动机制。本编引入了技术经济体系的概念，并勾勒了经济体制改革与技术经济体系相互作用的一般理论，将制度对经济增长的作用具体化为技术经济体系的变革。而中国特色社会主义经济制度能够塑造"中国奇迹"的关键原因就在于，所有制改革、市场经济宏观调控的建立以及政府的中长期规划，不断调节旧技术经济体系中生产方式与社会需要的矛盾，确立新技术经济体系的发展方向，以及创造出大量新的有利可图的生产性投资机会，保证了中国的生产性积累的高速增长和平稳运行。这是中国特色社会主义经济制度为什么好的根本原因。

第四章介绍了解释中国奇迹的几种流行的理论。解释中国奇迹的文献汗牛充栋，以市场化改革论、比较优势论、地方政府竞争论和发展型国家论为典型代表。四种典型理论为理解中国奇迹提供了有价值的分析，但仍存在不足之处。市场化改革论无法回答为何许多采取了市场化改革的国家没能创造增长奇迹。比较优势论难以解释那些与 20 世纪八九十年代的中国类似的人口密集型国家为什么没能获得同等增长。地方政府竞争论忽略了中央政府的作用，且无法合理阐释中西部地区的落后，现实中地方官员的收入和晋升机会与地方 GDP 并没有呈现出较强的相关性。而发展型国家论却陷入了过度抽象和过度强调特殊性的两个极端。第五章构建了经济体制改革与技术经济体系变革的理论框架。从解释资本主义经济长期波动的理论出发，新熊彼特学派、调节学派和积累的社会结构学派都提出了富有洞见的学术观点，但仍然存在不足，需要构建一个新的综合分析框架。我们提出的分析框架包含三个主要内容。首先，唯物辩证法表明经济发展的内在矛盾是生产方式和社会需要的矛盾，这对矛盾的演化推动着经济向前发展。其次，特定的社会需要和满足需要的生产方式，以及与其相适应的社会关系和现象上的经济范畴共同构成了技术经济体系。特定技术经济体系内部生产方式与社会需要的矛盾，直观地表现为增长率、工资、利润等经济范畴增长放缓、停滞或衰退。在社会关系层面，这些矛盾可能会表现为劳资冲突，不合理的市场结构、收入分配格局、区域经济格局等等。最后，解决特定技术经济体系内部生产方式与社会需要的矛盾需要发挥人的能动性，充分利用行动集团对当前技术经济体系的认知，创造性地调动所掌握的资源，变革经济体制以促进新的技术经济体系的形成。第六章在第五章构建的理论框架下，回顾了中国经济转型增长的全过程。20 世纪 80 年代到 90 年代初期，有计划的商品经济改革通过放权让利，引入市场调节机制和非公有制经济成分，在提高人民收入的同时调动各经济主体的积极性，释放潜在的消费需求和生产能力，形成了"数量型温饱消费＋缺乏技术进步的粗放式生产"的技术经济体系，但也逐渐产生了低档消费品供给不适应需求的矛盾。20 世纪 90 年代中期到 21 世纪初，社会主义市场经济体制的确立通过抓大放小的企业改革、建立社会主义市场经济宏观调控体制等措施，促进了"质量型温饱消费＋伴有技术进步的粗放式生产"技术经济体系的形成，但也逐渐产生了产能过剩的问题。21 世纪初到 2011 年，社会主义市场经济体制不断完善，促进我国融入全球生产网络并快速形成生产能力，拉动整个国内经济增长，促进城镇化，形成了"大规模标准化消费＋大规模生产"的技术经济体系。然而，2012 年以来，随着国内外经济结构的调整，个性化和标准化需求共存的动态社会消费模式已经形成，当前技术经济体系难以维持高速经济增长，必须继续深化经济体制改革，构建新的促进增长的技术经济体系。

第四章　解释中国奇迹的几种流行的理论

　　改革开放以来中国经济经历了持续四十多年的高速增长，被国内外称为"中国奇迹"。截至 2018 年，我国的现价美元 GDP 已经跃至世界第二位，仅次于美国，而由购买力平价美元衡量的 GDP 甚至已经超过美国，位列世界第一。[①] 从纯粹的收入角度来看，我国的人均 GDP 在 1978 年到 2021 年间翻了约 210 倍；脱贫攻坚战取得了全面胜利，现行标准下 9 899 万农村贫困人口全部脱贫，832 个贫困县全部摘帽，12.8 万个贫困村全部出列，区域性整体贫困得到解决，完成了消除绝对贫困的艰巨任务，脱贫工作在世界范围内取得了绝无仅有的成就。收入的快速提高切实改善了人民群众的生活，衣食住行和医疗等各方面都有了质的飞跃，2015 年中国的人均预期寿命就已经超过了 76 岁，远高于同等收入国家的水平。[②] 这一数据综合反映了在经济高速发展的大背景下，中国在整个社会层面上取得了全面性的发展。然而一方面是中国经济在四十多年改革开放的过程中已经取得的巨大成就，另一方面则是当下中国外部和内部变化对未来经济发展提出的巨大挑战，尤其是在现有世界格局正发生重大变化的大背景下，整

[①]　相关 GDP 数据均来自世界银行。

[②]　罗思义 . GDP 增长对提升中国人幸福感有多重要?. 观察者网，2017 - 09 - 22.

个世界都面临着高度不确定性。在这种情况下，对中国经济崛起作出正确解读，并以此把握未来发展大方向就显得尤为重要。解释中国奇迹的文献汗牛充栋，以市场化改革论、比较优势论、地方政府竞争论和发展型国家论为典型代表。

一、市场化改革论

市场化改革论认为建立市场经济体制、实施所有制改革、充分发挥市场的调节作用是中国经济高速增长的根本原因。[①] 我国的经济崛起历程始终伴随着市场化改革，因此从市场经济作用角度来解释中国经济发展是众多理论范式中的重要一环。从总体上来说，市场化改革论注重强调市场经济在调整经济运行中的核心作用，认为市场经济的建立是中国经济高速发展的根本原因。这一理论范式可以较细化地分为两个流派。第一个流派重点讨论市场调节资源分配的有效性。例如这个流派的代表性人物张维迎就认为市场机制的核心在于价格信号能够引导资源合理配置，可以有效提高资源利用效率。除此之外，市场竞争还会促使企业主体不断进行创新，既可以扩展消费品的种类和消费方式，也可以提高生产技术水平，从而在长期动态中对经济发展产生正面影响。[②] 第二个流派则更注重市场化改革的实现形式，尤其是如何通过所有制和产权改革来促进经济效率的提高。厉以宁强调产权改革是中国建立市场经济秩序的基础，只有通过产权改革建立的现代企业制度使得企业真正成为市场经济的主体，才能让市场调节真正发挥作用。所有制结构从单一走向多元，可以有效提高经济活力。[③] 周其仁进一步指出重新界定清晰的产权结构有助于降低计划经济体制下的制

---

① 张维迎. 理解和捍卫市场经济. 学习时报，2007 - 12 - 17；周其仁. 体制成本与中国经济. 经济学（季刊），2017（3）：859 - 876；厉以宁. 思想解放、理论创新、经济改革：纪念中国改革开放三十年. 经济研究导刊，2009（14）：1 - 5.

② 张维迎. 理解和捍卫市场经济. 学习时报，2007 - 12 - 17.

③ 厉以宁. 思想解放、理论创新、经济改革：纪念中国改革开放三十年. 经济研究导刊，2009（14）：1 - 5.

度成本，解放了大量人力资源的生产力和创造力，形成了我国的国际综合成本竞争优势，因而推动了经济增长。[①] 不过两个流派的观点只是侧重点有所不同，其本质都是信赖市场经济通过市场价格机制可以有效配置资源，因此两个流派对中国未来的方向都强调向更纯粹的市场经济的改革。姚洋就提出中国的增长奇迹不能跳出"华盛顿共识"，从中国经济发展情况来看，稳定的宏观经济环境、稳定的财政政策、保障产权、促进投资都符合"华盛顿共识"的内容，从纯经济学的角度可以说中国奇迹是"华盛顿共识"的胜利。[②]

市场化改革论以市场对资源的有效配置为出发点，强调市场调节对于中国经济的重大意义。基于市场能够有效配置资源这一前提，该理论否定了改革开放前的三十年的重要经济成就，认为改革开放前中国面临的问题应当完全归因于计划经济体制。然而现实世界的历史对市场化改革论提出了严峻挑战。市场化改革论无法回答为何许多采取了市场化改革的国家没能创造增长奇迹。[③] 大量采取了激进型私有化和市场化改革——也即"休克疗法"——的国家都陷入经济衰退和国家动荡之中。以俄罗斯为例，在苏联解体之后，俄罗斯进行了激进的私有化和市场化改革，但是引起了剧烈的社会动荡。同样作为劳动力资源禀赋丰富的人口大国，印度在 1991 年就开始了更有利于劳动密集型产业发展的贸易自由化进程，然而基本整个90 年代，中国的 GDP 增长率都远高于印度。

二、比较优势论

比较优势论强调要素禀赋和国际市场的重要作用，将中国奇迹归因于

[①]　周其仁. 中国经济增长的基础. 北京大学学报（哲学社会科学版），2010 (1)：18-22.

[②]　姚洋. 中国经济增长的政治经济学解释. "市场化三十年"论坛论文汇编，2008 (1)：162-169；姚洋. 中国经济应该去国家化. 网易财经，2010-05-24.

[③]　尽管林毅夫曾多次强调渐进式改革对中国经济平稳发展的重要意义，但依然无法解释为什么中国的经济增长率远高丁采取了市场经济制度的其他东亚国家。

利用大量廉价劳动力发展的出口导向型经济。① 比较优势论是解释中国经济发展的另一重要范式。该范式同上文总结的市场化改革论有着深刻的联系。不过市场化改革论强调的是中国整体向市场经济的转型，而比较优势论则更为强调中国如何融入国际市场。换一个角度来说，比较优势论更强调国际市场在整个世界范围内进行有效资源配置的能力。积极加入国际市场除了可以得到专业化分工的效率和广阔的外需市场，还可以获得更先进的技术。以林毅夫为代表的一批学者从比较优势论出发，认为中国的经济增长奇迹应当归因于对大量存在的廉价劳动力这一资源禀赋的充分利用。根据比较优势原理，我国应当通过专业化生产劳动密集型产品参与到国际分工和贸易体系当中②，这也正是改革开放的重要意义。在改革开放之前，新中国成立初期确立的优先发展重工业的战略就完全违反了比较优势原理，没有将典型农业经济的特征——大量的农村剩余劳动力——利用到劳动密集型产品生产中。再加上计划经济体制僵化、要素和产品价格扭曲和企业缺乏自主权的微观运行机制，中国的经济发展问题众多。改革开放后，我国最重要的变化就是开始通过市场化改革，充分利用中国劳动力丰富这一资源禀赋优势，大力发展劳动密集型产业来参与国际分工和贸易体系，一跃成为全世界最重要的商品生产国。与此同时，通过从发达国家引进技术，中国凭借后发优势获得了比发达国家更快的经济增长。③ 不过随着中国经济结构的调整，基于廉价劳动力的比较优势论逐渐失去了现实基础，因此林毅夫等人在比较优势论的基础上构建了新结构经济学。新理论认为一个经济体在每个时点上的产业和技术结构内生于该经济体在该时点给定的要素禀赋和结构，并建议发展中国家把自己现在有的（要素禀赋）、能做好的（比较优势）做大做强。经济体可以按照比较优势引进国外现成的先进技术，以低成本获得远快于发达国家的技术创新以及远高于发达国家的资本回报率和积累率，因此"只要政府发挥因势利导作用，在市场经

① 林毅夫，蔡昉，李周．比较优势与发展战略：对"东亚奇迹"的再解释．中国社会科学，1999（5）：4-20．

② 林毅夫，蔡昉，李周．中国的奇迹：发展战略与经济改革．上海：格致出版社，2016；林毅夫．比较优势与中国经济发展．经济前沿，2005（11）：8-11．

③ 林毅夫，张鹏飞．后发优势、技术引进和落后国家的经济增长．经济学（季刊），2005（4）：53-74．

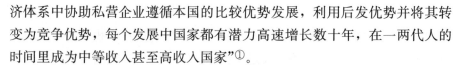

济体系中协助私营企业遵循本国的比较优势发展，利用后发优势并将其转变为竞争优势，每个发展中国家都有潜力高速增长数十年，在一两代人的时间里成为中等收入甚至高收入国家"①。

比较优势论和市场化改革论有着深刻的联系，只是侧重点从强调完全的市场制度转向了如何通过市场制度引导发挥中国的比较优势。但是完全依靠比较优势论无法解释两个问题。一是在 20 世纪 80 年代期间，中国经济并没有转向在国际分工中专业化生产劳动密集型产品的模式，但是经济依然经历了快速发展。二是同样作为劳动力资源禀赋丰富的人口大国，印度在 1991 年就开始了更有利于劳动密集型产业发展的贸易自由化进程，然而基本整个 90 年代，中国的 GDP 增长率都远高于印度。更为重要的是单纯从比较优势论出发，相关行业可能反而被锁定在价值链的低端，整体经济落入比较优势陷阱。② 作为对现有比较优势论的修正，新结构经济学加上了对不同时间节点上比较优势的利用，也即不再单纯强调对劳动密集型产业的依赖。然而新结构经济学的理论核心没有发生变化，也无法对中国竞争力的提高作出有效分析。当然这里并不是单纯否定市场制度在调节经济中的作用，只是指出单纯将平衡供求作为市场最核心的机制反而抽象掉了供求体系间的动态变化。

三、地方政府竞争论

地方政府竞争论关注制度框架与地方政府行为，认为 1994 年分税制改革通过税收和官员晋升激励激化了地方政府竞争，是 20 世纪 90 年代中期以来中国经济增长的最关键因素。③ 和前两种重点关注市场机制的理论不

---

① 林毅夫. 新结构经济学的理论基础和发展方向. 经济评论，2017（3）：4-16.

② 贾根良，等. 新李斯特经济学在中国. 北京：中国人民大学出版社，2015：167.

③ Qian，Y. and Weingast，B.，"China's Transition to Markets：Market-Preserving Federalism，Chinese Style，" *Journal of Policy Reform*，1996，vol. 1，no. 2，pp. 149-186；张军. 为增长而竞争：中国之谜的一个解读. 东岳论丛，2005（4）：15-19；周黎安. 中国地方官员的晋升锦标赛模式研究. 经济研究，2007（7）：36-50；张五常. 中国的经济制度. 北京：中信出版社，2009.

同，不少学者都观察到了中国经济增长的一个重要特征就是地方政府行为与地方增长之间的密切互动。同基于市场调节效率的理论相比，地方政府竞争论实际上对中国的经济发展过程提供了一个制度视角的考察，将地方政府行为与经济发展两方面纳入了同一框架进行分析。该理论强调的是何种制度框架设置最终驱动了地方政府的行为，并带来了经济增长。例如钱颖一等人就认为以分权论为基础的地方政府竞争在中国经济增长中发挥了重要作用。地方政府间的竞争方式主要可以分为两个阶段：第一阶段即1993年以前，在财政包干制下，地方政府与中央政府约定财政收入上缴额，余额自留。这种给予地方政府部分财政收入自主权的制度设计给了地方政府获取更多财政收入的激励。为了保护本地税基和扩大财政收入，地方政府就会通过制度创新和政策引导来辅助本地企业的发展（主要是国企和乡镇企业），因此带来了经济增长。[1] 一些学者将这一阶段的地方竞争总结为"中国特色财政联邦主义"[2]。第二阶段即1994年分税制改革以后，地方政府的行为逻辑与上一阶段类似。不过地方政府竞争的范围从国企和乡镇企业扩展到了民营企业、土地经营、城市化等更多领域。周黎安（2004）则认为地方政府的经济绩效与当地政府官员的升迁密切相关，由此地方政府之间会在经济绩效方面展开竞争。这种地方政府竞争模式被称为"政治锦标赛"，也即地方官员发展经济的激励来自由地方经济高速发展带来的晋升机会。[3] 陶然等则认为分税制改革后地方政府面临巨大的财政压力，使其以"区域竞次"的方式吸引制造业投资，创造更多的财政收入。[4] 学者们也从经验研究的角度证明了地方竞争与经济增长之间的稳定

---

① Oi，J. "Fiscal Reform and the Economic Foundations of Local State Corporatism in China," *World Politics*，1992，vol. 45，no. 1，pp. 99 – 126；Che，J. and Qian，Y. "Insecure Property Rights and Government Ownership of Firms," *Quarterly Journal of Economics*，1998，vol. 113，no. 2，pp. 467 – 496.

② Montinola，G.，Qian，Y. and Weingast，B. "Federalism，Chinese Style：The Political Basis for Economic Success in China," *World Politics*，1995，vol. 48，no. 1，pp. 50 – 81.

③ 周黎安. 晋升博弈中政府官员的激励与合作：兼论我国地方保护主义和重复建设问题长期存在的原因. 经济研究，2004（6）：33 – 40.

④ 陶然，陆曦，苏福兵，等. 地区竞争格局演变下的中国转轨：财政激励和发展模式反思. 经济研究，2009（7）：21 – 33.

关系。[1]

　　相比于单纯聚焦于市场的调节功能，地方政府竞争论反而填补了理论的空白，建立起一套描述制度——市场互动的理论框架。这一理论对于理解2008年国际金融危机之前的地方政府的行为大有裨益，但是也受到了挑战。地方政府竞争论忽略了中央政府的作用，且无法合理阐释中西部地区的落后，现实中地方官员的收入和晋升机会与地方GDP并没有呈现出较强的相关性。[2] 更重要的是，为了创造出吸引更多投资的条件，地方政府往往在税收补贴、土地供给、环境管制以及劳动力保护等方面作出妥协。这就使得地方政府的竞争在某种程度上带来了"逐底竞争"（race to the bottom）的问题。这一问题最直观的表现就是伴随着投资发生的劳动者权益受损以及环境过度破坏等问题。而从宏观层面看，地方政府的竞争还会引起投资过度，加剧产能过剩问题。[3] 可以说地方政府竞争理论受到的挑战恰好反映的是随着中国经济进入新常态，地方政府在寻找新的经济增长方向上略显乏力。

四、发展型国家论

　　还有一部分学者在发展型国家的分析框架下解读中国经济发展路径。针对中国的经济发展，这一理论主要包括三种观点：第一种观点认为中国的经济发展过程具有发展型国家的一般性，中国经济并不具有独特性。具

　　① Qian, Y. and Roland, G. "Federalism and the Soft Budget Constraint," *American Economic Review*, 1998, vol. 88, no. 5, pp. 1143–1162; Lin, J. and Liu, Z. "Fiscal Decentralization and Economic Growth in China," *Economic Development and Cultural Change*, 2000, vol. 49, no. 1, pp. 1–21; 张晏，龚六堂. 分税制改革、财政分权与中国经济增长. 经济学（季刊），2005（1）：75–108.

　　② 陶然，苏福兵，陆曦，等. 经济增长能够带来晋升吗?: 对晋升锦标竞赛理论的逻辑挑战与省级实证重估. 管理世界，2010（12）：13–26.

　　③ 陶然，陆曦，苏福兵，等. 地区竞争格局演变下的中国转轨: 财政激励和发展模式反思. 经济研究，2009（7）：21–33；刘弘阳. 我国地方政府竞争运行机理及其规制途径研究. 经济体制改革，2018（1）：32–37.

体而言，发展型国家是后发国家在赶超过程中必经且具有共同特征的阶段，处于某一特定时期的发展型国家总能被认为是重复过去的发展型国家的特征。中国具有高储蓄率、高投资率和政府主导等发展型国家的特征，并且符合以经济发展为优先目标，通过制度安排和激励结构去实现目标的条件。从阶段性来看，中国可与 20 世纪 80 年代以前的日本和 90 年代以后的韩国类比。① 第二种观点侧重结合社会主义转型国家和发展型国家的概念，将中国的经济转型归结为后社会主义的发展型国家。不同于其他社会主义国家的转型，中国的转变过程具有渐进性，在经济体制转轨的同时，政策始终聚焦发展问题，由此避免了"休克疗法"带来的巨大负面冲击。② 第三种观点则强调中国的特殊性，认为中国是有别于传统类型的新发展型国家。中国的独特性在于政府干预和开放程度都较高，国家结构和国家与社会之间的互动方式更为复杂。③ 在 2008 年国际金融危机之后，对中国独特性的讨论已经引起了更多学者的注意。一些学者开始突破"华盛顿共识"的桎梏，将中国的发展奇迹归结为"中国模式"④，从政治制度独特性⑤与市

① Knight, J. "China as a Developmental State," *The World Economy*, 2014, vol. 37, no. 10, pp. 1335 – 1347; Kalinowski, T. "Crisis Management and the Diversity of Capitalism: Fiscal Stimulus Packages and the East Asian (Neo-) Developmental State," *Economy and Society*, 2015, vol. 44, no. 2, pp. 244 – 270; Baek, S. "Does China Follow 'the East Asian Development Model?'" *Journal of Contemporary Asia*, 2005, vol. 35, no. 4, pp. 485 – 498.

② Bolesta, A. "China as a Post-Socialist Developmental State: Explaining Chinese Development Trajectory," London School of Economics and Political Science, 2012; So, A. "The Post-Socialist Path of the Developmental State in China," in Chu, Y. eds. *The Asian Developmental State*, New York: Palgrave Macmillan, 2016.

③ Trubek, D. "Developmental States and the Legal Order: Towards a New Political Economy of Development and Law," *Law and Development Review*, 2008, vol. 25, no. 2, pp. 2 –105; Evans, P. and Heller, P. "Human Development, State Transformation and the Politics of the Developmental State," in Leibfried, S., et al. eds. *The Oxford Handbook of Transformations of the State*, New York: Oxford University Press, 2013.

④ 郑永年. 国际发展格局中的中国模式. 中国社会科学, 2009 (5): 20 - 28.

⑤ Cheng, Y. "The Chinese Model of Development: An International Perspective," *Social Sciences in China*, 2010, vol. 31, no. 2, pp. 44 - 59; Bell, D. *The China Model: Political Meritocracy and the Limits of Democracy*, Princeton: Princeton University Press, 2015; Teets, J. *Civil Society under Authoritarianism: The China Model*, Cambridge and New York: Cambridge University Press, 2014.

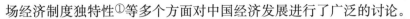

场经济制度独特性①等多个方面对中国经济发展进行了广泛的讨论。

　　发展型国家论与地方政府竞争论有相通之处，两者均明确指出了政府作为一个行为主体在一国经济发展中的重要作用。不过发展型国家论的第一种观点强调的是中国经济发展的一般性，这本质上是认为所有国家都会通过相似的路径得到发展。第二种观点则更为具体，指出渐进式改革是中国成功的关键。不过渐进式改革的隐含前提是改革有一个明确的理想模板，中国只是靠近渐进式的理想模板。这种观点实际上否定了中国在不同阶段面临的具体问题和改革中的具体措施。第三种观点又走到了另一个极端，认为是中国的特殊性决定了中国的经济高速发展。由于过度强调特殊性，这一理论往往会变为大量事实的堆叠，缺乏理论上的抽象性。

　　以上四种典型理论为理解中国奇迹提供了有价值的分析，抓住了中国经济崛起过程的某一个重要侧面，但是都没有能够在一个矛盾动态演化的过程中理解中国经济。

---

①　Andréani，T. and Herrera，R. "Which Economic Model for China? —Review of La Voie chinoise by Michel Aglietta and Guo Bai," *International Critical Thought*，2015，vol. 5，no. 1，pp. 111 – 125.

第五章 经济体制改革与技术经济体系变革

　　现代增长理论基于理性经济人和市场经济制度永恒性假定，在总量生产函数中研究劳动力、资本、自然资源和技术等如何驱动经济增长。在此基础上，发展经济学将发展中国家的增长作为研究对象，认为完善自由市场制度，保护私有产权，根据本国要素禀赋开展生产，将自然而然地实现经济增长。然而，现代增长理论的关键分析工具总量生产函数来源于收入恒等式（收入等于利润加工资），全要素生产率只是工资率和利润率的函数，不代表任何实际生产过程①，而且将"归纳-演绎"的分析方法应用于经济发展分析时容易陷入线性化思维。经济增长是一个自然的历史过程，影响经济增长过程的各个重要变量间相互影响、彼此制约，共同推进了经济增长过程。研究经济增长应当回归生产主义，经济增长真正的内涵是"生产能力和结构的转变"②，其他社会经济条件在有利于或至少不有损

---

　　① Shaikh，A. "Laws of Production and Laws of Algebra：The Humbug Production Function," *Review of Economics and Statistics*，1974，vol. 56，no. 1，pp. 115 - 120；Felipe，J. and McCombie，J. S. L. *The Aggregate Production Function and the Measurement of Technical Change：Not Even Wrong*，Cheltenham：Edward Elgar，2013.

　　② 张夏准，崔学锋. 失去王冠的哈姆雷特：发展是怎样从今天的"发展"论证中消失的. 演化与创新经济学评论，2012（1）：54 - 64.

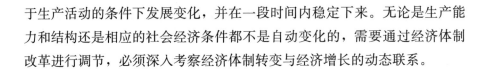

于生产活动的条件下发展变化，并在一段时间内稳定下来。无论是生产能力和结构还是相应的社会经济条件都不是自动变化的，需要通过经济体制改革进行调节，必须深入考察经济体制转变与经济增长的动态联系。

一、经济长期波动的理论

资本积累的波动性使经济增长呈现出长期波动的特征。经济增长的周期波动在经验上被总结为四种典型的周期，包括：反映生产中存货投资变动的、长度为 3～5 年的基钦周期；反映固定资本更新、长度为 7～11 年的尤格拉周期；反映建筑活动兴衰的、长度为 15～25 年的库兹涅茨周期；以及反映重大科技革命和大规模基础设施建设投资、长度为 45～60 年的康德拉季耶夫周期。[①] 围绕着经济长期波动的内在机制，学者们也形成了不同的理论。以熊彼特为代表的学者认为技术创新带动的投资高潮和衰落推动了经济长期波动，这种创造性破坏过程是资本主义的本质性事实。[②] 而曼德尔则认为熊彼特式的划时代技术创新仅是表象，推动经济长期波动的真正原因是平均利润率的变化。那么，如何解释技术革命与经济长期波动的关系？曼德尔认为，技术革命发生的前提是多个投资不足时期积累起来的过剩资本，碰到了由于某些特殊条件而造成的平均利润率提高，于是过剩资本流向新的生产领域并且发展新的基本技术。由于要创建新的生产基地、购置新的生产工具，因而固定资本的增长率很高，这意味着每一个重要的技术发明时期都是一个资本积累加速的时期。当平均利润率下降时，资本家的生产性投资意愿降低，货币资本需求随之下降，从而利息率下降。反过来，只有在某种投资活动的平均利润率上升、市场扩大的情况下，才有可能抓住划时代的技术发明，产生一个长期扩大的趋势。因此，

① 高峰．论长波．政治经济学评论，2018（1）：60-105.
② 约瑟夫·熊彼特．经济发展理论．北京：商务印书馆，1990；Mensch, G. O. *Stalemate in Technology*, Cambridge, MA：Ballinger Publishing Company, 1979；范·杜因．经济长波与创新．上海：上海译文出版社，1993.

在曼德尔看来，影响经济长期波动的主要动力是利润率的变化，并且造成经济从波峰到波谷的经济因素是内生的，但从波谷转入波峰则必须依赖外生因素的推动，问题的关键就变为分析影响平均利润率变化的因素及其组合与资本长期积累过程和增值过程内在逻辑点的结合。[①] 无论是熊彼特还是曼德尔，都没能彻底回答造成经济长期波动的根本力量是什么的问题：一方面，熊彼特的经济周期理论存在"技术决定论"的色彩；另一方面，曼德尔也没能深入分析究竟哪些因素、如何影响了平均利润率的变动。在此之后的学者围绕着资本主义经济长期波动问题展开了深入的讨论，其中，新熊彼特学派的"技术-经济范式"理论、调节学派和积累的社会结构学派的中间层次分析有较大的启发意义。

从技术范式到技术经济范式

新熊彼特学派继承了熊彼特关于经济发展源于内在创造性的重要观点[②]，并发展出了"技术范式""技术-经济范式"等重要理论范畴，试图通过技术创新的发生、扩展、更替及其与整个经济社会系统的协同演化来阐释资本主义的长期发展。

在反思需求拉动型技术创新理论和技术推动型技术创新理论的基础上，多西类比库恩的"科学范式"，提出了"技术范式"，用来阐释技术创新是如何发生的。创新过程具有不确定性、复杂性、相对自主性、强选择性、积累性等特点，同时受到经济社会因素的影响，企业的技术和组织变革是具有积累性的过程，受到过去积累的技术知识的制约，并且在此基础上进行技术改进并使技术多样化，无论是将创新归结于市场条件的需求拉动型理论，还是将创新看作是自发过程的技术推动型理论，都失之偏颇。一般的观点将技术看作一种广泛适用并且容易再生产和再使用的信息，并认为企业可以自由地从一般技术知识的蓄水池中创造和使用创新。而多西认为技术是一组知识，包括实体的技术设备和非实体的诀窍、方法和经验

---

① 厄尔奈斯特·曼德尔. 晚期资本主义. 哈尔滨：黑龙江人民出版社，1983.

② 约瑟夫·熊彼特. 经济发展理论. 北京：商务印书馆，1990.

等，这一组知识是解决技术问题的来源。在类比库恩"科学范式"概念的基础上，多西定义了"技术范式"，即解决所选择的技术经济问题的一种"模式"。技术进步是对特定的技术范式所定义的技术变量之间权衡取舍的改进，在给定技术范式下的技术进步活动形成了"技术轨道"，即"以技术范式为基础的'正常'问题解决活动的模式"，其外部边界由技术范式所决定。一个技术范式的产生和发展包括两个阶段。第一阶段为寻求新的技术范式，经济、社会和制度因素在选择新技术范式的过程中发挥重要作用，包括技术可行性、市场能力、盈利能力和成本节约能力（特别是劳动力成本），以及参与新技术研发的组织机构的利益结构、技术积累的领域、政府机构的影响等等，这些因素之间发生复杂的互动并最终选择出新的技术范式。第二阶段为沿着确定路径的技术进步，这一选择也依赖于经济社会因素，但受到既定技术范式的限制，是更加内生化的过程，并成为寡头垄断竞争的重要部分。多西认为，广泛的新技术轨道的建立，从而重大技术创新集群的出现，可能是影响资本主义长期波动的变量之一，可以用于进一步研究康德拉季耶夫周期的存在和决定因素。[①]

在"技术范式"的基础上，佩蕾丝等学者发展出了"技术-经济范式"理论，真正构建了运用技术创新分析经济发展长周期的理论框架。基于已有的经验研究，创新可以被分为增量创新、基本创新、新技术体系、技术经济范式变革等四类，其中技术经济范式变革涵盖范围最广，包含多组基本创新、增量创新和若干新技术体系，涉及对整个经济领域的影响。技术经济范式指的是"相互关联的产品和工艺、技术创新、组织创新和管理创新的结合，包括全部或大部分经济潜在生产率的数量跃迁和创造非同寻常程度的投资和盈利机会"[②]，它从某个产业或应用领域向范围更广的产业、服务以至于整个经济扩散，新的技术和管理"常识"广泛地应用于各个产

---

① Dosi，G. "Technological Paradigms and Technological Trajectories：A Suggested Interpretation of the Determinants and Directions of Technical Change，" *Research Policy*，1982，vol. 11，no. 3，pp. 147 - 162.

② G. 多西，C. 弗里曼，R. 纳尔逊，等. 技术进步与经济理论. 北京：经济科学出版社，1992：60.

业，以便达到最佳生产率和盈利能力。每一个新技术经济范式的形成都涉及关键生产要素潜力的发挥，处于技术、社会和管理创新的核心地位，这种潜力包括关键生产要素本身的成本迅速下降、供应能力大大提高，及其运用于生产中能够降低成本或改变其他投入的质量。新的技术经济范式形成于旧范式主导的生产体系中，带动一个或几个新兴部门快速增长，在新范式创造的新投资机会大大增加、其对应的关键生产要素潜力得到发挥的情况下，就有可能取代旧范式主导经济增长，并且重构整个生产体系——包括新的企业组织形式、劳动力技能、产品结构、基本创新和增量创新的趋势、国内外投资的地理格局、基础设施投资浪潮、分配和消费类型等等。新旧技术经济范式之间的更替和调整伴随着结构性危机，要求社会和机构制度的变革以便新技术和社会经济管理体系更好地匹配，最终形成一种比较稳定的长期投资行为模式，即一次发展的"巨潮"。佩蕾丝特别强调了金融资本在技术经济范式更替中的重要作用，它支持了新技术萌芽的发展，加剧了旧技术经济范式与社会制度领域的不协调，也推动了新技术经济范式的展开，以及帮助催生了下一场技术经济范式的革命，建立了金融资本与技术创新之间的联系。①

多西的"技术范式"和佩蕾丝等人的"技术-经济范式"都为理解经济长期发展和波动提供了富有深刻见解的理论视角，通过引入"经济-制度-技术"的协同演化将经济社会因素纳入分析框架，克服了学术界对熊彼特理论中"技术决定论"色彩的批判。然而，这些理论仍然缺乏对化解危机、实现经济的结构性调整的解释，缺乏"对增长过程发生机制的解释力，而且过于侧重社会技术系统的宏观环境分析，而没有提供关于这些转变是如何发生的见解"②。

① 卡萝塔·佩蕾丝. 技术革命与金融资本. 北京：中国人民大学出版社，2007.
② Köhler, J. "A Comparison of the Neo-Schumpeterian Theory of Kondratiev Waves and the Multi-Level Perspective on Transitions," *Environmental Innovation and Societal Transitions*, 2012, vol. 3, pp. 1-15.

调节理论

20 世纪 70 年代中期，为解释资本主义经济长期波动和危机，阿格利埃塔（Aglietta）和布瓦耶（Boyer）等法国学者创立了调节理论，在马克思主义经济学理论框架的基础上，吸收了凯恩斯、卡莱斯基和法国年鉴学派的理论，发展了一种研究资本主义经济长期发展的理论框架，将资本主义制度当作一个历史过程来研究其发展变化，联系了历史、社会、政治和文化传统等各个方面来研究一个历史阶段上的资本主义经济再生产过程，讨论再生产过程中的各种规则和危机。

调节学派通过批判新古典经济学、继承马克思主义经济学的分析方法确立了自己的分析基础。阿格利埃塔认为现行的所谓"科学"的经济理论存在两点缺陷，一是缺乏历史视野，二是忽略了经济关系的社会内涵，或者说经济主体的社会关系，因此无法解释那些在现实的经济过程中起作用的力量及其冲突。经济学并不是像物理学那样能够建立纯粹的普遍原则，而是基于现实的社会关系，经济理论也会随着社会关系的改变而不断发生变化。因此，调节理论不是对抽象经济法则的研究，而是对社会关系转变的研究。从这个角度出发，历史经验是经济理论必不可少的组成部分。[1]阿格利埃塔等第一代法国调节学派的研究类似于马克思对生产方式的分析，围绕着资本主义劳动过程的转变，提出了以"调节"为中心的一系列概念体系和分析框架，主张制度具有调节经济基础和上层建筑之间对立关系的作用，并从此视角对资本主义经济繁荣和危机交替发生的历史进行分析。尽管第一代法国调节学派把制度作为理论框架中的重要部分，但是却没有得出有关制度的独特见解，无法回答制度调节社会危机的机制，存在被边缘化的趋势。在此背景下，20 世纪 90 年代，以阿马布勒（Amable）、罗尔敦（Lordon）和帕隆巴里尼（Palombarini）等为代表的第二代法国调节学派发展起来，批判地吸收了比较制度分析学派的概念和理论，基于制

---

① Aglietta，M. *A Theory of Capitalist Regulation：The US Experience*，London：Verso，2015.

度形成的动态方面进一步发展了调节理论。

调节学派在其初创时期以生产方式为研究起点，试图揭示在具体历史条件下怎样调节人们的行为以保证社会再生产（物质条件再生产和生产关系再生产）得以顺利进行。布瓦耶将生产方式定义为特定的生产关系和交换关系。[1] 阿格利埃塔认为研究一种生产方式，就是要阐明那些在社会变革中起决定作用，并通过社会变革不断得到再生产的社会关系，并研究这些社会关系在再生产中采取的具体形式及其变化的原因。[2] 由于生产方式这一范畴较为抽象，调节学派提出了几个中间概念。第一，"制度形式"是基本社会关系的制度化或规范化，资本主义生产方式通过一定的"制度形式"制约着资本积累过程和经济发展过程。阿格利埃塔提出了资本主义雇佣劳动关系、资本家之间关系以及交换关系的制度化，即劳资关系、竞争关系、货币形式三种制度形式，布瓦耶进一步补充了国际关系和国家形式两种制度形式，构成了五大基本制度形式。[3] 第二，"调节方式"是由社会在处理各种矛盾时所依据的程序以及个人和集体的行为构成的整体，制度形式通过"调节方式"在经济过程中得到贯彻，其实现手段主要包括具体形式约束如法律、法令、规章、条例等强制性规则以及当事各方的妥协、传统的道德和价值规范。第三，人的行为受调节方式制约，与一定的调节方式相适应，经济发展模式体现为一定的规则性，即"积累体系"。它是指长期内不断再生产出来的生产和消费互补形态，具体包括生产组织形式和劳动生产率的变化，资本形成和资本增殖所需时间的长短以及相适应的企业管理原则，保证社会各阶级得以再生产的价值分配原则，保证生产能力在经济上得以实现的社会消费的量和结构，以及资本主义形式与非资本主义形式的连接方式等五个方面的规则性。特定的积累体系内部各方

---

① Boyer, R. *The Regulation School：A Critical Introduction*, New York：Columbia University Press, 1990.

② Aglietta, M. *A Theory of Capitalist Regulation：The US Experience*, London：Verso, 2015.

③ Aglietta, M. *A Theory of Capitalist Regulation：The US Experience*, London：Verso, 2015；Boyer, R. *The Regulation School：A Critical Introduction*, New York：Columbia University Press, 1990.

面相互协调使资本积累过程或资本主义再生产按该制度特有的规则性进行。当经济技术的发展或调节方式的不适应或不完善等原因破坏了积累体系内部各变量之间的均衡时，资本积累过程就会出现周期性或结构性危机：前者是由于资本主义经济在其发展过程中积累起来的不均衡而产生的，可通过现有积累制度自我调整解决；后者意味着积累过程的变化使得现有积累体系与资本积累过程之间存在矛盾，必须向新的积累体系转变才能解决。通过研究经济史，调节学派认为资本主义经济发展相继经历了外延型积累体系、没有群众消费的内涵型积累体系（泰勒制）、伴有群众消费的内涵型积累体系（福特制）等阶段，20 世纪 70 年代正处于向新福特主义积累体系演变的过程中，而当时的经济危机就是福特制积累体系的危机。[①]

积累的社会结构理论

与调节学派产生的背景相似，积累的社会结构理论也在 20 世纪 70 年代末出现。1978 年，戈登（Gordon）首创了积累的社会结构（Social Structure of Accumulation，SSA）概念，后来戈登、爱德华兹（Edwards）和赖克（Reich）进一步发展了这个概念。SSA 的概念从对资本积累过程内在矛盾的分析中引出——资本积累过程分为三步：利用货币资本购买投入品（原材料、劳动力、机器设备、建筑物及生产所必需的其他商品）；通过劳动过程的组织生产商品或者提供服务；销售商品回归货币资本这个起点。资本积累过程的第一步即购买必要的投入品，这依赖于自然资源、中间品的供应和劳动力的供给等。其中劳动力的供给包括劳动市场的结构和家庭、学校等社会机构。资本积累过程的第二步是资本主义生产过程，主要依赖于企业上层的管理结构和内部劳动过程的组织。资本积累过程的最后一步是销售过程，这关系到商品价值和利润的获取，主要依赖于消费者的购买力、政府支出和出口市场等最终需求的结构，不同资本之间的竞争结构

---

① Boyer，R. *The Regulation School*：*A Critical Introduction*，New York：Columbia University Press，1990.

（即竞争或垄断的程度及竞争的不同形式），以及销售和营销机构如分销网络和广告等等。① 资本积累过程中所依赖的各种具体制度组成了一个使得资本积累过程得以组织起来的特定的积累结构，包括影响积累过程的一些关系，其中比较重要的关系包括资本与劳动、资本与资本、劳动与劳动、国家与经济等四个方面。② "如果没有一个稳定的和有利的外部环境，资本家不会进行生产性投资，我们称这种外部环境为积累的社会结构。"③

SSA 的形成和衰落是内生的经济过程，其更替伴随着相继的长波，表现为以下几个特点。（1）有利于资本积累的 SSA 的建立和稳定化是经济开启扩张时期的基础；（2）对资本积累有利的制度环境导致投资急剧上升、经济迅速增长；（3）持续、快速的资本积累要求再生产出有利于积累的制度条件，但随着 SSA 到达极限，这种条件很难再生产出来；（4）积累放缓，进入停滞时期，对现有制度结构的改革遇到阻力；（5）经济停滞促使现存 SSA 解体；（6）在经济危机期间，要恢复快速资本积累需建立一个新的 SSA；（7）新的制度结构在内容上深受经济危机前期阶级冲突特征的影响；（8）新的 SSA 必然不同于原先的 SSA，使资本主义的发展进入下一个阶段；（9）每一个资本主义发展阶段都可能以一个长时期的扩张和随之而来的长时期的停滞为特征。④ 总而言之，每一个特定的 SSA 都有其稳定性，都要经历探索、巩固和衰落三个阶段。资本主义历史上不同的 SSA 的更替划分了资本主义发展的不同的历史阶段，任何一个 SSA 在为积累的长期快速发展提供了一个长期动力后，都会逐渐地由推动作用转为阻碍作用，从而不利于资本积累，旧的 SSA 开始衰落。在原有的 SSA 衰落的同时孕育着新的 SSA，新的 SSA 又为资本积累提供了一个有利可图的投资环

---

①③ Gordon, D. M., Edwards, R. and Reich, M. *Segmented Work, Divided Workers: The Historical Transformation of Labor in the United States*, New York: Cambridge University Press, 1982.

② Reich, M. "Social Structure of Accumulation Theory: Retrospect and Prospect," *Review of Radical Political Economics*, 1997, vol. 29, no. 3, pp. 1–10.

④ Gordon, D. M. "Stages of Accumulation and Long Economic Cycles," in Hopkins, T. and Wallerstein, I. eds. *Processes of the World System*, Beverly Hills, CA: SAGE Publications, 1980.

境和稳定的利润预期，重新导致资本积累的加速进行，从而形成资本主义经济发展过程中增长与停滞相交替的波动形式。资本主义所固有的无计划性、资本家及其他阶层因既定利益而不愿意改变旧的制度，也使得日益衰落的 SSA 不会自动退出。因此 SSA 的演变不是渐进的，而是呈现出新旧 SSA 更替的阶段性即长波的波动性。

SSA 理论为解释资本主义经济长期波动和危机提供了分析基础。20 世纪 80 年代，以魏斯科普夫（Weisskopf）、鲍尔斯（Bowels）、戈登为代表的一批学者写了数篇理论和经验文章，通过阐释战后 SSA 的建立与衰落，提出了当时美国经济"生产率之谜"的替代性解释，并建立计量模型予以验证。[①] 他们认为，战后美国经济的繁荣来源于有利于资本积累的 SSA 的形成，包括四大制度支柱，即美国治下的和平、有限的资本-劳动者和谐、资本-公民和谐以及资本家之间的有限竞争。但这一 SSA 在 20 世纪 60 年代中期以后开始衰落，美国治下的和平受到来自日本、欧洲等发达经济体的挑战，布雷顿森林体系解体，原料出口国经济议价能力提高，同时第三世界国家的解放运动日益高涨等；资本-劳动者和谐终止，企业对工人的控制受到了来自国内政治联盟之外的挑战，且其控制效率也开始下降；资本-公民和谐面临着企业盈利能力下降的挑战。

20 世纪 70 年代的经济危机标志着战后形成的 SSA 逐渐解体，但对于新的 SSA 是否形成，学界并未达成一致意见。随着里根和撒切尔夫人推行一系列改革政策，新自由主义制度结构在资本主义经济中起到主导作用，

---

①　Weisskopf, T. E., Bowles, S., Gordon, D. M., Baily, M. N. and Rees, A. "Hearts and Minds: A Social Model of U. S. Productivity Growth," Brookings Papers on Economic Activity, 1983, vol. 14, no. 2, pp. 381 – 450; Bowles, S., Gordon, D. M. and Weisskopf, T. E. "Business Ascendancy and Economic Impasse: A Structural Retrospective on Conservative Economics, 1979 – 87," Journal of Economic Perspectives, 1989, vol. 3, no. 1, pp. 107 – 134; Bowles, S., Gordon, D. M. and Weisskopf, T. E. "Power and Profits: The Social Structure of Accumulation and the Profitability of the Postwar U. S. Economy," Review of Radical Political Economics, 1986, vol. 18, nos. 1 – 2, pp. 132 – 167; Gordon, D. M., Weisskopf, T. E. and Bowles, S. "Power, Profits and Investment: An Institutionalist Explanation of the Stagnation of U. S. Net Investment after the Mid – 1960s," in Gordon, D. M. Economics and Social Justice: Essays on Power; Labor and Institutional Change, edited by Bowles, S. and Weisskopf, T. E., Cheltenham, UK and Northampton, MA: Edward Elgar Publishing, 1998.

科茨（Kotz）和麦克多诺（McDonough）等学者认为全球新自由主义 SSA 已经形成，他们通过分析全球新自由主义 SSA 的内在矛盾，阐释了 2008 年国际金融危机的内在根源，包括：收入分配恶化带来总需求不足；金融部门快速发展导致金融脆弱性增加；房地产泡沫开始出现；全球经济和金融的高度一体化导致危机迅速在全球范围内蔓延；美元作为准国际储备货币和最终支付手段的双重职能在美国经常账户持续呈现大规模赤字的情形下存在矛盾；劳资关系恶化；自然资源快速损耗和气候急剧变化；等等。①此外，还有不少学者将 SSA 理论应用于解释日本、欧洲等发达经济体以及亚洲、非洲和拉丁美洲等发展中国家的经济发展与危机。近期，随着资源环境问题的日益恶化，还有学者开始尝试将生态环境要素纳入 SSA 的制度分析框架之中，构建"生态-经济"循环的理论框架。

探索一个综合分析框架

新熊彼特学派、调节学派和 SSA 学派都为我们理解经济长期波动作出了极富启发性的贡献。三大学派理论分析的共性在于意识到经济运行具有内生矛盾，经济长期波动的过程也就是矛盾不断发展和演化的过程。在此基础上，技术范式和技术经济范式理论更侧重于技术革命及其潜力的发展与衰退在经济矛盾运动中扮演的重要角色；而调节理论和 SSA 理论则倾向于阐释制度和社会关系如何推动经济体内部的矛盾演化，通过将"生产方式""生产力-生产关系的统一"等抽象概念转化为分析性的"积累体系""积累的社会结构"等中间概念，建立了中间层次的理论。

更重要的是，调节理论和 SSA 理论的初代学者都抓住了生产方式的核心作用。阿格利埃塔就指出，在资本积累过程中，生产和消费之间的矛盾始终存在，二者之间的一定形式的结合构成了一定的积累体系，并根据历史经验区分了美国资本主义历史上的泰勒制积累体系和福特制积累体系。

---

① Kotz, D. and McDonough, T. "Global Neoliberalism and the Contemporary Social Structure of Accumulation," in McDonough, T., Reich, M. and Kotz, D. eds. *Contemporary Capitalism and Its Crises: Social Structure of Accumulation Theory for the 21st Century*, New York: Cambridge University Press, 2010.

在泰勒制积累体系中，劳动过程科学化带来劳动生产率大幅度提高，但由于没有伴随大规模的群众消费，造成了生产与消费之间的矛盾，在 20 世纪 30 年代前后出现了以生产过剩为特征的大萧条。后来，福特制积累体系不仅贯彻了科学化的劳动过程，生产的（半）自动化也使得劳动生产率大大提高，同时由于伴有大规模的群众消费，福特制的大规模生产与大规模消费相匹配，20 世纪 50—60 年代西方资本主义国家步入了战后黄金年代。但从 20 世纪 60 年代后半期开始，福特制积累体系在提高劳动生产率方面面临重重困难。正是由于强调了劳动过程的核心地位，调节学派和 SSA 学派能够在理论分析中抓住矛盾的主要方面，不仅能够解释资本主义经济的发展，更是起到了预测和指导作用。

　　然而，这些理论也不可避免地存在一些问题。技术范式和技术经济范式理论具有较强的技术决定论倾向，把经济长波归因于重大技术集群的出现，将生产组织形式、社会关系以及社会制度特征看作是对技术体系变革的反应，而不是去塑造、影响技术变革。由一场重大技术集群所推动的经济长波——从而形成的技术经济范式——并不一定能够带来合意的增长。例如，信息技术革命所推动的发展巨潮产生了"索洛悖论"这种令人困惑的现象，引得学者们争论究竟是否形成了新的经济长波。并且佩蕾丝把化解当前"时代问题"的方案寄希望于一场生物技术革命也是存疑的。产生这些问题的根本原因就在于该理论对技术经济范式的定义十分广泛但却没能将技术、组织和社会关系等重要理论范畴区分为不同层次，导致过度关注技术却忽略了生产组织方式变化及其相应的社会关系变化的重要性，没能抓住技术经济范式变革的底层逻辑。若以生产方式为核心，深入考察生产组织和社会关系，就可以发现信息技术革命令美国有条件在世界范围内建立核心-外围的生产网络，制造业外包使得增长和就业在空间上分离，更易于金融资本在本国迅速发展起来，形成了金融化积累体系，带来了制造业空心化、金融体系不稳定化、就业和收入两极分化等种种问题。这也使得新熊彼特学派被认为缺乏主体理论[①]，经济分析更多地停留在对经验

---

　　① Köhler，J. "A Comparison of the Neo-Schumpeterian Theory of Kondratiev Waves and the Multi-level Perspective on Transitions," *Environmental Innovation and Societal Transitions*，2012，vol. 3，pp. 1 - 15.

现象的描述上。而调节学派和 SSA 学派在理论的发展过程中偏离了原来的轨迹，更加关注制度形式，向制度经济学靠拢，忽视了对生产方式本身的分析。20 世纪 90 年代，第二代法国调节学派的理论批判地吸收了比较制度分析学派等流派的概念和理论，进一步修正、完善和发展了第一代法国调节学派的理论和方法论，研究重点转向了资本主义制度及其比较研究，弱化了生产方式的核心地位；SSA 学派从一开始重点关注生产过程及与其相关的阶级关系，到后来与社会学理论相结合、研究视角更加灵活但却变得更松散（没有一般性的关键假设，也不提供关键制度清单），同时更加关注制度安排及其相互之间的关系。因此，我们需要一个新的综合分析框架去理解经济的长期波动性发展。

二、理论框架构建

根据对已有研究的批判性分析，新的综合框架包括三个重要元素。一是要运用唯物辩证法，抓住经济发展的内在矛盾，即生产和需要的矛盾。二是要以生产方式为分析核心，纳入生产组织方式和社会关系，进一步发展技术经济范式这一理论范畴。三是要关注经济-社会-制度的协同演化，充分考虑人的能动性，考虑制度调整在经济发展中的重要作用。

唯物辩证法与生产-需要的内在矛盾

认识一个社会的经济发展必须从辩证法开始，抓住研究对象本身的矛盾性。恩格斯指出，黑格尔的最大功绩"就是恢复了辩证法这一最高的思维形式"[①]。黑格尔的辩证法把整个自然的、历史的和精神的世界描写为一个处在不断的运动、变化、转变和发展中的过程，这种运动和发展的内在联系就在于过程内部的矛盾。正如黑格尔所指出的，矛盾"是一切运动和

---

① 马克思，恩格斯．马克思恩格斯文集：第 9 卷．北京：人民出版社，2009：22．

生命力的根源；事物只因为自身具有矛盾，它才会运动，才具有动力和活动"①。在黑格尔看来，人类的历史就是人类本身的发展过程。"思维的任务现在就是要透过一切迷乱现象探索这一过程的逐步发展的阶段，并且透过一切表面的偶然性揭示这一过程的内在规律性。"② 马克思在《资本论》第二版跋中公开承认他是黑格尔的学生，指出黑格尔第一个全面地有意识地叙述了辩证法的一般运动形式。与此同时，马克思也提到了他与黑格尔辩证法之间的区别。黑格尔认为观念是独立主体的思维过程，而现实事物只是思维过程的外部表现。黑格尔这种唯心主义的叙述方法容易"造成一种假象，似乎探讨的只是一些概念规定和这些概念的辩证法"③。马克思指出，"观念的东西不外是移入人的头脑并在人的头脑中改造过的物质的东西而已……必须把它倒过来，以便发现神秘外壳中的合理内核。……因为辩证法在对现存事物的肯定的理解中同时包含对现存事物的否定的理解……辩证法对每一种既成的形式都是从不断的运动中，因而也是从它的暂时性方面去理解；辩证法不崇拜任何东西，按其本质来说，它是批判的和革命的。"④

　　从"物质资料的生产是人类生存和发展的基础"这一客观事实出发，马克思将黑格尔的辩证法改造为唯物辩证法。"我们首先应当确定一切人类生存的第一个前提，也就是一切历史的第一个前提，这个前提是：人们为了能够'创造历史'，必须能够生活。但是为了生活，首先就需要吃喝住穿以及其他一些东西。因此第一个历史活动就是生产满足这些需要的资料，即生产物质生活本身"⑤。这样，马克思和恩格斯就扬弃了黑格尔的辩证法，建立了科学的唯物辩证法，并将其运用于人类社会产生、发展的运动过程，得出了著名的"唯物史观"："人们在自己生活的社会生产中发生一定的、必然的、不以他们的意志为转移的关系，即同他们的物质生产力

---

① 黑格尔．逻辑学：下卷．北京：商务印书馆，1976：66.
② 马克思，恩格斯．马克思恩格斯文集：第9卷．北京：人民出版社，2009：27.
③ 马克思，恩格斯．马克思恩格斯全集：第30卷．2版．北京：人民出版社，1995：101.
④ 马克思，恩格斯．马克思恩格斯文集：第5卷．北京：人民出版社，2009：22.
⑤ 马克思，恩格斯．马克思恩格斯文集：第1卷．北京：人民出版社，2009：531.

的一定发展阶段相适合的生产关系。这些生产关系的总和构成社会的经济结构……社会的物质生产力发展到一定阶段，便同它们一直在其中运动的现存生产关系或财产关系（这只是生产关系的法律用语）发生矛盾。于是这些关系便由生产力的发展形式变成生产力的桎梏。那时社会革命的时代就到来了。随着经济基础的变更，全部庞大的上层建筑也或慢或快地发生变革。"①

　　经济社会发展的内部矛盾本质上是社会需要与生产方式之间的矛盾，人类社会正是在不断认识矛盾、解决矛盾的过程中发展演化。唯物史观以现实的人为分析起点，现实的人的存在就是历史的第一个前提，为了生存，人就必须满足衣食住行等的需要，所以人必须生产满足需要的资料。"已经得到满足的第一个需要本身、满足需要的活动和已经获得的为满足需要而用的工具又引起新的需要，而这种新的需要的产生是第一个历史活动。"② 物质生活的生产与新的需要产生之后，人也开始生产出其他人，人与人之间就有了社会关系。从历史的最初时期起，生产、需要、繁殖等人类社会活动就同时存在着；生活的生产表现为双重关系：一方面是自然关系，另一方面是许多个人的合作关系。社会活动的三个方面与这种共同活动表明人们之间是有物质联系的，这种物质联系是由需要和生产方式决定的。人的需要构成了人们从事劳动或生产的最初动因，并以社会劳动的体系为基础，随社会劳动体系的发展而发展，在满足人的自然需要的劳动实践中，产生了新的历史的需要。由社会关系的内在联系形成的社会需要体系，在总体上呈现出一个向上发展的趋势，构成了一个需要的历史序列。马克思和恩格斯把人的需要分成三个基本层次，依次是生存或生理需要、谋生或占有需要、自我实现和全面发展的需要。人们在生存需要不断得到满足的情况下，会激发出更高层次的物质、文化、精神、政治等需要。③一定社会的生产方式决定并制约着人类需要的满足程度，随着生产力的发

---

① 马克思，恩格斯．马克思恩格斯文集：第2卷．北京：人民出版社，2009：591-592.
② 马克思，恩格斯．马克思恩格斯文集：第1卷．北京：人民出版社，2009：531-532.
③ 姚顺良．论马克思关于人的需要的理论：兼论马克思同弗洛伊德和马斯洛的关系．东南学术，2008（2）：105-113.

展，在社会需要与生产方式之间的矛盾得到解决的同时，也会相应产生新的历史需要，社会需要对社会生产的作用力越来越大。化解社会需要与生产方式之间的矛盾是促进经济增长、化解其他经济问题的根本途径。

以生产方式为核心的"技术-经济体系"

"人们在发展其生产力时，即在生活时，也发展着一定的相互关系；这些关系的形式必然随着这些生产力的改变和发展而改变。……经济范畴只是这些现实关系的抽象，它们仅仅在这些关系存在的时候才是真实的。"[①] 社会需要在生产过程中被满足，同时新的社会需要不断产生，特定的社会需要和满足需要的生产方式，以及与其相适应的社会关系和现象上的经济范畴共同构成了技术经济体系。本书所提出的"技术-经济体系"与佩蕾丝的"技术-经济范式"不同，"技术-经济范式"以技术革命为核心变量，将相关的技术、经济变量直接纳入定义之中，缺乏对这些变量之间逻辑联系的考察，导致理论和经验的界限模糊不清，很好地描述总结了过去的经济现象但缺乏理论前瞻性。

"技术-经济体系"区分了生产方式、社会关系、经济范畴相互联系而又相对独立的三个层次。首先，生产方式是物质资料生产过程中，典型企业采取的占主导地位的生产技术和组织形式，通过对雇佣劳动的控制，满足社会需要并实现商品生产的效率。具体地，生产方式可以是占主导地位的相互关联的产品和工艺、技术形式、组织形式和管理形式的结合。其次，企业在购买、生产和销售的循环与周转过程中形成广泛的社会关系，包括：企业在现有技术下的内部分工形成劳动关系；企业之间分工协作形成产业链和产业体系，产业分工在空间上形成城乡结构和区域结构，产业链向全球延展形成国内国际双循环；企业产品实现后形成初次收入分配结构，国家参与再分配过程，形成一定的分配关系；企业生产对资源环境的开发利用形成生态关系；等等。而这些社会关系也在塑造着新的社会需要。"我们的需要和享受是由社会产生的；因此，我们在衡量需要和享受

---

① 马克思，恩格斯．马克思恩格斯文集：第10卷．北京：人民出版社，2009：47.

时是以社会为尺度，而不是以满足它们的物品为尺度的。因为我们的需要和享受具有社会性质，所以它们具有相对的性质。"① 最后，这些社会关系表现为工资、利润、利息、地租、税收等具体的经济范畴。

生产方式在一定时期内沿着满足社会需要的方向发展，使得该阶段的技术经济体系能够创造大量有利可图的投资机会，表现为持续的经济增长。但生产方式在满足社会需要的同时又制约着需要的满足程度，如果某特定阶段的生产方式无法适应社会需要的向上发展，技术经济体系内部的矛盾就会阻碍经济增长。这些矛盾直观地表现为增长率、工资、利润等经济范畴增长放缓、停滞或衰退。在社会关系层面，这些矛盾可能会表现为劳资冲突，不合理的市场结构、收入分配格局、区域经济格局，等等。而产生这些问题的底层原因来自生产方式与社会需要的矛盾，即旧的生产技术和组织形式不再满足新的社会需要的变化。由于技术经济体系内部各经济主体和要素的调整意愿和速度不同，技术经济体系内部的矛盾无法自行解决，需要社会经济体制的深刻变革。② 若新技术经济体系的形成要求经济体制发生重大转变以至经济运行机制改变，则意味着经济转型。

能动性、经济体制变革与"技术-经济体系"调整

"人们自己创造自己的历史，但是他们并不是随心所欲地创造，并不是在他们自己选定的条件下创造，而是在直接碰到的、既定的、从过去承继下来的条件下创造。"③ 任何技术经济体系都是以往人类活动的产物，"是一种既得的力量"④，并不能被自由地选择。"然而这并不是说，他们永远不会放弃他们在其中获得一定生产力的那种社会形式"⑤，人的能动性意味着人们能够充分利用他们在既定技术经济体系下已经获得和形成的能力，为新的技术经济体系服务。能动性源于行动集团对社会已采取的技术

---

① 马克思，恩格斯. 马克思恩格斯文集：第1卷. 北京：人民出版社，2009：729.

② Bianchi, P. and Labory, S. "Manufacturing Regimes and Transitional Paths: Lessons for Industrial Policy," *Structural Change and Economic Dynamics*, 2019, vol. 48, pp. 24-31.

③ 马克思，恩格斯. 马克思恩格斯文集：第2卷. 北京：人民出版社，2009：470-471.

④⑤ 马克思，恩格斯. 马克思恩格斯文集：第10卷. 北京：人民出版社，2009：43.

经济体系及其作用结果的认知，并且行动集团有能力创造性地调动所掌握的资源，促进新的技术经济体系的形成。发挥人的能动性来变革经济体制以调节技术经济体系是不停探索和适应的过程，涉及政府、企业以及居民部门等各个经济主体之间的互动和反馈（见图 5-1）。政府、企业、居民等经济主体，作为人类行动者，不仅是经济社会结构的承载者，而且能在这一结构限制下根据其所处的社会关系所决定的利益发挥能动性。

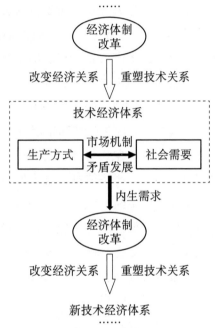

图 5-1 经济增长的动态矛盾分析框架

行为者之间的协调过程是和产生各种变化的过程纠缠在一起的。（1）企业部门是生产主体，能够满足特定社会需要的生产方式从最初的几家企业（或产业、应用领域）向更广泛的企业乃至整个经济扩展，带动了整体经济增长。生产方式的调整也应当以企业为主体。（2）居民部门的消费需求是社会需要的主体①，随着生产力的发展，居民的消费需求不断升级，在

---

① 从核算角度来看，社会总需求不仅包括居民最终消费，还包括投资和出口，但后两者始终受到最终消费的限制，因此本文将居民消费定义为社会需要的主体。

不同历史阶段表现出不同的特点。总体来看，消费升级总是领先于生产方式调整。（3）政府是改革措施的制定者和推动者，不直接参与生产过程，而是对生产方式的变革起到引导作用。当旧技术经济体系内部出现矛盾需要转变时，现有经济体制形成的经济结构可能会成为技术经济体系转变的阻碍，政府将出台一系列改革措施来消除阻碍转变的体制结构因素，通过改变经济关系（包括经济主体的权利关系、企业竞争关系、收入分配和再分配关系等）激励经济主体改变行为方式以重塑技术关系（包括生产过程的组织形式、要素成本结构等）。在此基础上，政府通过中长期规划，引导企业在市场竞争中淘汰落后的生产方式、形成满足社会需要的新生产方式，保证技术经济体系朝着促进经济增长的方向转变。除此之外，政府可以通过公共领域的投资适度超前构建一般生产条件，在危机时期以大规模公共工程建设稳定经济和就业，或改善生产和生活条件等等。

在新的技术经济体系下，生产方式与社会需要达到更高水平的动态平衡，带来新投资和盈利机会的一个经济体制与技术经济体系的组合将主导下一阶段的增长。随着居民需要不断升级，技术经济体系内部将再次出现矛盾，政府继续调整经济体制来促进新技术经济体系形成以解决矛盾，如此循环。① 因此，经济的转型增长是不断变革经济体制以形成新技术经济体系的过程，没有一种要素能线性地影响经济增长，在某一阶段促进增长的要素很可能在另一阶段成为增长的制约。

三、中国经济转型增长的四个阶段

中国经济的转型增长就是在渐进式的经济体制改革政策的引导下，结合中长期规划，不断革新技术经济体系以适应广大人民群众需要变化的过程中实现的。中国共产党在探索社会主义经济建设的过程中正确认识到社

---

① 除了经济体内部的互动、反馈循环外，还有一些外生冲击对经济发展造成影响，如外部经济环境的变化等，但它们具有偶然性，与技术经济体系本身无关。

会主义初级阶段的主要矛盾就是需要和生产之间的矛盾，并对主要矛盾的内涵进行过两次正式的定义。1981 年党的十一届六中全会明确指出我国社会的主要矛盾是人民日益增长的物质文化需要同落后的社会生产之间的矛盾；2017 年习近平总书记在党的十九大报告中强调我国社会主要矛盾已经转化为人民日益增长的美好生活需要和不平衡不充分的发展之间的矛盾。主要矛盾的主要方面在不同经济发展阶段以不同方式呈现出来，表现为人民群众不断升级的需要与当前生产方式之间的矛盾，化解这组矛盾也是化解其他矛盾、促进社会主义经济建设的着力点。在这一思想的指导下，中国共产党坚持以问题为导向，研判经济发展形势，采取渐进式改革政策，在国家的主导下引入市场调节机制，从有计划的商品经济改革（1978—1992 年），到确立社会主义市场经济体制（1993—2001 年），再到完善社会主义市场经济体制（2002—2011 年），相应地形成了"数量型温饱消费＋缺乏技术进步的粗放式生产""质量型温饱消费＋伴有技术进步的粗放式生产""大规模标准化消费＋大规模生产"三类技术经济体系，经济增长分别表现出消费拉动、消费拉动-投资推动、出口-投资联动的特点，增长率在 80 年代上一个台阶，到 90 年代再上一个台阶，进入 21 世纪后经济增长同时显现出了规模效应和增长率效应。从 2012 年以来，中国经济步入新常态，表明不断升级的社会需要同大规模生产方式产生了矛盾，当前技术经济体系的潜力逐渐消耗，政府出台了一系列改革措施，以期通过深化改革塑造新技术经济体系来维持经济增长。中国经济转型增长的阶段性可以用图 5-2、图 5-3 直观地刻画出来。

有计划的商品经济改革（1978—1992 年）。 计划经济时期重积累、轻消费的发展模式导致积累的大量工业产能无法转型与有效释放，1978 年开启的有计划的商品经济改革调整了国民收入中积累与消费的关系，通过农村和城市的改革、中央政府-地方政府关系改革，塑造了以乡镇企业、集体企业和国有企业为主体的商品生产者，其中地方政府扮演了企业家的角色，主导了乡镇企业、集体企业等的发展。"六五"计划提出要"大力增加适合社会现实需要的农产品、轻纺产品和其它日用工业品的生产"的目标，形成了"数量型温饱消费＋缺乏技术进步的粗放式生产"的技术经济

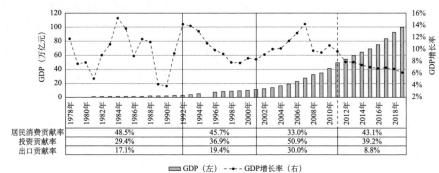

	居民消费贡献率	投资贡献率	出口贡献率

注：①三条垂直于横坐标轴的线划分了经济转型增长的四个阶段，分别表示 1992 年、2001 年和 2011 年，它们分别为前三个阶段的终结年份。

②此处各要素贡献率的计算基于支出法 GDP 核算，故投资贡献率我们用固定资本形成而不用全社会固定资产投资来计算，余同。

图 5 - 2　1978—2019 年中国 GDP 增长及要素贡献

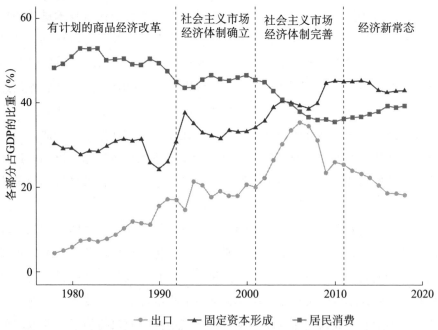

图 5 - 3　各阶段居民消费、投资和出口对经济增长的作用

体系。尽管缺乏技术进步，但粗放生产方式下的产品与居民补偿性的数量型温饱消费相匹配，生产的耐用消费品符合人民的日常需求，释放了计划经济时期积累的生产潜力，需求的扩张推动了第一阶段经济的发展。然而，在第一阶段末期，随着数量型消费得到满足，粗放生产方式下"傻、大、粗、笨"的产品与日益升级的人民需求不再匹配，经济发展遇到了社会需求升级的制约。

社会主义市场经济体制确立（1993—2001年）。 随着市场经济的发展，上一阶段普遍存在的企业生产规模过小、生产产品结构落后的问题开始凸显，而且国有企业在市场调节中缺乏灵活性的问题也日益严重。1993年我国开启了建立社会主义市场经济的改革，在塑造市场经济体制的过程中，国有企业通过深化改革开始真正成为市场主体，同时发挥地方政府的作用，依靠招商引资，发展民营企业和三资企业等非公有制经济来满足居民新增的需求，并且明确了国有企业和非国有企业在生产结构上的侧重方向。与此同时，"八五"和"九五"计划提出要促进经济结构优化，振兴支柱产业和发展高科技产业，提高产品质量和技术以适应市场需求，促进了"质量型温饱消费＋伴有技术进步的粗放式生产"的技术经济体系的形成，然而，企业改革也导致居民收入开始两极分化，这一阶段末期的经济增长同时受到亚洲金融危机和国内消费需求下降的影响，需求疲软导致供给体系产能过剩，阻碍了经济发展。

社会主义市场经济体制完善（2002—2011年）。 21世纪初，我国融入全球生产网络标志着第三阶段完善社会主义市场经济改革的开启。广阔的国际市场使得我国积累的工业生产能力得以再次释放。"十五"计划和"十一五"规划提出要优化工业结构，增强国际竞争力，加强基础设施建设，发展面向生活消费的服务业等，形成了"大规模标准化消费＋大规模生产"的技术经济体系。一方面，出口导致的经济增长带来了人民收入的提高，拉动了内需；另一方面，融入全球生产网络帮助我国建立了生产标准化产品的生产体系，能够较好地满足人民日益升级的需求。人民收入的增长和城镇化的持续开展带来了住房、汽车需求，带来了房地产业的繁荣。加工贸易业和房地产业共同拉动了上游产业的增长，形成了全产业链的增长良性循环，塑造了我国这一时期的出口-投资联动的经济增长模式。

经济新常态（2012年至今）。 随着2008年国际金融危机的爆发，外需萎缩，房地产市场也开始呈现泡沫化趋势，出口-投资联动的经济增长模式受到挑战。与此同时，市场化改革带来的收入不平等使得我国形成了标准化、个性化需求共存的需求体系，标准化产品的生产模式已经不能满足国内需求，产能全面过剩，经济进入第四阶段——新常态调整期。中国未来该向何处去？

通过对不同阶段具体矛盾和改革措施的总结，我们可以看到单一的分析框架难以真正把握中国经济发展的过程。要理解每一个历史阶段，必须深入分析该阶段技术经济体系面临的核心矛盾及其解决。我们将在下一章中对每一个阶段展开论述。

第六章　转型增长的中国奇迹

　　1978—2011 年，我国的经济体制改革经历了有计划的商品经济改革、社会主义市场经济体制确立、社会主义市场经济体制完善等三个阶段，形成了"数量型温饱消费＋缺乏技术进步的粗放式生产""质量型温饱消费＋伴有技术进步的粗放式生产""大规模标准化消费＋大规模生产"三种技术经济体系。2012 年中国经济进入新常态，个性化和标准化需求共存的动态社会消费模式已经形成，当前技术经济体系难以维持高速经济增长，必须继续深化经济体制改革，构建新的促进增长的技术经济体系。

一、有计划的商品经济改革（1978—1992 年）

　　面对新中国的薄弱工业基础以及复杂国际形势，我国采取了计划经济体制来实现工业化，工业取得快速发展。但是与此同时，单纯工业产品增长无法满足广大人民群众的生活需求，计划经济体制下的企业也缺乏灵活性。供求之间的矛盾开始妨碍经济的进一步发展。为了实现"三步走"战略和翻两番发展目标，政府主动调整供求矛盾，我国经济开启了向有计划的商品经济的改革。

改革前夜：计划经济时期的发展与矛盾

新中国成立之后，中国快速完成了对农业、手工业和资本主义工商业的社会主义改造。面对国内薄弱的工业基础和巨大的国际军事压力，国家的核心任务是快速实现国防和经济的独立自主，因此，确立了以建立独立完整的工业体系来支撑经济发展和维护国家独立的战略目标。1953年，我国开始实施了以优先发展重工业为主的赶超战略，并推行了一系列配套制度与措施来保障重工业的优先发展、加速发展。作为一个落后的农业国，中国经济拥有大量劳动力，但资本与技术要素非常短缺。然而重工业的发展却需要大量的配套资本与技术。为了确保中国工业化的进程，我们采取了计划经济体制，其特征包括：工业生产资料的公有制，政府与企业目标合一管理体制，高度集中的准战时资源计划配置制度，工业建设性财政银行体制，工业项目化管理体制，低工资、高积累、高投资；工农业价格剪刀差；科技集体攻关体制和行业性高等教育体制，配套的交通、通信、能源体制等。在计划经济体制的保障下，尽管中国发展工业的初始条件极为不利，但仍然在短时间内建立了独立且较为系统的国防体系和工业体系。

然而，这种发展模式的核心特征是围绕国防和重化工业，重积累而轻消费，导致生活资料的生产供给不论在数量上还是在质量、结构上都不能满足人民日益增长的需要，而且矛盾越来越突出。从供给方来说，重化工业发展带来的工业产品增长并不能直接满足广大人民群众的日常生活需求。从需求方来说，计划体制下农产品和工资收入被压低，导致居民收入水平和消费水平均增长缓慢。1952—1977年城镇职工的平均货币工资基本维持在500～600元的水平，平均增长率为1.2%左右，而农村居民可支配收入在1957年仅为73元，到了1978年增加为133.6元。居民平均消费水平从1952年的80元增加到1977年的175元。① 在需求被压抑的情况下，积累的工业再生产能力也不能得到有效释放。所以综合来说，计划经济体制通过相应的制度措施优先发展重工业，奠定了工业化的基础。但是随着

---

① 数据来自 EPS 数据平台。

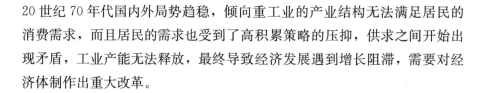

20 世纪 70 年代国内外局势趋稳，倾向重工业的产业结构无法满足居民的消费需求，而且居民的需求也受到了高积累策略的压抑，供求之间开始出现矛盾，工业产能无法释放，最终导致经济发展遇到增长阻滞，需要对经济体制作出重大改革。

"放权让利"

1978 年党的十一届三中全会作出了实行改革开放的重大决策，明确要以经济建设为中心，大力发展生产力，提高人民生活水平，1984 年党的十二届三中全会正式提出进行有计划的商品经济改革。改革的核心是"放权让利"，在部分领域引入市场调节机制和计划外获利途径，用增量改革的办法打破计划经济时期的僵化体制，在提高人民收入的同时调动各经济主体的积极性，释放潜在的消费需求和生产能力。

改革通过调整收入分配，在调动劳动者积极性的同时释放了长期被压抑的消费能力。在城镇，中央上调职工工资，企业贯彻按劳分配原则，职工奖励基金数额增加，城镇居民人均可支配收入从 1978 年的 343.3 元增加至 1992 年的 2 026.6 元，为农产品提供了广大的消费市场，也为后来耐用消费品的兴起建立了广阔的消费市场，从而为改革建立了有利的初始条件。在农村，党的十一届三中全会通过的《中共中央关于加快农业发展若干问题的决定（草案）》提出了提高农产品收购价格、降低农用工业品成本、增加农业贷款等改革措施，在给农民带来更高收入的同时也降低了农业经营的难度。农民在农业生产中自发地采取联产承包责任制代替集体农耕，在保证完成国家指标之余，额外的产出归自己所有。这些举措既有效地增强了农业生产的积极性，也提高了农村家庭收入和农产品产量。在1978—1984 年期间，我国粮食产量增加了约 1 亿吨，农村居民人均可支配收入从 133.6 元增加至 784 元。居民收入提高释放出大量数量型温饱消费，包括食品、服装、日用品等。1978—1992 年间，居民消费水平从 183 元攀升至 1 051 元。与日常生活、居住相关的耐用消费品需求规模扩大，1981—1992 年间，城镇家庭每百户彩色电视机、洗衣机和电冰箱拥有量分别增加了 262 倍、12 倍和 124 倍，完成了"从无到有"的转变。得益于计划经济时期的平均化收入分配体制，城乡居民消费支出同步增长，且城乡内部差异不大。①

改革通过"放权让利"调动了各类经济主体的积极性。首先，乡镇企业快速发展，成为20世纪80年代经济增长的主力军。农业生产组织方式的改变和城乡居民日益增长的有支付能力的生活需求直接带来了乡镇企业的兴起。随着农业生产组织方式的变革、农业技术的高速发展，更多机器设备和原材料流入农业部门，迅速提高了农业生产力，农村地区开始产生大量剩余劳动力，这些劳动力成为乡镇企业最重要的劳动力来源。② 同时财政包干制激励地方政府开办乡镇企业创收③，中央政府给予乡镇企业税收优惠，这些因素使得乡镇企业发展起来。乡镇企业突破了计划经济时期社队企业的经营限制，并且具有小规模和劳动力成本低廉的特性，使其开展生产具有足够的弹性，得以根据市场需求信号快速进入不同生产领域。在居民需求扩张的情况下，一部分乡镇企业主要进行消费品的生产，为居民提供价格低廉的服装、日用品、玩具等产品；另一部分乡镇企业则进入能源、零部件、电子元器件等资本品生产领域。④ 在20世纪80年代，乡镇企业的数量从1980年的142家快速增加至1989年的1 869家，1988年乡镇企业产值达到全国工业总产值的1/4。乡镇企业吸纳的就业人数在80年代末期分别占农村就业人数和全国就业人数的23%和17%，在为将近1亿人提供了就业机会的同时极大地提高了农村居民的收入，同期农村家庭人均纯收入翻了2倍多。⑤ 乡镇企业的迅速发展推动了农村地区的经济大发展，支持了早期的改革进程和经济加速增长。

其次，国营企业自主权不断扩大，在一定程度上提高了企业适应市场需求的能力。从1980年的"利改税"开始，将原来国营企业向国家上缴利润的大部分改为对国营企业征收所得税，试图激发企业活力。此后，工业

---

① 数据来自中国国家统计局。

② 周飞舟.回归乡土与现实：乡镇企业研究路径的反思.社会，2013（3）：39－50.

③ "划分收支，分级包干"的财政包干制使地方政府能按照企业隶属关系获得税收，留存更多收入，此后地方与中央开始"分灶吃饭"，地方政府开始有自主权。

④ 王小鲁.改革40年的回顾与思考.比较，2018（5）：66－103.

⑤ 数据来自EPS数据平台。

经济责任制开始在国营企业中推行，企业能够获得利润留成，自负盈亏，进一步激发了企业的积极性。1984 年党的十二届三中全会正式作出了《中共中央关于经济体制改革的决定》，标志着城镇公有制企业开始逐渐建立起以承包为主的多种形式的经济责任体制，之后的几年承包制迅速在全国大中型企业中推广。到 1988 年，承包制企业已占全国预算内工业企业总数的 90％，占大中型企业总数的 95％。[①]　与此同时，对小型国营企业主要实施租赁经营责任制。相较于承包经营责任制，租赁经营责任制更大程度地分离了企业的所有权和控制权。[②]　此外，20 世纪 80 年代末 90 年代初还推行了国营企业股份制改革试点，是建立现代企业制度的初步探索。在进行企业经营方式和所有权制度改革的同时，为了使国营企业平稳过渡为商品生产主体，我国于 1984 年实行了较为特殊的价格双轨制。价格双轨制意味着国营企业在完成计划任务以后生产出的多余产品，可以按照相对更高的市场价格出售，这对国营企业的稳定调整有着重要意义。在国营企业改革的过程中，国营企业经营自主权扩大，能够获得利润留成，激发了企业的生产积极性[③]，但由于隶属于行政机构且缺乏有效的金融控制，国营企业经营自主权有限，仍存在软预算约束问题，效率没有显著提高。[④]

最后，个体、私营和"三资"企业等民营经济出现。随着一系列政策的实施[⑤]，高度国有化的所有制结构让位于公有制为主体、多种经济成分并存的新格局。1990 年，非国营企业（包括集体企业）约占工业总产值的 45.4％，占零售业销售额的 60.4％。

---

①　汪海波. 中国国有企业改革的实践进程（1979—2003 年）. 中国经济史研究，2005（3）：103－112.

②　黄速建，黄群慧，王钦，等. 中国国有企业改革三十年回顾与展望//陈佳贵. 中国企业改革发展三十年. 北京：中国财政经济出版社，2008：24－72.

③　周叔莲. 二十年来中国国有企业改革的回顾与展望. 中国社会科学，1998（6）：44－58.

④　白果，米歇尔·阿格列塔（即前面正文中的阿格利埃塔）. 中国道路：超越资本主义与帝制传统. 上海：格致出版社，上海人民出版社，2016；吴敬琏. 中国经济改革进程. 北京：中国大百科全书出版社，2018.

⑤　1978 年，国家确定对外开放方针，鼓励外商来华投资，与中资合办企业（主要在经济特区）；1981 年，党的十一届六中全会通过的《中共中央关于建国以来党的若干历史问题的决议》肯定了"一定范围的劳动者个体经济是公有制经济的必要补充"，正式承认了个体业主制企业的合法性；1988 年，根据《中华人民共和国宪法修正案》第 11 条，私营企业正式合法化。

"数量型温饱消费＋缺乏技术进步的粗放式生产"的技术经济体系

20 世纪 80 年代，"六五"计划提出要"大力增加适合社会现实需要的农产品、轻纺产品和其它日用工业品的生产"的目标，"数量型温饱消费＋缺乏技术进步的粗放式生产"的技术经济体系逐渐形成。该技术经济体系以居民温饱消费的数量型扩张为增长动力，轻工业高速增长①，耐用消费品产量迅速增加，闲散的生产资源得以利用，带动了整体工业的增长，使中国经济增长迈上了新的台阶，1978—1992 年间 GDP 平均增长率达到 9.6％，居民消费对 GDP 增长的贡献率平均达到 48.5％（见表 6－1）。新兴非国营企业（特别是乡镇企业）是主要生产者，位于产业链下游，规模较小但灵活度很高，能够迅速根据居民需要开展生产。在向下游消费品工业引入市场调节的同时大部分上游生产资料工业价格仍处于计划轨，提高了消费品价格且降低了生产成本，极大地动员了经济主体参与消费品工业的积极性。但下游生产企业本身技术水平较低②，在市场调节机制下，短期利润导向型投资导致企业经营分散化、地方化和规模小型化，企业盲目引进来源众多且互不兼容的生产设备和关键零部件③，无法有效吸收新技术，难以提高技术水平，主要从事外来零部件的组装，并且很多企业仅仅通过同等技术水平的投资加入商品生产的竞争，无法提升整个行业的创新能力，导致该技术经济体系表现出缺乏技术进步的粗放式生产特征，无法生产更高质量的产品，只能满足基本的数量型温饱消费。

表 6－1　1978—1992 年居民消费、投资和出口对 GDP 增长的贡献率（％）

年份	居民消费贡献率	固定资本形成贡献率	出口贡献率
1978	23.8	67.0	6.0
1979	57.4	19.2	9.9
1980	65.0	30.5	12.0

① 主要是消费品工业。其中，食品、纺织等传统工业经历了先高速增长后缓慢增长的过程，但与耐用消费品相关的机械电子类工业一直保持高速增长且不断加速。

② 计划经济时期优先发展重工业的战略导致新兴的下游生产企业本身技术起点落后。

③ 在"三千项计划"（1983—1985 年我国引进了 3 900 项具有世界 80 年代初和 70 年代水平的技术）等国家政策的指导下，1981—1987 年，中国大规模地引进了国外专有技术和生产线等。

续表

年份	居民消费贡献率	固定资本形成贡献率	出口贡献率
1981	76.1	9.5	25.2
1982	51.1	37.7	9.9
1983	54.2	28.2	3.8
1984	37.0	35.5	11.2
1985	51.1	35.5	12.4
1986	51.5	35.2	21.1
1987	41.4	28.7	21.3
1988	48.9	33.6	9.8
1989	61.5	−16.0	9.3
1990	38.5	6.9	60.3
1991	36.3	37.9	27.5
1992	33.9	51.2	16.3

　　值得说明的是，地方政府在这一阶段的技术经济体系的形成过程中发挥了重要作用。20 世纪 80 年代初我国开启了财政体制改革，核心在于地方政府可以留存更多的收入，直接给地方政府鼓励市场和经济发展提供了动机。随着"划分收支，分级包干"的财政体制的推行，地方与中央开始"分灶吃饭"，地方政府开始有了自主权。在此过程中，地方政府最重要的角色是主导了下游消费品工业的发展。国营企业和其他所有制企业在分布行业上的区分开始逐渐显现——中央直属部门主要负责处于计划轨的、以国营企业为主的上游生产资料工业企业，这些企业往往规模较大；地方部门则在地方政府的扶持下，致力于扩展依托于商品生产的、以乡镇企业为主的下游消费品工业企业，这些企业往往规模较小，仅需要少量的投资就可以开始运营生产，所以灵活度很高。地方政府根据市场需要通过各种行政手段吸引或者参与市场上一些重大项目的投资，对经济发展起到了积极的作用。①

---

　　① 卢荻. 变革性经济增长：中国经济的结构与制度分析. 北京：经济科学出版社，2001；陶然，陆曦，苏福兵，等. 地区竞争格局演变下的中国转轨：财政激励和发展模式反思. 经济研究，2009（7）：21 - 33.

20 世纪 80 年代末 90 年代初，随着居民低档消费品需求饱和，粗糙的产品不再适应逐渐升级的消费需求，出现了产能过剩。随着城镇居民收入提高，低档消费品需求饱和，需求体系开始转向质量型扩张，这就要求供给体系相应地提供更高质量的产品。[①] 然而，当时的生产能力并不能满足新生的质量型需求。总体来看，新兴产业普遍创新能力不足，技术效率低下，不具有规模效应。在市场需求刚刚涌现时，企业还可以通过相对低水平的生产满足需求。但是当需求饱和且市场处于过度竞争中时，低技术水平的生产只会造成严重的产能过剩。20 世纪 90 年代初期，以电冰箱、彩色电视机和洗衣机为代表的耐用消费品持有量增长率已经跌破 10%，大量工业生产能力被闲置。缺乏技术进步的粗放式生产从根本上源于增量改革下价格变动不同步和产业发展不平衡。仅在下游消费品工业中引入市场因素和国家优惠政策，导致轻重工业发展不平衡，基础工业的缓慢发展制约了技术进步和工业发展。[②] 另外，新兴企业快速发展以国营企业低利润高税负[③]和中央财政高补贴为代价，导致众多国营企业经营环境恶化，中央财政捉襟见肘，削弱了中央政府的宏观调控能力。经济增长的矛盾集中表现为 1988—1989 年的通货膨胀，平均居民消费价格指数增长率达到 18.4%，紧随其后的是市场萧条、企业亏损和增长停滞，中国进入三年治理整顿时期（1989—1991 年）。在此期间，全国工业企业亏损比例平均超过 15%，存货增加额达到接近 GDP 的 10%，平均 GDP 增长率跌至 5.8%。

二、社会主义市场经济体制确立（1993—2001 年）

20 世纪 80 年代初开始的有计划的商品经济的改革部分解决了计划经

[①] 国务院发展研究中心. 我国产业结构升级面临的风险和对策. 经济研究参考，2010 (13)：2-43.

[②] 尽管"七五"计划已经提出要适当控制一般加工业生产的增长，同时加快能源、原材料工业以及交通通信业的发展，但经济增长的矛盾没有得到根本改变。

[③] 国营企业大都是处于计划轨的上游生产资料工业企业，产品价格较低；同时，为了支持新兴企业和下游消费品工业的发展，国营企业税率更高以补贴中央财政。

济条件下的技术经济体系的矛盾。改革在激发需求的同时让多种所有制企业成为商品生产主体，使计划经济时期积累的工业生产能力得到释放，建立起生产方式与社会需求的良性互动，带来了高速的经济增长。但是随着社会需求发生变化，企业技术水平低，资本短缺和融资渠道少导致固定资本更新慢，只能生产低档消费品的缺点开始出现，而且原有体制下企业不能快速调整生产方式来适应需求的变化，引发了新的矛盾。在这种情况下，1993 年，党的十四届三中全会正式确立了社会主义市场经济体制的发展目标，明确了向市场化改革的方向。新一轮改革完成了价格并轨，实施了分税制改革和企业改革，形成了政府引导市场、市场引导资源配置的模式，初步建立了现代企业制度，在财税体制、金融体制、外汇体制、社会保障等方面形成了市场经济体制下宏观调控的基本框架。

分税制改革与企业改革

分税制改革调整了中央与地方关系，激发了地方政府竞争，提高了中央政府的财政能力，随着事权下放和财权上移，中央政府能够通过转移支付机制调控地方政府。由于 20 世纪 90 年代初国有企业的经营困难，财政体制遭受了巨大的压力。一方面，产品销售困难带来下游消费品工业企业利润下滑，使得地方政府财政收入骤减，进而导致中央政府财政收入下降；另一方面，在产业链的作用下，中央直属的上游生产资料工业企业利润减少，直接导致中央政府财政遇到困难，20 世纪 80 年代遵循的财政包干制度难以维系。国务院于 1993 年底发布了《国务院关于实行分税制财政管理体制改革的决定》，并于 1994 年在全国范围内实施以分税制为核心的财政体制改革。分税制改革主要包括三个内容：首先，简化税制，将复杂的多层级营业税收制度转化为以增值税和营业税为主的税收结构。其次，成立国家税务总局，提高中央政府的征税能力。高效的中央财政收入体系无疑增强了中央政府进行政策调整和各种基础性投资的能力，为建立有效的宏观调控体系打下了坚实基础。最后，划定了中央政府和地方政府各自的税种收入范围。中央政府将税源稳、税基广、易征收的税种的收入大部分作为本级收入。消费税、关税收入 100% 被划为中央固定收入；企业所得税按纳税人隶属关系分别划归中央和地方；流转税改为增值税后实行收入共享，中央拿大头，中央与地方分成比例为 75∶25。地方政府的收入范围则主要包括土地使用税、土地增值税、财产税等等。这带来了中央财政收入的增长。1993—1994 年间，中央财政收入的占比从 22% 骤增至 55.7%，此后一直维持在 50% 左右的水平。① 分税制改革使地方政府由企业所有者变为征税者，要求地方政府开拓新的收入来源。地方政府依靠招商引资引入新税基，通过劳动力、环保、工业用地及配套设施的优惠政策吸引外资和私营制造业，东部沿海地区首先建设了一批工业开发区，在"以市场换技术"政策的指导下外商直接投资成为 20 世纪 90 年代技术引进的主要方式。② 同时，以土地征用及出让为代表的预算外和非预算资金成为地方财政的新增长源，地方政府利用土地收入—银行贷款—城市建设—征地的循环链条，形成了"经营城市"的增长模式，开启了城市化进程，基础设施投资的扩张使得相关行业迅速发展。③ 中央政府财政收入提高，增强了中央政府进行政策调整和各种基础性投资的能力。

企业是市场的供给主体，解决企业的问题是缓解生产方式与社会需要之间矛盾的当务之急。国有企业遇到的困难在于虽然经过改革，企业拥有部分自主权，但是没有完全摆脱计划经济的影响和委托代理下激励不足、约束软化问题，尤其是包盈不包亏、好项目好交易私人化、亏损包袱甩给国有企业等问题。一种观点认为，市场化改革伊始，企业虽然能够根据需求信号进入某个领域，但当需求萎缩时，却依然表现出计划经济时期的刚性特点，难以通过灵活调整生产和投资计划而退出。④ 因此，在 20 世纪 90年代前半期，大量国有企业开始面临亏损问题，亏损面从 1988 年的10.9% 骤增至 1995 年的 40%。⑤ 而且由于国有企业办社会等制度性原因和整体市场发育不够，国有企业中产能落后和应当破产的企业不得不依靠财

---

① 数据来自中国国家统计局。
② 康荣平. 90 年代中国技术引进的新格局. 管理世界，1994（1）：169 - 171.
③ 周飞舟. 以利为利：财政关系与地方政府行为. 上海：上海三联出版社，2012：236 - 240.
④ 卢荻. 变革性经济增长：中国经济的结构与制度分析. 北京：经济科学出版社，2001.
⑤ 张文魁，袁东明. 中国经济改革 30 年：国有企业卷. 重庆：重庆大学出版社，2008.

政补贴继续存活，难以退出市场竞争。国有企业的经营困难使得政府不但无法从国有企业经营中获得财政收入，还要承担维持企业运营的高成本。尤其是在中央财政收入呈现赤字、中央财政收入两个占比（占 GDP 和整个财政收入的比重）小的背景下，持续补贴国有企业在财政经济上难以持续。所以关于国有企业改革的核心思路就是让国有企业成为真正面向市场的主体。具体的改革措施包括建立和推进现代企业制度、股票市场制度、经理人制度，解决国有企业经营管理不规范、负盈不负亏、融资难等问题，使其真正能够在市场经济中展现出灵活性、竞争性。

基于这样的背景，我国从 20 世纪 90 年代中期开启了新一轮国有企业改革，建立现代企业制度的探索推动了企业的现代化进程，规模效应开始显现，微观经济效率有所提升。国有企业以建立现代企业制度为目标，从政府部门的附属转化为独立的市场主体，实施了"抓大放小"的改革。"抓大"，即在中央政府主导下，大中型国有企业开始向股份制企业和有限责任公司转型。部分大中型国有企业被进一步合并成国家控股的更大规模、更具有竞争力的企业集团。这样国有企业在传统的具有竞争优势的领域以及国民基础性领域的规模效应进一步增大。"放小"，即在地方政府主导下，小型国有企业通过"关、停、并、转"以及破产、出售、拍卖、收购等多种方式退出市场或者民营化，淘汰了低效和过剩的产能。总体而言，同计划经济体制下国有企业负责所有行业生产的结构相比，"放小"使得国有企业逐渐退出了许多不占有竞争优势的领域。这样"抓大放小"的改革在巩固了国有大型企业在竞争优势领域和基础行业的核心地位的同时，逐渐为能够更快调整生产的民营企业的发展提供了空间和可能性。[1] 现代企业制度的建立也为企业上市打开了通道，丰富了企业的融资途径，有利于需要大规模投资的技术创新的开展。[2]

相关的政策调整也为民营企业的发展提供了基础，这一时期民营经济加速发展。党的十五大明确非公有制经济是我国社会主义市场经济的重要

---

① 萧冬连. 国有企业改革之路：从"放权让利"到"制度创新". 中共党史研究，2014（3）：9-19.

② 路风. 走向自主创新：寻求中国力量的源泉. 桂林：广西师范大学出版社，2006.

组成部分，确立了以公有制为主体、多种所有制经济共同发展的基本经济制度。在法律实践上，1994 年《中华人民共和国公司法》的施行为各种所有制形式的企业创建了一个统一的法律框架和竞争平台。地方政府将民营经济作为新增长点，设立经济开发区，吸收国内外资本。民营企业充分发挥优势，填补了国有企业退出领域的空白，形成了高度协作的国有企业-民营企业的垂直产业结构。与 20 世纪 80 年代分散化、缺乏协调的情况不同，90 年代中后期以来市场份额向行业优势企业集中，重化工业和装备制造业的大企业集团崛起，规模经济开始出现，轻工业产业集群在东南沿海兴起，专业化协作水平和大中小企业的社会分工程度提高，全国市场统一化程度有所提升。① 截至 2000 年，非国有企业占工业产出的比重已经增加到 GDP 的 50% 以上。② 而且国有企业和民营企业在行业结构上的互补性开始出现。例如在 2000 年，在煤炭采集、石油加工和金属矿采等上游行业中，国有企业的数量和规模都占据绝对的优势地位。以煤炭采选业为例，国有企业单位数为 1 321 个，总资产达到 3 587 亿元，而民营企业单位数仅有 111 个，总资产为 19 亿元。但是在纺织、服装生产和皮革加工等下游行业中，民营企业的经营开始占据优势。以服装生产为例，包括私营和外资经营在内，非国有企业总单位数为 4 321 个，总资产达到 972 亿元。与之相比，国有企业的相关行业单位数为 638 个，总资产为 220 亿元。③ "国有企业多处于产业链上游，在基础产业、重型制造业、战略性产业等领域发挥作用，民营企业越来越多地提供制造业产品特别是最终消费品，两者是高度互补、互相合作、互相支持的关系。"④ 国有企业和非国有企业形成的这种产业结构也成为下一阶段中国通过快速融入全球生产网络，成功引领

---

① 中国社会科学院工业经济研究所．中国工业发展报告（2008）：中国工业改革开放 30 年．北京：经济管理出版社，2008：530.

② 数据来自中国国家统计局。

③ 数据来自中国国家统计局。需要指出的是，根据统计指标的变化，2000 年时年产品销售收入在 500 万元以上的非国有企业才进入统计数据。所以这里低估了非国有企业的企业单位数以及总资产。

④ 中共中央政治局委员、国务院副总理刘鹤就当前经济金融热点问题接受采访．新华网，2018-10-19.

经济发展的重要因素之一。

社会主义市场经济宏观调控体系的建立

除了对企业进行改革，社会主义市场经济的全面建立还需要其他领域的市场化和制度改革相配套，包括金融市场、劳动力市场、土地市场等要素市场与社会保障制度、金融体制、财税体制和外贸体制等管理体制。市场经济宏观调控体系的建立为企业的现代化经营提供了必要条件。

在将国有企业转变为市场主体，同时支持民营经济大力发展的企业改革过程中，劳动力市场也开始了真正意义上的市场化改革。劳动力市场的形成释放了国有企业内部的冗员，为民营经济提供了劳动力。劳动力市场改革的重要措施之一是传统国有企业下的"铁饭碗"制度被打破。"铁饭碗"制度意味着国企员工不仅不会面临失业问题，还能够享受住房、子女教育、医疗和养老等各种福利。然而，想要真正将国有企业转变为市场主体，就必须让企业具备能够根据市场情况调整工人数量的能力。从1993年起，就有一大批国有企业工人开始下岗。为了充分保障工人的权益，我国于1995年开始施行《中华人民共和国劳动法》。在以前法律的基础上，《中华人民共和国劳动法》进一步规定了工人的平等就业权利、享受节假日的权利、享受社会保险和福利的权利等等。这一方面保障了工人权利，另一方面正式赋予了企业调整劳动力数量的灵活性，企业能够根据情况解雇工人，使得雇用制度更为灵活，为劳动力市场的形成奠定了基础。[①] "铁饭碗"的另一个问题是包括医疗、住房和子女教育等在内的工人福利与工人所在企业挂钩，这无疑使国有企业背上了沉重的支出负担。所以劳动力市场形成的另一个侧面就是社会保障制度从企业责任转变为社会责任，减轻了国有企业的福利支出责任。在工人社会保障体系方面，政府为失业人员建立了失业保险。政府还尝试建立全国统一的社会养老保障体系，并于1995年发布了《国务院关于深化企业职工养老保险制度改革的通知》，标志着国家、企业和个人三方投入资金的多层养老体制的建立。此外，教

---

① 劳伦·勃兰特，托马斯·罗斯基. 伟大的中国经济转型. 上海：格致出版社，2009.

育、医疗等各种福利也逐渐从企业剥离，转由政府来承担。同时，住房的商品化改革也在 1994 年开始启动。

为了配合现代化企业的经营，金融体系在 20 世纪 90 年代也开始了改革，金融体系多元化发展为企业提供了新的融资渠道。金融体制的改革主要涉及资本市场和银行体制调整两个方面。首先，银行体制经历了重大调整。1995 年 3 月颁布的《中华人民共和国中国人民银行法》和随后颁布的《中国人民银行货币政策委员会条例》奠定了中央银行的重要地位。四大国有商业银行不断进行以商业化运营为目标的改革重组，逐渐获得了更大的自主权，政策性银行、股份制银行、区域性城市商业银行以及农村信用合作社等一批非银行金融机构建立和发展起来，外资银行等其他金融机构也加快进入中国市场。其次，金融市场取得了长足发展。股票市场开始出现并成为企业融资的重要渠道之一。1990 年上海证券交易所和深圳证券交易所相继成立，标志着我国资本市场的初步建立。通过在股票市场上市，企业能获得首次公开募股（IPO）的收入，股票市场为企业提供了直接融资渠道。作为国有企业所有制改革的一部分，国有企业股份交易是股票市场最重要的部分。随着债券市场、资金市场、外汇市场、金融衍生品市场等市场的建立和发展，中国金融体系初步建立。最后，监管系统成立了中国证监会、保监会等。市场化、多元化的金融体系通过动员社会资本、优化融资结构和提高金融部门效率等多个渠道对企业资产规模的扩大起到了积极作用，为企业创新的开展提供了财务基础。[1] 此外，外汇外贸体制深化改革允许私营企业经营外贸业务；多元化的投资体制弱化了政府投资主体的角色，企业开始进行自主投资。

"质量型温饱消费＋伴有技术进步的粗放式生产"的技术经济体系

20 世纪 90 年代，"八五"和"九五"计划提出要促进经济结构优化，振兴支柱产业和发展高科技产业，提高产品质量和技术以适应市场需求，"质量型温饱消费＋伴有技术进步的粗放式生产"的技术经济体系逐步形

---

① 王广谦 . 中国经济改革 30 年：金融改革卷 . 重庆：重庆大学出版社，2008；路风 . 走向自主创新：寻求中国力量的源泉 . 桂林：广西师范大学出版社，2006.

成。随着耐用消费品的普及和收入水平的提高，居民的温饱型消费转为质量型消费，城镇耐用消费品进入追求高质量、高档次、多功能的更新换代期，同时出现了以空调、电话、电脑为代表的新一代耐用消费品①，上一代耐用消费品持有量在农村家庭中快速增长②。在国有企业精简重组、民营企业快速发展的同时，劳动力市场的建立为企业提供了可以灵活雇用的劳动力、社会保障体系的建立减轻了企业的负担、金融体系多元化发展为企业提供了多元化的融资渠道、分税制改革激励地方政府招商引资——引进新技术和新产品，这些都为生产方式的改革提供了条件。为了满足居民消费需求，90年代的粗放式生产伴随着技术进步，产品质量得以优化，产业结构升级和技术水平全面提高是20世纪90年代经济增长的基本动力③，这主要归功于政府主导的内涵式投资。为了缓解基础工业对经济增长的瓶颈制约，中央政府加大了对能源、交通通信等部门的投资，同时价格并轨后基础工业产品价格提高，吸引了其他社会资金，1992—1996年间基础工业投资在全社会固定资产投资中的占比从14.62％上升至49.02％。④ 在国家产业政策⑤和地方政府关于引进外资的竞争的作用下，上游元器件和装备工业发展起来，加之企业改革带来的规模效应，下游消费品工业已经有能力吸收和消化引进的技术，高技术含量、高附加值的产品迅速增长，国产品牌的质量和档次明显提高，产品质量和功能已经能与国际接轨。1996年，国产品牌的彩色电视机、电冰箱、洗衣机和空调的市场占有率分别达到67％、99％、89％和64％。⑥ 在国内经济下行周期和亚洲金融危机的双

---

① 中国社会科学院工业经济研究所.中国工业发展报告（1999）：告别短缺经济的中国工业.北京：经济管理出版社，1999：101.

② 数据显示，这些耐用消费品在农村家庭中的保有量均是90年代才开始显著增加的。

③ 吕铁.论我国工业发展的阶段转换.学习与探索，2000（1）：4-11.

④ 数据参见中华人民共和国国家经济贸易委员会.中国工业五十年：新中国工业通鉴：第8部（上卷）.北京：中国经济出版社，2000：97.

⑤ 产业政策涵盖扶植集成电路、电脑、程控电话交换机、电脑数控机床、自动化大型测量仪器、高精度铸造设备等高新技术产业的政策。

⑥ 数据参见卢荻.变革性经济增长：中国经济的结构与制度分析.北京：经济科学出版社，2001：99。

重压力下，1993—2001 年的 GDP 平均增速依然达到 9.9%①，与 20 世纪 80 年代相比再上了一个台阶，居民消费和投资对 GDP 的贡献率此消彼长，投资的贡献率在 1993 年达到了 59.7% 的水平（见表 6 - 2）。

表 6 - 2　1993—2001 年居民消费、投资和出口对 GDP 增长的贡献率（%）

年份	居民消费贡献率	固定资本形成贡献率	出口贡献率
1993	39.5	59.7	7.1
1994	44.5	28.0	39.8
1995	52.1	24.9	16.0
1996	52.9	28.0	1.2
1997	37.4	25.8	32.6
1998	40.2	62.0	1.2
1999	58.0	27.9	17.5
2000	52.0	33.7	45.9
2001	34.9	42.5	13.0

1998 年我国彻底告别短缺时代，消费需求成为经济增长的主要制约，技术含量低的一般加工制造业生产能力严重过剩，深加工的高技术产品难以满足消费需求。② 另外，市场化改革带来的收入两极分化③导致居民消费能力分化，一部分居民有消费能力没有消费需求，另一部分居民有消费需求没有消费能力。④ 在消费需求的制约下，投资增长也开始放缓，企业和地方政府不愿投资、银行不愿贷款。1993—1996 年间，固定资产投资平均增速为 31.0%，而在 1997—1999 年间骤降至 9.3%。同期，亚洲金融危机的爆发恶化了中国经济发展的外部环境，1998 年出口总额在改革开放后

---

① 经济增速呈下降趋势是为应对 20 世纪 90 年代初的经济过热而实施经济"软着陆"的成果，经济发展速度恢复到合理区间，通货膨胀被有效抑制。

② 刘志彪，王建优. 制造业的产能过剩与产业升级战略. 经济学家，2000（1）：64 - 69；吕铁. 中国工业结构调整与升级三十年的历程和经验. 社会科学战线，2008（5）：7 - 14.

③ 例如，国有企业"减员增效"导致大规模的下岗、工人收入和福利削减等问题。收入分化主要体现在城镇内部，最高收入家庭与最低收入家庭可支配收入之比从 1993 年的 3.8 增长到 2001 年的 5.4，数据来自 1994 年和 2002 年的《中国统计年鉴》。

④ 吕炜. 体制性约束、经济失衡与财政政策：解析 1998 年以来的中国转轨经济. 中国社会科学，2004（2）：4 - 17.

首次出现了负增长。为了稳定经济，从 1998 年起中国政府实行了扩张性的宏观经济政策，大规模发行国债以支持基础设施建设，国有经济固定资产投资增速在 1997 年和 1998 年反超集体和个体经济，在危机期间起到了投资稳定器的作用。但投资的收入效应没有启动消费，反而成为进一步扩大投资的压力，经济增长没能摆脱消费制约。1998 年至 2002 年上半年，中国的经济增长主要依靠中央政府直接投资拉动。[①] 此外，我国区域经济发展不平衡问题也越发明显。在改革过程中，我国开放多个沿海地区作为经济特区，其经济增长远快于内陆地区。在政策优惠、外国投资和出口贸易的共同作用下，沿海地区很快崛起成为中国的经济增长示范区。与之相对的是中西部和东北老工业区经济发展较为缓慢。中国经济发展的这种结构性失衡为新矛盾的出现埋下了伏笔。

三、社会主义市场经济体制完善（2002—2011 年）

随着社会主义市场经济体制的建立，包括所有制和经营方式在内的改革让国有企业成为真正的市场经济主体，国有企业开始集中在基础性、战略性和创新先导性的行业发展。民营企业则充分发挥其优势，填补国有企业退出领域的空白，形成了合理的行业结构。加上随着农村地区发展而释放出的大量农村剩余劳动力，我国经济已经具备了巨大的生产潜力，也即潜在的供给能力。然而，改革过程也造成了 20 世纪 90 年代末我国需求不足、产能过剩、地区发展不平衡等问题。进入 21 世纪，如何解决经济发展的困境成为首要问题。2002 年党的十六大提出要建成完善的社会主义市场经济体制和更具有活力、更加开放的经济体系，健全现代市场体系，坚持扩大对外开放，大力推进经济增长方式从粗放型向集约型转变，加强自主创新能力建设，提高技术水平和促进产业结构优化升级等。深化改革为中

---

① 吕炜.体制性约束、经济失衡与财政政策：解析 1998 年以来的中国转轨经济.中国社会科学，2004（2）：4-17.

国融入全球生产网络、充分发挥比较优势和城镇化的迅速发展提供了必要条件。一方面，在社会主义市场经济体制的支持之下，我国企业快速融入全球生产网络之中，对外贸易取得了高速发展。外需开始成为整个需求中的重要组成部分，供给潜力获得彻底释放。由外需拉动的整体增长反过来又进一步推动了内需。另一方面，出口带动经济增长也提高了居民收入，随着城镇化的发展，住房的需求兴起带来了房地产业的繁荣。外需拉动内需，共同驱动供给，引领了经济的高速增长。

中国融入全球生产网络的国际条件和国内条件

融入全球生产网络对 21 世纪中国新的技术经济体系的形成产生了极为重要的影响。中国加入 WTO 以后能够快速融入世界生产体系，与世界生产体系本身的深刻转变以及中国自身所具备的条件密切相关。

如果仅仅将中国成功融入世界生产体系归因于丰富的低价劳动力资源，是无法理解为何是中国而非其他劳动力资源大国在这一阶段经历了飞速增长的。这也正是只关注资源禀赋优势的比较优势论相对缺乏的方面。实际上从 20 世纪 70 年代中后期开始，世界生产体系经历过一次深刻的转变。到 20 世纪 90 年代末，正是这一转变成熟并完成的时期。战后以美国为代表的国家采用的福特制生产方式在世界经济体系中占据主导地位。福特制生产方式以大规模生产和大规模消费的良性互动为特征，带来了战后世界范围内资本主义国家的普遍增长。一方面，随着资本主义世界范围内对大规模生产的标准消费品的需求开始饱和，对带有定制特征的非标准化产品的需求开始呈现增长态势，以往占统治地位的福特制的单一生产线生产单一产品的缺陷开始暴露。福特制的产品创新需要新一轮的大规模投资作为基础，回收周期长，所以在需求不稳定的情况下，这成为产品持续创新的巨大障碍。另一方面，为了配合大规模消费，工资会不断提高，反而造成了"利润挤压"问题，给资本的循环带来了困难。① 为了解决危机，

---

① Boddy，R.，and Crotty，J. "Class Conflict and Macro-Policy：The Political Business Cycle," *Review of Radical Political Economics*，1975，vol. 7，no. 1，pp. 1 - 19.

发达国家的福特制生产方式开始发生转变。在强调弹性积累的前提下，垂直一体化生产模式被打破，原有的生产过程衍生出大量新的社会劳动分工。[①] 为了实现足够的弹性，新的社会劳动分工逐渐呈现出这样一种特征：发达国家的企业保留价值链中的高附加值的核心环节，把产品制造环节以模块化部件的形式转移到生产速度快、成本低、质量好的发展中国家进行生产。[②] 通过保留核心环节，发达国家可以加速创新过程，并且避免了福特制生产方式下新产品生产需要的大规模投资。同时生产过程的模块化也让发展中国家的企业可以通过小规模的投资参与到单一模块生产过程中，在现代信息技术的帮助下，通过跨国公司经营、外包和订单生产等多种手段，新的劳动分工开始在全球范围内重新分布，形成了"新国际劳动分工"。正是在这种国际条件下，中国加入了 WTO。

从国内条件来看，快速融入全球生产网络并非一个自然的过程，需要一个国家具备同全球生产网络的要求相适应的各种条件。这正是我国确立社会主义市场经济体制的一个重要意义。具体来说，中国可以快速融入全球生产网络源自三个因素。

第一，劳动力配套。低工资下的低成本劳动力成为国际市场价格竞争优势的直接来源。大量的高素质、廉价的劳动力使得我国产品在国际市场中直接具有价格上的竞争优势。高素质劳动力主要是每年几百万的大学毕业生和职业学校毕业生，他们匹配高科技企业的用工需求。廉价劳动力主要由农村剩余劳动力构成，匹配粗加工和代工企业的用工需求。虽然我国是一个人口大国，但是农村剩余劳动力出现并成为出口品生产的可靠劳动力来源还要依靠三个更深层次的原因。首先，农业生产力的提高导致了大量相对于农业生产过剩的农村剩余劳动力的产生。[③] 其次，改革开放以来，国家政策逐渐放松了对人口流动的限制，对农村剩余劳动力的自由流动产

---

① 戴维·哈维. 后现代的状况. 北京：商务印书馆，2003.

② 林季红. 模块化生产方式的影响：以汽车业模块化生产网络发展为例. 中国经济问题，2009（4）：37－42；刘民权. 世界生产体系的剧变与发展中国家的际遇. 探索与争鸣，2018（7）：4－11.

③ 黄宗智. 中国的隐性农业革命. 北京：法律出版社，2010.

生了重要意义。^① 最后，普及的基础教育极大地提高了农村劳动力的素质。相对高素质的农村剩余劳动力可以快速适应现代化的生产体系。^②

第二，制度配套。制度层面给地方政府留有自由调整的弹性空间，保持了制度的灵活性以适应投资和增长的需求。分税制改革以来，地方政府在吸引外资、刺激经济增长方面扮演了重要的角色。为了吸引投资，地方政府具体的举措包括低价的土地供给、劳动力的供给和培训、信贷优惠、税收优惠、高效廉价的工商行政服务以及确保市场机制的正常稳定运行。^③这些举措尽管在之后给环境、劳工权益等方面带来了不良影响，但无疑也为外资流入和其他类型的投资创造了良好的投资环境和生产环境。

第三，产业与基础设施配套。完整的工业体系和基础设施建设使得投资可以快速转化为生产能力。比较优势论一直认为我国在计划经济时期优先发展重工业违背了比较优势原理，但实际上，重工业的优先发展为后来我国工业的整体发展打下了良好的基础。在社会主义市场经济建立的过程中，国有企业和民营企业在行业结构上高度互补，形成了我国完整的工业体系结构。截至20世纪末，我国的工业行业覆盖了联合国制定的《全部经济活动的国际标准产业分类》所列的所有工矿业门类（董志凯，2009）。^④总的来说，20世纪90年代在社会主义市场经济建立的过程中对供给方面的改革卓有成效，中国融入全球生产网络的成功正是改革的结果。

融入全球生产网络与国内经济发展相互促进

2001年末中国加入世界贸易组织标志着对外开放进入了深度融入全球生产网络的新阶段，融入全球生产网络后，外需开始真正成为社会需求的

---

① 孔祥智. 崛起与超越：中国农村改革的过程及机理分析. 北京：中国人民大学出版社，2008.

② 刘祖春. 中国农村劳动力素质与农村经济发展研究. 北京：中国社会科学出版社，2009.

③ 陶然，陆曦，苏福兵，等. 地区竞争格局演变下的中国转轨：财政激励和发展模式反思. 经济研究，2009（7）：21-33；杨晓丽，许垒. 中国式分权下地方政府FDI税收竞争的策略性及其经济增长效应. 经济评论，2011（3）：59-68；刘骞文，闫笑. 地方政府"土地引资"背景下的FDI挤入挤出效应研究. 财经研究，2016（1）：17-29.

④ 董志凯. 新中国工业化的路径与建树. 中共党史研究，2009（9）：3-14.

重要组成部分，中国贸易量迅速增长，加工贸易量于21世纪初开始迅速增长。图6-1反映的是1981—2019年期间中国对外一般贸易和加工贸易的总量。不论是一般贸易还是更能反映世界生产体系新特征的加工贸易，其总量都是在2001年中国加入WTO之后开始超高速增长的，2002—2007年间，中国的加工贸易占进出口总额的比重平均约为52.5%，而1981年该数值仅为6%。[①] 除了直接数量上的变化，该图还反映了我国对外贸易的两次结构性转折。1981年，一般贸易额达到208亿美元，但是加工贸易额仅有11.3亿美元。到了1995年，加工贸易额第一次超过713.7亿美元的一般贸易额，达到了737亿美元。在这之后的十年中，加工贸易都以一个更快的速度增长，两者的差距逐渐拉大。这反映了加入世界生产体系之后，我国形成的新生产方式可以快速适应加工贸易生产的要求。但是从2008年开始，也就是从国际金融危机爆发开始，加工贸易的增长陷入停滞，反而一般贸易重新成为中国贸易的主要形式。

对进出口贸易货物分类的变化也反映了融入全球生产网络对我国经济的意义。图6-2反映的是1980—2018年期间我国不同类别货物出口（左）/进口（右）分别占总出口/总进口的比重。[②] 图6-2左图的一个突出特征是在我国的出口品中，初级产品和轻纺产品、橡胶制品矿冶产品及其制品出口占比快速降低，机械及运输设备出口额有了非常明显的增长。这一结果其实与比较优势论直接预测的结果相悖，但是却反映了我国整个改革开放过程中工业能力的不断增长。图6-2右图则反映了中国成为"世界工厂"的特征。一方面，初级产品进口占比在1999年降至16.2%，随后在波动中不断提高，稳定在近年的30%左右。这恰好说明了作为"世界工厂"，我国对全世界原材料的大量需求。[③] 另一方面，进口产品中具有技术含量的机械及运输设备的占比一直在稳步上升，表明了我国企业注重提

[①] 然而，2008年以后，随着外需疲软，加工贸易额迅速下跌，一般贸易的增长远超过加工贸易。

[②] 数据来自中国国家统计局。

[③] 魏浩，赵春明，李晓庆. 中国进口商品结构变化的估算：2000—2014年. 世界经济，2016（4）：70-94.

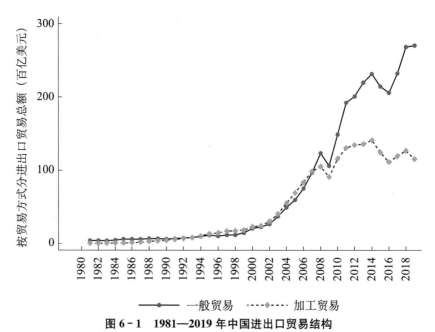

图 6-1　1981—2019 年中国进出口贸易结构

注：1981—2008 年数据来自《新中国六十年统计资料汇编》的表 1-52 "按贸易方式和商品类别分全国进出口贸易总额"；其他年份数据来自 CEIC 数据库的月度加总，其中加工贸易包括进料加工贸易与来料加工贸易。经过核对，发现两个数据序列的重合部分（1993—2008 年）误差微小。

高技术水平，不断进口先进的机器设备来增强自身的竞争力。[1]

深度融入全球生产网络，有利于中国通过"干中学"促进产业升级[2]，推动工业化进程和经济增长。此外，承接国际产业转移催生了对劳动力的刚性需求，促使劳动力向城市集中，加速了国内城镇化的发展进程。与此相适应，地方政府以"经营城市"为主要竞争手段，快速推进城镇化进程。随着市场一体化进程加快和要素流动性增强，地方政府为提高收入，争夺各类要素和资源的竞争强化。[3] 得益于土地出让制度改革[4]，地方政

---

① 魏浩，李晓庆. 中国进口贸易的技术结构及其影响因素研究. 世界经济，2015（8）：56-79.

② 黄群慧. 改革开放 40 年中国的产业发展与工业化进程. 中国工业经济，2018（9）：5-23.

③ 陶然，陆曦，苏福兵，等. 地区竞争格局演变下的中国转轨：财政激励和发展模式反思. 经济研究，2009（7）：21-33.

④ 2004 年，城镇经营性建设用地出让全面实施"招拍挂"。

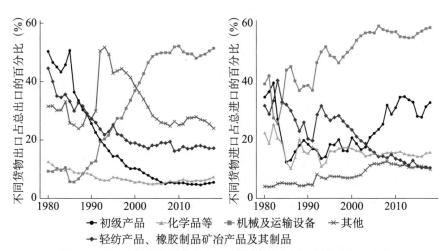

图 6-2 不同类别货物出口/进口分别占总出口/总进口的百分比

府凭借土地征用、开发和出让建立了规模庞大的土地财政，推动了城镇化，包括建立开发区、建设新区新城、城市扩展、旧城改造、建设 CBD 等①，基础设施建设加速增长，城镇固定资产投资份额从 2002 年的 81.6% 增加至 2011 年的 97.1%，增速也从 20 世纪 90 年代末的 10% 左右增加至 2011 年的 25.3%，在 2009 年还达到了 30.4%。常住人口城镇化率稳步增长，在 2011 年首次突破 50%，产生了大量住房刚性需求，推高了房价，形成了巨大的投资空间，带动了房地产市场的繁荣。② 商品房销售额从 2002 年的 0.6 万亿元增加至 2011 年的 5.9 万亿元。

"大规模标准化消费＋大规模生产"的技术经济体系

21 世纪头十年，"十五"计划和"十一五"规划提出要优化工业结构，增强国际竞争力，加强基础设施建设，发展面向生活消费的服务业等，形成了"大规模标准化消费＋大规模生产"的技术经济体系。融入全球生产

---

① 周飞舟. 以利为利：财政关系与地方政府行为. 上海：上海三联出版社，2012：236-240；李强，陈宇琳，刘精明. 中国城镇化"推进模式"研究. 中国社会科学，2012（7）：82-100.

② 刘民权，孙波. 商业地价形成机制、房地产泡沫及其治理. 金融研究，2009（10）：22-37；苏红键，魏后凯. 改革开放 40 年中国城镇化历程、启示与展望. 改革，2018（11）：49-59.

网络带来了出口扩张，提供了大量就业岗位，工资收入稳步增长，形成了生产扩张—收入增长—消费增加的良性循环，促使大规模标准化的消费市场形成。居民消费整体上具有模仿型排浪式特征，消费结构从"吃、穿、用"等基本消费向"住、行"等提高生活质量的消费转变。[①] 为了与国际生产标准接轨，以可互换零部件和流水线生产为特征的大规模生产方式日趋成熟，与国内大规模标准化消费模式匹配。得益于 20 世纪 90 年代中后期企业改革形成的国有企业-民营企业垂直结构，加工贸易业、房地产业、汽车行业以及基础设施建设的快速发展通过产业链上下游关联效应带动上游产业产能扩张，实现了国民经济的良性循环。从 2002 年下半年开始，经济增长进入新一轮上升周期，2002—2011 年，GDP 平均增长率为 10.7%，其中 2002—2007 年间，经济增长同时显现出规模效应和增长率效应，是改革开放以来增速最快、持续时间最长的"黄金增长期"。2002—2011 年的经济高速增长主要依靠大量出口和投资，出口和固定资本形成对 GDP 增长的平均贡献率分别达到 30.0% 和 50.9%，而居民消费平均贡献率下降为 33.0%（见表 6 - 3）。

表 6 - 3　2002—2011 年居民消费、投资和出口对 GDP 增长的贡献率（%）

年份	居民消费贡献率	固定资本形成贡献率	出口贡献率
2002	39.6	51.9	44.6
2003	26.6	63.5	58.3
2004	29.7	47.9	52.5
2005	32.7	38.3	51.2
2006	27.8	35.6	46.7
2007	31.0	35.3	31.7
2008	32.2	47.6	14.0
2009	37.8	95.9	−61.3
2010	31.9	47.8	41.1
2011	40.5	44.9	21.5

---

① 吕铁. 中国工业结构调整与升级三十年的历程和经验. 社会科学战线，2008 (5)：7 - 14.

2008 年国际金融危机爆发，我国一般贸易额和加工贸易额在 2009 年经历了暴跌（见图 6－1），当前技术经济体系受到外需疲软的直接冲击，经济增速逐渐放缓。为抵御 2008 年国际金融危机的影响，中国政府采取了极为宽松的货币和财政政策（4 万亿元计划和 10 万亿元信贷政策），短期内经济中的流动性迅速扩张，虽然令中国在 2008—2011 年得以维持 10% 左右的增长率，规避了经济硬着陆的风险，但 2011 年以后，政策对实体经济的刺激效果越来越有限，反而使得一、二线城市住房价格普遍加速上涨，成为经济脱实向虚的导火索。随着限购令等平抑楼市泡沫的政策出台，过剩的流动性转向金融市场寻找投资机会，造成资产价格泡沫和金融市场的震荡，大量资金在金融体系内自我循环，不仅加大了金融体系的风险，还进一步加重了实体经济的融资困难，推高了实体经济增长的成本，加剧了金融、房地产业和实体经济的失衡。①

四、进入新常态的中国经济（2012 年至今）

随着 2008 年国际金融危机的爆发，世界经济进入深度调整期，整个世界贸易体系都受到负面影响，因此我国需求中的外需部分受到了巨大的负面冲击。与此同时，由于城乡间的不平等，内需结构出现明显分层。城市需求进一步转向非标准化高档消费品，但是农村地区的高档标准化消费品需求依然受到抑制。为了遏制金融危机的影响，政府于 2008 年出台了"四万亿元"投资计划。这的确防止了中国经济"硬着陆"，维持了 2008—2011 年期间的经济增长。但是随着"四万亿元"刺激效果的减弱，技术经济体系的深层次问题逐渐显露，生产方式与社会需求脱节严重，表现为严重的产能过剩、经济脱实向虚等一系列问题。从 2012 年开始，经济下行压力日渐显现，GDP 增长率逐步跌至 7% 左右，需要构建新的技术经济

---

① 中共中央文献研究室．习近平关于社会主义经济建设论述摘编．北京：中央文献出版社，2017：114．

体系。

2008 年国际金融危机后中国经济面临的问题

2012 年中国经济步入新常态，经济增速跌破 8％ 且连续 8 年下降，2019 年经济增速约为 6.1％。制造业固定资产投资明显放缓，从 2012 年的 21.3％ 下降到 2017 年的 3.1％。实业投资意愿下降导致了脱实向虚，金融和房地产企业的利润份额自 2008 年起逐渐超越了第二产业，非金融地产上市企业的金融利润份额迅速攀升。[①] 与此同时，当今世界正经历百年未有之大变局，西方主要国家民粹主义盛行、贸易保护主义抬头，经济全球化遭遇逆流。受新冠疫情影响，逆全球化趋势更加明显，全球产业链、供应链面临重大冲击，风险加大，我国经济面临着发展和安全的双重考验，"大规模标准化消费＋大规模生产"的技术经济体系的矛盾开始显现。

2008 年，由美国次贷危机引发的国际金融危机直接引发了全球范围内的贸易萎缩，导致我国外需下降。2009 年的全球实际货物贸易流量降低了 12.2％，以货币衡量的贸易总价值更是降低了 23％。[②] 全球贸易体系受到的巨大负面冲击对我国也产生了直接影响，加工贸易额在 2010—2018 年期间几乎陷入停滞。加工贸易的高速发展得益于我国加入了基于模块化生产的全球生产网络，因此加工贸易发展的停滞表明我国参与全球生产网络的方式开始出现问题。从供给角度来说，问题主要出现在两个方面。一方面，我国的加工贸易的优势主要来自要素投入，尤其是大量低成本的高质量劳动力。在劳动力供给开始逐渐缩减、资源环境约束趋紧的情况下，加工贸易的生产成本开始提高。另一方面，由于加工制造环节普遍技术含量较低、可替代性强，我国企业在国际市场上的竞争力下降。许多订单向劳动力、自然资源等要素成本更低的其他国家流动，导致我国出口面临的竞争加剧。所以当全球消费需求陷入停滞时，我国当下的供给结构无法快速

---

① 数据来自 Wind 上市公司财务数据库，经计算而得。其中，金融利润份额即投资收益、公允价值变动损益和汇兑净收益之和与利润总额之比。

② Shelburne，R. "The Global Financial Crisis and Its Impact on Trade：The World and the European Emerging Economies," Ece Discussion Papers，2010.

适应。下游加工贸易企业投资紧缩传导到上游行业，导致上游重化工业企业同样出现产能过剩。由于重化工业固定资本投入大，产能缩减不易，产能过剩现象更为严重。2016 年，我国煤炭开采和洗选业以及黑色金属冶炼和压延加工业的产能利用率分别为 59.5% 和 71.7%，均低于全国工业平均水平。[①]

除了外需萎缩，我国的内需也发生了结构性变化。为了保持我国企业在国际竞争中的竞争力，在整体国民收入增长的大背景下，我国的收入分配体制出现了对城市居民的倾斜，城乡收入差距不断拉大。如图 6-3 所示，城乡收入比在 2008 年前后达到峰值，之后开始逐渐降低。收入的基尼系数也在 2008 年达到了峰值 0.491，此后虽有所降低，但是一直维持在 0.4（国际警戒线）以上的水平。从收入分配结构来看，中等收入群体规模仅占约 36%，高收入群体规模占 17%，而低收入群体规模占 47%，其主体为农业人口。[②] 虽然城乡居民相对收入差距到 2009 年后开始缩小，但农村居民的收入增速远不及城市居民的收入增速，二者的绝对收入差距仍在逐年扩大。这种收入分配格局引发了内需结构的两个变化。对于收入较高的城市居民，标准化消费品的需求已经接近饱和，对于更高档次的个性化、差异化消费品的需求开始出现。但是对于收入较低的农村居民，部分基本标准化消费品的需求已经被满足，但是较低的收入成为向更高档标准化消费品需求转化的桎梏。

内需体系出现的分层化问题可以在表 6-4 记录的 2013 年城乡消费结构上反映出来。总体而言，农村居民拥有的耐用消费品数量明显低于城镇居民。其中洗衣机、电冰箱、彩色电视机、移动电话等满足基本生活需求的消费品保有量较为接近，但在空调、家用汽车、计算机、照相机等更高档的消费品上，农村居民拥有量则远远低于城镇居民。此外，在产品品质及其生命周期上，农村居民购买的消费品往往是功能少、性能低、品牌知名度不高的较为低端或处于生命周期末期的产品。相比之下，城镇高收入

---

① 中华人民共和国 2017 年国民经济和社会发展统计公报．国家统计局网站，2018-02-28.
② 陈宗胜，康健．中国居民收入分配"葫芦型"格局的理论解释：基于城乡二元体制和结构的视角．经济学动态，2019（1）：3-14.

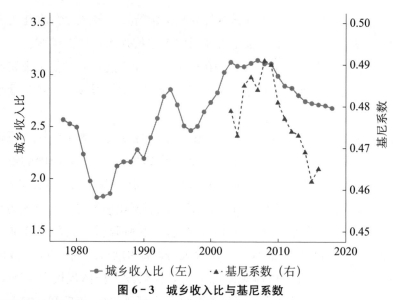

图6-3　城乡收入比与基尼系数

资料来源：城乡收入比由笔者根据中国国家统计局公布的城乡人均可支配收入计算而得，基尼系数的数据来自国家统计局网站。

居民更多地购买高品质、新上市的较为高端的产品。我国的生产方式也无法快速适应内需的这种结构性变化。其主要原因是在我国融入全球生产网络的过程中，供给产能的扩张主要集中在大规模生产标准化产品和模块化组件领域，因此这些产能大多数只能满足标准化产品需求。所以现有的供给结构既不能满足城市居民对于非标准化消费品的需求，也不能以更低的成本生产高档标准化消费品来进一步释放乡村居民的需求。从产品供给看，对外开放引进了许多国外品牌，国内外产品的市场竞争日益激烈。但由于国产品牌的产品质量和品牌知名度相对较低，中高端消费品的供给严重落后，大量有效需求外流。以高端奢侈品消费为例，2009年以来我国奢侈品境外消费额连年增长，到了2011年达到60％，但是奢侈品境内消费额基本保持不变。①

---

①　数据来自中国产业信息网刊登的智研咨询发布的《2017年中国奢侈品消费行业现状及未来发展趋势分析》。与中投顾问的测算相比，智研咨询的数据相对保守，但差别很小。根据中投顾问的计算，2015年、2016年我国奢侈品消费的境外消费比例分别为78％、77％。此处使用的是相对保守的智研咨询的数据。

表6-4 2013年城乡代表性消费品的百户拥有量

指标	城镇	农村
洗衣机（台）	88.4	71.2
电冰箱（台）	89.2	72.9
彩色电视机（台）	118.6	112.9
空调（台）	102.2	29.8
微波炉（台）	50.6	14.1
热水器（台）	80.3	43.6
移动电话（部）	206.1	199.5
家用汽车（辆）	22.3	9.9
计算机（台）	71.5	20.0
照相机（台）	34.0	4.4

资料来源：中国国家统计局。

大规模生产模式以可互换零部件为技术支撑、以流水线生产为特征，在20世纪80年代强调从国外引进先进技术的背景下被引入我国。[1] 任何制造模式在本质上都是由市场和社会需要驱动产生的，每一次制造业革命都是由新的市场与经济形势和由消费者驱动的新兴的社会需要引发的。[2] 简言之，企业的生产方式必须与这个国家的市场和社会需求结构相匹配。大规模生产模式的供给体系的产能十分强大，但大多数只能满足中低端、低质量、低价格的标准化需求，这与我国2002—2007年由投资和出口主导的需求结构相匹配，从而有了我国2002年至国际金融危机爆发前的增长黄金期。然而，国际金融危机的爆发和国内需求结构的变化导致的需求冲击，对我国企业当前普遍采用的大规模生产模式构成了严峻挑战。首先，大规模生产模式正常运行依赖的外部环境发生了变化，需求不再稳定，市场不再统一，产品生命周期越来越短；其次，大规模生产模式的整个生产过程更依赖于只完成一种功能的专用机器，它通常是只为一个产品设计的，然后面向统一的市场销售低成本的标准化产品[3]，无法满足多样化和

---

[1] 路风. 走向自主创新：寻求中国力量的源泉. 桂林：广西师范大学出版社，2006.

[2] 约拉姆·科伦. 全球化制造革命. 北京：机械工业出版社，2015：10.

[3] 约瑟夫·派恩. 大规模定制. 北京：中国人民大学出版社，2000.

个性化的需求；最后，大规模生产模式所依赖的成本优势在急剧减弱。根据波士顿咨询的研究①，目前中国的制造业平均成本比美国只低 5％左右。

正如前面分析的那样，经过 21 世纪头十年的高速增长，我国居民的需求结构和消费方式也发生了重大变化。模仿型排浪式消费阶段基本结束，个性化、多样化消费渐成主流，通过创新供给激活需求的重要性显著上升。② 面对国际市场增长放缓和国内消费结构升级，大规模生产模式显得并不适应。解决这种供给与需求错位的结构性问题，要求企业变革大规模生产模式，增强供给结构对需求变化的适应性和灵活性。但是，企业转变生产方式是一个艰难的过程，这一方面是由于大规模生产模式的沉没成本非常庞大，变革生产方式将使企业付出重大成本；另一方面是由于自 20 世纪 90 年代以来，我国企业的生产技术主要依靠引进和模仿国外技术，自主创新能力不足。能够对需求变化作出灵活性反应的供给系统以关键部件技术为核心，而关键部件创新对企业的自主创新能力要求非常高。因此，我国企业转变生产方式注定是一个漫长的过程。

正是由于我国企业中占主导的大规模生产模式与国际金融危机后的社会经济条件和需求结构不匹配，再加上转变生产方式困难，我国制造业利润率的下降趋势难以避免。其实，我国制造业利润率的下降趋势在 20 世纪90 年代早期就因为技术创新不足而初露端倪。③ 进入 21 世纪后，我国企业通过生产和加工模块化组件的方式融入全球生产网络，在一定程度上规避了创新能力不足的局限，利润率的下降趋势也因此得到缓解，经历了两个"V"形转变。④ 国际金融危机后，庞大的国际市场的外部需求效应不再存在，国内市场的多样化和个性化需求又不能加以充分利用，于是，利润率在 2007 年底再次下降，2011 年降到 13.6％，2014 年降到 11.2％，至今没

---

① Sirkin, H., Zinser, M. and Rose, J. The Shifting Economics of Global Manufacturing：How Cost Competitiveness Is Changing Worldwide. BCG，2014 - 08 - 19.

② 中共中央文献研究室. 习近平关于社会主义经济建设论述摘编. 北京：中央文献出版社，2017：75.

③ 周业安. 中国制造业的困境与出路. 中国金融，2015（13）：48 - 50.

④ 谢富胜，李直. 中国经济中的一般利润率：1994—2011. 财经理论研究，2016（3）：1 - 8.

有明显的逆转倾向。[①]

利润率下降的一个自然结果是投资下滑。国际金融危机后，我国制造业就萎靡不振，到了 2015 年，制造业投资的增长速度更是接近零，2016—2017 年是负增长。为刺激制造业投资和振兴实体经济，国际金融危机后，我国实施了大规模刺激计划，全社会固定资产投资在 2008—2011 年经历了一个"Z"形走势。但从 2011 年开始，社会固定资产投资的增速直线下滑，截至 2017 年跌至 5.73%，如图 6-4 所示。这表明需求管理政策未能成功逆转制造业投资的下降趋势。需求管理政策之所以没有实现预期效果，是因为制造业企业投资意愿不足的根源是制造业利润率低下，而利润率下降的源头在供给侧，是企业的生产方式没有转变。

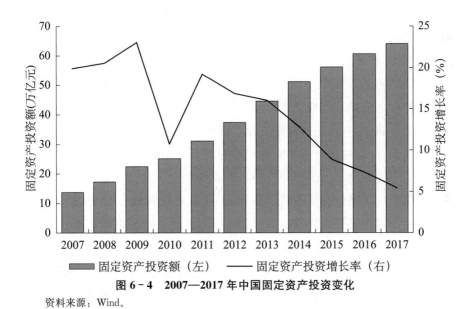

图 6-4 2007—2017 年中国固定资产投资变化

资料来源：Wind。

制造业利润率下降的另一个后果是经济脱实向虚。为了遏制国际金融危机对我国经济的不利影响，政府于 2008 年 11 月出台了一揽子旨在稳定

---

① 邹建军，刘金山. 我国一般利润率测度及趋势分析. 暨南学报（哲学社会科学版），2017（9）：57-65.

出口、刺激投资、扩大内需的政策，即"四万亿元"投资计划。[①] 在短期内，"四万亿元"投资计划维持了 2008—2011 年期间的经济增长，避免了中国经济的"硬着陆"，但是没有从根本上调节生产方式与社会需要之间的新矛盾。随着刺激计划作用的减弱，技术经济体系的矛盾开始爆发。一方面，为了适应外需扩张而积累的大量产能转变为广泛的多行业产能过剩。[②] 由于国有企业和民营企业的上下游互补性，民营企业的产能过剩造成了上游国有企业更严重的产能过剩。但是在刺激计划的影响下，不少国有企业持续进行投资，更加重了产能过剩问题。另一方面，在实体经济经营困难的情况下，经济出现了"脱实向虚"的问题。我国制造业固定资本投资增速受国际金融危机的影响而下挫，图 6-5 显示，我国制造业固定资本投资增速在 2008—2009 年迅速下滑，从 66.41% 跌到 37.86%，而同一时期的房地产业固定资本投资增速下降并不明显。制造业投资和房地产业投资走势的差异在 2009—2011 年表现得最为显著，房地产业投资在 2009—2010 年有一个明显的上升趋势。一个可能的解释是政府和央行救市的大部分资金流向了房地产业而不是制造业。从政府救市的 4 万亿元投资和央行救市的 10 万亿元信贷流向看，财政和房地产业直接相关的是"保障房安居工程"，但这部分只占 4 万亿元的 7%。相比之下，货币宽松带来的信贷资金规模更大，这部分资金的去向真正刺激了房地产业。宽松的信贷环境使得商品房销售额从 2008 年的 2.5 万亿元跃升至 2011 年的 5.9 万亿元，同时也带来了个人信贷的高速增长。[③] 这从一定程度上表明政府 4 万亿元投资和央行 10 万亿元信贷中的大部分资金流向了房地产业而不是制造业。房地产市场的泡沫逐渐形成，房地产业成为经济运行中的风险行业。当"四万亿元"刺激计划的效果逐渐减弱时，中国经济开始进入新常态阶段，投资和出口对经济的贡献率明显减弱，固定资本形成和出口的平均贡

---

① "四万亿元"投资计划包括：投资于基础设施建设、民生改善、生态环保等项目，以扩大内需；实行结构性减税，进行增值税转型，出台中小企业、房地产交易相关税收优惠政策，以刺激投资，振兴房地产；实施产业振兴调整规划，通过兼并重组提高产业集中度和资源配置效率。

② 孙焱林，温湖炜. 我国制造业产能过剩问题研究. 统计研究，2017（3）：76-83；张少华，蒋伟杰. 中国的产能过剩：程度测算与行业分布. 经济研究，2017（1）：89-102.

③ 数据来自中国国家统计局。

献率在 2012—2018 年间分别降至 39.8% 和 9.2%，而居民消费的平均贡献率则增至 43.8%，表明未来中国经济发展要依赖居民消费的拉动作用（见表 6-5）。

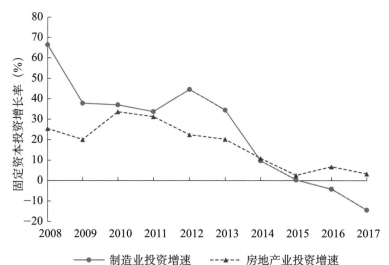

图 6-5 2008—2017 年制造业和房地产业投资增速

资料来源：Wind。

表 6-5 2012—2018 年居民消费、投资和出口对 GDP 增长的贡献率（%）

年份	居民消费贡献率	固定资本形成贡献率	出口贡献率
2012	40.0	45.4	11.1
2013	37.9	47.0	13.9
2014	45.4	38.1	13.4
2015	45.1	22.0	−5.2
2016	59.0	35.6	−5.9
2017	35.2	44.9	21.4
2018	43.7	45.4	15.6

为应对利润率下降，很多企业不是从自主创新，加快企业生产方式转型入手，而是选择利用金融化获利，不再把资本投向生产领域，而是转而

投向金融领域，这反过来进一步加剧了制造业的生产性投资下降。[①] 金融化在短期无疑会给企业带来丰厚的利润，但这是以损害企业的长远发展为代价的。我国若要实现从制造大国向制造强国的转型，就必须遏制实体企业金融化趋势的蔓延。要做到这一点，政府的宏观调控不可或缺，但最终还得靠企业自身的生产方式转型。只有变革与当前社会经济和需求结构不相适应的大规模生产模式，企业投资于扩大再生产才有利可图。只有制造业本身有利可图，才能从根本上约束企业向金融化方向发展。事实上，变革企业生产方式不仅是重振我国制造业繁荣的关键，而且是提升我国制造业的国际竞争力的迫切要求。过去十几年来，除了生产成本优势在下滑，我国制造业的产业链优势也正在减弱。生产成本和产业链优势的双重减弱导致大量外企正在从我国迁移至其母国或东南亚等制造成本更低的国家和地区。如图 6-6 所示，2000 年以来，我国规模以上外企数量在 2009 年达到峰值 76 249 家，外企占我国全体规模以上工业企业的比重在 2005 年达到峰值 20.72%。自 2011 年开始，外企的绝对数量和在工业企业中的比重都在急剧下滑，2017 年降到了 49 911 家，在工业企业中的比重也降到了 12.96%。2000 年以来，外企一直是我国出口的第一主力军，2011 年外企净出口在我国净出口总额中的比重高达 84%。随着外企从我国迁出，出口对我国经济增长的拉动作用将大大减弱。

中国经济的新常态与调整

恢复经济增长动力亟须通过深化改革促进技术经济体系转变。近年来，习近平总书记先后提出了推进供给侧结构性改革、推动高质量发展、建设现代化经济体系、构建新发展格局、全面建设社会主义现代化国家等论述，形成了一系列重大发展战略，核心目标都是要促进新的技术经济体系形成，释放经济发展潜能。中国政府坚持贯彻创新、协调、绿色、开放、共享的新发展理念，以推动高质量发展为主题，以深化供给侧结构性

---

① 张成思，张步昙. 中国实业投资率下降之谜：经济金融化视角. 经济研究，2016 (12)：32-46.

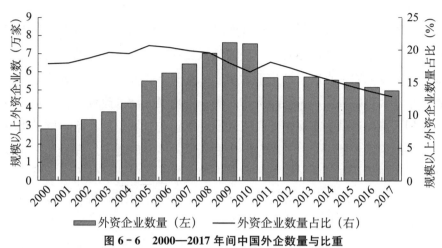

图 6-6　2000—2017 年间中国外企数量与比重

资料来源：中国海关总署。

改革为主线，以改革创新为根本动力，以满足人民日益增长的美好生活需要为根本目的，统筹发展和安全，为构建更加完善的高水平社会主义市场经济体制陆续推出了多项改革政策和指导意见，以促进新技术经济体系的形成，推动"十四五"时期的高质量发展，确保全面建设社会主义现代化国家开好局、起好步。围绕着新发展理念，这些重大战略政策包括：

第一，坚持创新发展，推动构建创新引领、协同发展的产业体系，全面塑造发展新优势。创新从根本上决定国家和民族的前途和命运。21 世纪以来，全球科技创新进入空前密集活跃的时期，随着我国进入高质量发展阶段，科学技术的重要性全面提升。当前我国仍存在关键核心技术受制于人、科技成果转化能力不强、顶尖人才和团队比较缺乏等诸多问题，必须坚持创新在我国现代化建设全局中的核心地位。要坚持创新驱动发展，把提高供给体系质量作为主攻方向，支持制造业和实体经济发展；强化国家战略科技力量，在战略性和全局紧迫性领域构建国家创新体系，推进高水平科技自立自强；以企业为主体，提升企业技术创新能力，企业要有恒心、有重心、有决心，制定自主开发战略、融通资金提供财务支持和组织协调人力资源；激发人才创新活力，坚定实施科教兴国战略、人才强国战略；完善科技创新体制机制，着力改革我国科技管理体制不适应建设世界科技强国需要的环节。

第二，坚持协调发展，推动构建彰显优势、协调联动的城乡区域发展体系，促进城乡区域协调发展。我国是幅员辽阔、人口众多的大国，统筹城乡、区域发展一直以来都是重大问题。党的十八大以来，习近平总书记提出京津冀协同发展、长江经济带发展、粤港澳大湾区建设、长三角一体化发展、黄河流域生态保护和高质量发展等新的区域发展战略，以及把乡村振兴战略作为新时代"三农"工作总抓手，核心就是要发挥各地区比较优势，构建优势互补的区域经济布局，同时推动"工业反哺农业、城市支持农村"，因地制宜、精准施策，建成产业兴旺、生态宜居、乡风文明、治理有效、生活富裕的社会主义新农村。

第三，坚持共享发展，推动构建体现效率、促进公平的收入分配体系，促进全体人民共同富裕。共同富裕是社会主义的本质要求，是中国式现代化的重要特征，对于实现高质量发展和社会和谐安定有着重要意义。共同富裕是一个在动态中向前发展的过程，是在高质量发展中持续推动、不断取得成效的过程。要正确处理效率和公平的关系，构建初次分配、再分配、三次分配协调配套的基础性制度安排；加大住房、医疗、教育和社会保障方面的调节力度，重点帮扶低收入群体，促进基本公共服务均等化；扩大中等收入群体比重，增加低收入群体收入，合理调节高收入，推动形成中间大、两头小的橄榄型分配结构。

第四，坚持绿色发展，推动构建资源节约、环境友好的绿色发展体系，促进人与自然和谐共生。随着我国资源环境承载能力接近和达到上限，加快推动经济社会发展全面绿色转型已经形成高度共识。要坚持绿水青山就是金山银山理念，坚持尊重自然、顺应自然、保护自然，坚持节约优先、保护优先、自然恢复为主，实施可持续发展战略，完善生态文明领域统筹协调机制，构建生态文明体系，争取到2035年广泛形成绿色生产生活方式，碳排放达峰后稳中有降，生态环境根本好转，美丽中国建设目标基本实现，加快形成节约资源和保护环境的产业结构、生产方式、生活方式、空间格局。

第五，坚持开放发展，推动构建多元平衡、安全高效的全面开放体系，开拓合作共赢新局面。当今世界正经历百年未有之大变局，新冠疫情大流行使百年未有之大变局加速演进，全球产业链供应链面临重大冲击，逆全球化趋势更加明显，外部环境越来越复杂多变。在新形势下，我们要持续深化商品和要素流动型开放，稳步拓展规则、规制、管理、标准等制度型开放，加快构建更加开放包容的政策和制度体系；依托我国超大规模市场优势，深化国际务实合作，加强安全保障，实现互利共赢，推动共建"一带一路"高质量发展；推动构建新型国际关系，推动全球治理体系朝着更加公正合理的方向发展。统筹发展和安全，着力防范和化解重大风险，包括粮食安全、能源安全、产业链供应链安全、水安全、国家金融安全、国家网络和信息安全等。

构建新技术经济体系的关键点和方向

上一节列出的许多举措给新一轮改革定下了大方向的基调，但只有在充分理解中国目前面临的生产方式与社会需求矛盾的基础上，才能正确解读改革大方向同重塑技术经济体系之间的关系，把握具体改革措施。总的来说，目前我国技术经济体系面临的核心矛盾在于生产方式的调整落后于社会需求的变化。需求中的外需部分开始萎缩，内需部分分化为对非标准消费品的需求与被压抑的对高档标准化消费品的需求。但是目前的大规模生产方式仅适应于全球生产网络的外围部分的要求，先进生产技术落后，无法满足目前国内的多样化需求。伴随外贸发展而快速扩张的产能在供求失调后表现为广泛的产能过剩，因此未来改革的基本方向在于解决过剩产能问题、释放消费需求以及通过产业升级提高供给侧的生产能力。

在这一改革基本方向下，乡村振兴战略就可以成为合理吸收过剩产能的一个重要方面。从总体上来说，当一个地理空间内的过度积累导致产能过剩时，企业可以把过剩的资本转移、引入一个新的地理空间，形成固定资本和消费基金即生产的建成环境和消费的建成环境，使资本过剩在时间和空间上得到修复。就我国目前的现实情况来看，上下游企业的产能过剩都是突出问题。如果可以对下游企业的产能在地理空间上进行重新配置，扩大在农村地区的投资和产能建设，就可以使之成为乡村经济进一步发展，缩小城乡差距的基础动力。配合收入分配体制的改革，释放出农村地区被压抑的对高档标准化消费品的需求，目前过剩的下游企业产能就完全可以在农村地区得到消化。而上游基础性企业的过剩产能则可以通过农村地区的基础设施建设得到化解。目前，农村的生产生活依然面临基础设施还不够完善，尤其是普遍存在"室内现代化、室外脏乱差"的情况。包括道路交通、卫生设施以及地下管网在内的大型基础设施建设可以有效吸纳基础性行业的过剩产能，同时又为下游企业的生产能力释放和相关的消费打下良好的基础。

由于城市需求开始向非标准化消费品转变，这就要求在消化过剩产能之外，必须持续提高生产能力，突破和掌握关键模块的核心技术。在现代模块化生产方式下，一旦市场需求结构发生变化，就要求企业整个生产过程的各个环节或相关部门发生系统性变化。而这种系统性变化的核心是新产品开发中的关键部件创新。一旦掌握了关键部件创新，整个产品系统中的其他模块化组件生产企业就只能追随这种变化。所以掌握产品关键部件的创新决定了企业在全球制造业竞争中的地位，也成为满足非标准化产品需求的关键。因此，我国必将经历从模块组件供应商向关键部件创新领导者的转型。这是我国由制造大国向制造强国转型，迈向高质量发展轨道的必然选择。然而建设关键部件创新驱动的高端制造体系是一项复杂的系统工程，需要政府、企业、高校和科研院所共同参与，构成一个国家制造创新网络。其中，要面向国民经济，以企业为创新主体，构建关键部件开发平台，在产品更新换代的开发创新中不断提高技术能力。但关键部件创新只是实现了技术轨道自主，要使自主设计的技术轨道成为全球制造技术的主导设计标准，必须具有大规模的市场应用机会。[①] 这正是我国巨大市场具有的潜力。

一旦过剩产能的空间重新分布和产业升级完成，就可以构建国内企业生产网络，适应需求结构的动态多样性，这正是我国居民消费存在多层次需求的特殊性所在。从发达国家已有经验来看，企业之间只有构建起弹性

---

① 路风. 走向自主创新：寻求中国力量的源泉. 桂林：广西师范大学出版社，2006.

专业化企业网络，才能及时响应需求的多样性、市场的多变性和技术更新的频繁性。我国应当以掌握产品设计标准和关键部件研发能力的企业为主导，通过开放的产品架构把不同层次的部件和设备供应商连接起来，建立一个长期性的"核心-外围"结构的企业间联合体。核心企业应当从降低成本、节约时间双重导向出发，推动组织结构扁平化，使内部的创新者由单个的科学家、工程师扩展为全体企业员工，将研发与生产融为一体。产品开发与工艺改进应同时进行，持续提高企业运营过程和产品改进的效率。而外围企业为了能在网络等级中占有更好的位置，会不断改进模块的生产参数，使得整个生产网络的企业都致力于持续性创新活动。这种生产网络的生产过程有弹性，且市场反应灵活。核心企业可以集成从产品设计到原材料供应、生产、批发、销售直到最终把产品送到最终消费者手中的各项业务活动，通过定制服务来满足个性化、多样化需求；外围的模块供应商则根据核心企业的产品规则进行大规模生产，有效满足人们对标准化消费品的需求。

尾　论

中国经济转型增长的实践可概括为以下基本经验：

第一，坚持发展是第一要务。发展是改革的目的，也是稳定的保证，生产力的发展主要表现为工业生产的持续发展。生产方式的不断革新是经济增长的核心力量，中国的工业生产能力在质和量的方面都有了显著提升，不断满足人民日益升级的消费需求。坚持实业兴邦、制造强国的发展道路，可以使中国在全球金融自由化的环境下免于落入金融化的陷阱。当前，面对经济新常态，坚持发展仍是解决所有问题的关键，应大力提升自主创新能力，尽快突破关键核心技术，推进工业转型升级，走高质量发展的道路，促进社会生产力不断向前发展。[①]

第二，坚持问题导向原则。改革是由问题倒逼而产生的，又在不断解决问题中深化，中国共产党坚持走自上而下和自下而上相结合的渐进式改革道路，从实际问题出发，随时总结改革经验，摸石过河。党深刻认识到要通过深化经济体制改革和制定中长期规划来解决发展进程中的一系列突出矛盾和问题，重要领域和关键环节的改革已经取得突破性进展，主要领

---

① 习近平. 坚持历史唯物主义不断开辟当代中国马克思主义发展新境界. 求是，2020（2）：4-11；习近平. 在经济社会领域专家座谈会上的讲话. 北京：人民出版社，2020.

域改革的主体框架基本确立。① 随着新的社会需要模式的形成，人民日益增长的美好生活需要和不平衡不充分的发展之间的矛盾是未来深化改革需首要解决的，中国政府已经提出构建以国内大循环为主体、国内国际双循环相互促进的新发展格局。

第三，坚持以人民为中心的发展思想。"最终消费是经济增长的持久动力"②，正是在不断满足人民群众需求的过程中，我国的经济发展取得了卓越的成就。党一直以来都将实现好、发展好、维护好广大人民的根本利益作为一切工作的出发点和落脚点，满足人民的需求是贯穿整个经济转型增长过程的主线，是发展的首要目标。改革开放伊始，一二三产业协调发展的政策、民生导向的发展使得人民日常生活所需的耐用消费品完成了从无到有的转变，满足了人民的消费需求，促进了经济增长；20 世纪 90 年代以来初步建立社会主义市场经济，又从增量上满足了人民新增的对更高质量的消费品的需求，耐用消费品种类增多，国产品牌逐渐占领市场，经济增长再上一个台阶；21 世纪初融入全球生产网络后，人民收入提高，人民消费转向住房、家用轿车领域，带动了上游产业的投资，推动了经济的高速增长。满足人民的需求也是发展的根本路径。

第四，坚持发挥党的强大领导能力。中国的改革能够成功首要归功于中国共产党的领导。首先，中国共产党强大的组织动员能力保证了增长过程中的政治、经济、制度等各方面资源被有效吸纳、整合与动员。在党的统筹、组织和协调下，社会各界利益主体结成命运共同体，坚持全国一盘棋，集中力量办大事，共同应对经济建设过程中的风险和挑战。其次，党领导经济的体制机制创新，在此基础上，中国的发展通过持续推进自主创新战略和培育创新型企业获得了持续的增长。最后，党的领导能力在自我净化、自我完善、自我革新和自我提高的过程中得以延续。

---

① 习近平. 决胜全面建成小康社会 夺取新时代中国特色社会主义伟大胜利. 北京：人民出版社，2017.

② 中共中央宣传部，国家发展和改革委员会. 习近平经济思想学习纲要. 北京：人民出版社，2022；56.

第三编

马克思主义为什么行？

中国共产党为什么能？中国特色社会主义为什么好？归根到底是因为马克思主义行。自中国共产党成立以来，中国共产党人通过将马克思主义基本原理同中国具体实际相结合，在不同的历史时期实现了"两次结合"和"两次飞跃"。新民主主义革命时期，我们党将马克思主义基本原理同中国革命实际相结合，推翻了帝国主义、封建主义和官僚资本主义三座大山，实现了民族独立和人民解放，为实现中华民族伟大复兴创造了根本的社会条件。社会主义革命和建设时期，我们党将马克思主义基本原理同社会主义建设实际相结合，进行社会主义革命和建设，实现了从新民主主义到社会主义的转变，为实现中华民族伟大复兴奠定了根本政治前提和制度基础。改革开放和社会主义现代化建设新时期，我们党将马克思主义基本原理同中国改革的实际相结合，解放和发展社会生产力，使人民摆脱贫困、尽快富裕起来，为实现中华民族伟大复兴提供了充满新的活力的体制保证和快速发展的物质条件。"马克思主义哲学尽管诞生在一个半世纪之前，但由于它深刻揭示了客观世界特别是人类社会发展一般规律，被历史和实践证明是科学的理论，在当今时代依然有着强大生命力，依然是指导我们共产党人前进的强大思想武器。"① 随着中国特色社会主义进入新时代，当前我们党的中心任务是全面建成社会主义现代化强国、实现第二个百年奋斗目标，以中国式现代化全面推进中华民族伟大复兴。实践没有止境，理论创新也没有止境，只有以回答时代提出的问题为目标，继续坚持把马克思主义基本原理同中国具体实际相结合、同中华优秀传统文化相结合，才能正确回答时代和实践提出的重大问题，才能始终保持马克思主义的蓬勃生机和旺盛活力。

当今世界正经历百年未有之大变局，在新一轮科技革命和产业革命蓬勃兴起的同时，全球贫富分化加剧，新冠疫情尚未结束，世界市场随之萎缩，国际贸易和产业分工格局发生重大调整，全球产业链供应链面临重大

---

① 习近平. 坚持历史唯物主义不断开辟当代中国马克思主义发展新境界. 求是，2020 (2)：4.

冲击，不稳定性不确定性明显增加。在国际经济大循环动能的衰退中，处于结构性调整阶段的中国经济的生产体系内部循环不畅和供求脱节现象显现，"卡脖子"问题突出，结构转换复杂性上升，经济增速明显趋缓。[①] 这一切变化都表明，随着经济的高速发展，中国已经从经济文化落后的状态驶入世界前列，当前中国经济遇到的问题将难以从已有理论和历史经验中找到现成答案，必须进一步将马克思主义基本原理同中国新的发展实际相结合。

面对国内外发展条件的深刻复杂变化，习近平总书记创造性地提出了加快构建以国内大循环为主体、国内国际双循环相互促进的新发展格局。"随着外部环境和我国发展所具有的要素禀赋的变化，市场和资源两头在外的国际大循环动能明显减弱，而我国内需潜力不断释放，国内大循环活力日益强劲，客观上有着此消彼长的态势"，"自2008年国际金融危机以来，我国经济已经在向以国内大循环为主体转变，经常项目顺差同国内生产总值的比率由2007年的9.9%降至现在的不到1%，国内需求对经济增长的贡献率有7个年份超过100%。未来一个时期，国内市场主导国民经济循环特征会更加明显，经济增长的内需潜力会不断释放。我们要坚持供给侧结构性改革这个战略方向，扭住扩大内需这个战略基点，使生产、分配、流通、消费更多依托国内市场，提升供给体系对国内需求的适配性，形成需求牵引供给、供给创造需求的更高水平动态平衡。"[②]

自新发展格局提出以来，经济学者进行了大量解读，主要包括四个方面。第一，阐明新发展格局的重大意义和内涵，明确构建新发展格局要在新发展阶段贯彻新发展理念，以统筹发展和安全为核心要义，重塑竞争优势，这是推动高质量发展的重要战略举措。[③] 第二，理解新发展格局的理论逻辑，从经济循环的微观和宏观视角、一般性和特殊性、国内国际循环

　　① 刘鹤. 加快构建以国内大循环为主体、国内国际双循环相互促进的新发展格局（学习贯彻党的十九届五中全会精神）. 人民日报，2020-11-25.

　　② 习近平. 在经济社会领域专家座谈会上的讲话. 北京：人民出版社，2020：4-5.

　　③ 朱鸿鸣. 双循环新发展格局的内在结构与误区廓清. 东北财经大学学报，2020（6）：3-11；马建堂，赵昌文. 更加自觉地用新发展格局理论指导新发展阶段经济工作. 管理世界，2020（11）：1-6；高培勇. 构建新发展格局：在统筹发展和安全中前行. 经济研究，2021（3）：4-13.

的复杂联系方面，考察新发展格局的理论基础。① 第三，梳理新发展格局的历史沿革，认为新中国成立以来我国发展格局的阶段性调整是由国际国内矛盾和中国的发展现实决定的，新发展格局是新形势下国际大循环动力减弱后的必然选择。② 第四，探索新发展格局的实践方案，一方面，要在生产、分配、交换和消费四个环节上深化改革以构建国内大循环，另一方面，要通过高水平对外开放实现国内国际双循环相互促进，具体包括自主创新、促进就业、提振消费、发展新型城镇化、扩大开放、积极开展区域合作等。③

经济学界的已有研究丰富了对新发展格局的认识，但仍存在一些不足之处。第一，从生产、分配、交换和消费的一般规律着手，忽视一般规律在我国不同发展阶段的具体形式和关系。第二，以问题为导向阐释当前经济循环堵点的研究有待深化，经济社会是一个动态循环系统，各个环节环环相扣，哪个环节阻滞，上下游都受影响，而已有研究仅静态地考察了经济循环，忽视了经济循环的动态特征，没能阐明我国经济循环的堵点，给出的解决方案容易顾此失彼，其总体联系有待系统化。第三，我国内循环中的矛盾和部分问题是美国战后几十年来资本主义积累危机的压缩和叠加，表现为产能过剩和供需不匹配等，我国城乡和城市间的不平衡发展正是解决矛盾、构建内循环的突破点，而已有研究多聚焦于纵向的历史分析，鲜有横向的比较分析，没能总结发达国家的历史经验为我所用，且没有考虑到用发展不平衡解决发展不充分的问题。第四，重视国内国际双循

---

① 逄锦聚．深化理解加快构建新发展格局．经济学动态，2020（10）：3-11；董志勇，方敏．新发展格局的理论、历史与实践：以政治经济学为例．教学与研究，2020（12）：15-25；洪银兴．政治经济学视角的新发展格局．马克思主义与现实，2021（1）：7-11.

② 董志勇，李成明．国内国际双循环新发展格局：历史溯源、逻辑阐释与政策导向．中共中央党校学报，2020（5）：47-55；江小涓，孟丽君．内循环为主、外循环赋能与更高水平双循环：国际经验与中国实践．管理世界，2021（1）：1-19；余永定．双循环和中国经济增长模式的调整．新金融，2021（1）：6-10.

③ 黄群慧．"双循环"新发展格局：深刻内涵、时代背景与形成建议．北京工业大学学报（社会科学版），2021（1）：9-16；沈坤荣，赵倩．以双循环新发展格局推动"十四五"时期经济高质量发展．经济纵横，2020（10）：18-25；王一鸣．百年大变局、高质量发展与构建新发展格局．管理世界，2020（12）：1-13.

环，但弱化了国内大循环的主体地位。

习近平总书记提出的新发展格局有着重大的理论和现实意义，是马克思经济循环理论和当前中国经济发展实际的创造性结合。"经济活动是一个动态的周而复始的循环过程"，构建新发展格局的核心就是要"着力打通制约经济循环的关键堵点"，只有打通堵点、畅通国民经济循环，才能增强国内大循环的主体地位，才能在国际大循环中获得新的竞争优势。[①]而如何辨别堵点、疏通堵点，则必须在马克思经济循环理论和中国经济发展实际的结合中寻找答案。"问题就是事物的矛盾。哪里有没有解决的矛盾，哪里就有问题"，"我们讨论问题，应当从实际出发，不是从定义出发"。[②] 构建新发展格局要突出重点问题，抓住主要矛盾，根据马克思的经济循环理论，结合世界资本主义发展与中国发展新阶段，以畅通国内大循环为主体，立足中国国情，借鉴西方发达国家的经验教训，充分发挥中国特色社会主义的优势，合理规划发展路径，统筹发展和安全，实现中国经济高质量发展，成为世界经济发展的典范国家。

第七章介绍了马克思主义经济循环理论。以物质生产为核心，生产、分配、交换和消费构成了人类社会生产与再生产的有机整体，并在资本主义市场经济条件下采取了资本循环这一特殊形式。资本循环总是面临着中断和不平稳，为了应对这一问题，在不同国家、不同历史发展阶段上，资本循环采取了不同的具体形式。以美国为例，二战后美国通过空间扩展、技术创新和国家公共支出等方式，解决了产能过剩问题，迈向了经济增长的黄金年代，并发展出了哈维的资本三级循环理论。20世纪90年代，美国借助模块化和信息技术形成了核心-外围的全球生产网络，解决了福特制大规模生产方式下资本循环的矛盾，形成了弹性专业化、精益生产、弹性企业模型等理论。第八章在经济循环的框架下探讨了我国国际大循环主导的发展格局、国民经济循环的堵点和流行解决方案的不足之处。中国改革开放以来，参与国际大循环，作为模块化部件供应商和装配商加入美国

---

① 习近平．论把握新发展阶段、贯彻新发展理念、构建新发展格局．北京：中央文献出版社，2021：14.

② 毛泽东．毛泽东选集：第3卷．2版．北京：人民出版社，1991：839，853.

主导的全球生产网络，实现了经济快速稳定增长，各生产要素的组合在经济循环的各环节有机衔接，形成了一个螺旋式上升的发展过程。但由于近年来国内外经济结构的深度调整，经济循环各个阶段出现了堵点，包括产能相对过剩、供给不适应需求、高技术与资源能源"卡脖子"三大重点问题。"提振国内消费""改善收入分配""减税降费""发展新基建"等畅通经济循环的流行的解决方案都难以从全局上解决中国当前的问题。第九章讨论了畅通国内大循环的路径和进一步开拓国际大循环的可能方向。为了解决产能相对过剩、供给不适应需求、高技术与资源能源"卡脖子"等问题，首先可以利用乡村振兴战略扩大内需，在疏解过剩产能的同时建设社会主义新农村；其次，推动生产模式和产业组织方式创新，构建"小核心，大协作，专业化，开放式"的新型数字化智能化国内生产网络，在促进国内就业的同时适应需求结构的动态多样性；再次，以企业为创新主体，"有恒心、有重心、有决心"地突破关键核心技术，发挥国家和企业的协同分工作用，建立关键部件开发平台，实现高水平自立自强；最后，结合高水平"引进来"和高质量"走出去"，在利用国际资源、技术和商品引外补内的同时，发挥资金、技术和大规模市场的相对优势以内促外，保障能源资源供给安全，在促进自身发展的同时让发展成果更好地惠及世界。

第七章　马克思主义经济循环理论
与西方发达国家实践

　　经济循环是经济学的重要主题之一，从18世纪重农学派代表人物魁奈创作的《经济表》到古典政治经济学"生产、分配、交换和消费"的三段论分析，再到新古典经济学的循环流向图，经济学界对经济循环的认识不断发展。马克思继承并突破了古典政治经济学的三段论分析范式，运用唯物史观和辩证法，以生产为核心，揭示了人类社会生产与再生产的一般规律，以及资本主义市场经济条件下的资本循环规律。一些国外学者在此基础上结合发达国家的具体发展阶段，分析了资本循环的具体形式，丰富了马克思主义经济循环理论。

一、人类社会生产与再生产的一般规律和资本循环理论

　　马克思从社会个人的物质生活出发，指出生产、分配、交换和消费构成人类社会生产与再生产的有机整体，"它们构成一个总体的各个环节，一个统一体内部的差别"①。物质资料生产是人类生存和发展的基础，"生

---

① 马克思，恩格斯. 马克思恩格斯全集：第30卷. 2版. 北京：人民出版社，1995：40.

产既支配着与其他要素相对而言的生产自身，也支配着其他要素。过程总是从生产重新开始"①。一定的生产决定一定的分配、交换和消费以及它们相互间的一定关系，分配、交换和消费也反作用于生产，"不同要素之间存在着相互作用。每一个有机整体都是这样"②。

人类社会发展是自然的历史过程，"一切生产阶段所共有的、被思维当作一般规定而确定下来的规定"，"不可能理解任何一个现实的历史的生产阶段"。③ 人类社会生产与再生产的一般规律，只能以特定社会形态的特殊形式存在和表现出来。马克思的资本循环理论阐明了资本主义市场经济条件下生产与再生产的特殊形式。单个产业资本为实现价值增殖和资本积累，经过消费周而复始地经历购买、生产、售卖阶段，资本职能形态在货币资本、生产资本、商品资本之间变换，发生货币资本循环、生产资本循环和商品资本循环。循环的第一阶段是购买阶段，即资本家用货币购买劳动力和生产资料。由于"生产的物的因素和人的因素是由商品构成的"，资本家要"通过货币资本到生产资本的转化，来完成这两个因素的结合"。④ 如果要让工人立即开始干活，那么资本家必须"在购买劳动力之前，首先购买厂房、机器等等生产资料"⑤。这要求劳动者和生产资料容易在市场上获得，"要使资本能够形成并且能够支配生产，需要商业发展到一定的阶段，因此也需要商品流通从而商品生产发展到一定的阶段"⑥。循环的第二阶段是生产阶段，即劳动过程中劳动力和生产资料的生产性消费。"生产资本在执行职能时，消耗它自己的组成部分，使它们转化为一个具有更高价值的产品量"，也就是包含剩余价值的商品，生产资本的职能是"资本价值借以生出价值的惟一职能"。⑦ 循环的第三阶段是售卖阶段，即资本家售卖包含剩余价值的商品，获得货币。在这一过程中，"由于卖的速度不同，同一个资本价值就会以极不相同的程度作为产品形成要

---

① 马克思，恩格斯. 马克思恩格斯全集：第 30 卷 . 2 版 . 北京：人民出版社，1995：40.

② 同①41.

③ 同①29.

④⑤ 马克思. 资本论：第 2 卷 . 2 版 . 北京：人民出版社，2004：37.

⑥ 同④40.

⑦ 同④45，56.

素和价值形成要素起作用，再生产的规模也会以极不相同的程度扩大或者缩小"①。

资本循环的顺利进行对资本主义再生产至关重要。"资本的循环，只有不停顿地从一个阶段转入另一个阶段，才能正常进行"，"理所当然的是，循环本身又要求资本在各个循环阶段中在一定的时间内固定下来。在每一个阶段中，产业资本都被束缚在一定的形式上：货币资本，生产资本，商品资本。产业资本只有在完成一种和它当时的形式相适应的职能之后，才取得可以进入一个新的转化阶段的形式"。② 结果是"资本作为整体是同时地、在空间上并列地处在它的各个不同阶段上。但是，每一个部分都不断地依次由一个阶段过渡到另一个阶段，由一种职能形式过渡到另一种职能形式，从而依次在一切阶段和一切职能形式中执行职能。因此，这些形式都是流动的形式，它们的同时性是以它们的相继进行为中介的。每一种形式都会跟随在另一种形式之后，而又发生在它之前……而这些特殊的循环只是形成总过程的各个同时存在而又依次进行的要素……只有在三个循环的统一中，才能实现总过程的连续性，而不致发生上述的中断。社会总资本始终具有这种连续性，而它的过程始终是三个循环的统一"③。三个循环在空间上并存、时间上继起，"不仅每一个特殊的循环都把其他的循环作为前提（包含在内），而且一种形式的循环的反复，已经包含着其他形式的循环的进行"④。单个产业资本循环的总和构成社会总资本循环，"在这个运动中，每一个单个产业资本的运动，都只表现为一个部分运动，和其他部分运动交织在一起，并且受它们制约"⑤。

在资本主义市场经济条件下，平衡是偶然的，单个资本循环会因各种原因停顿。"如果资本在第一阶段 G—W 停顿下来，货币资本就会凝结为贮藏货币；如果资本在生产阶段停顿下来，一方面生产资料就会搁置不起

---

① 马克思. 资本论：第 2 卷. 2 版. 北京：人民出版社，2004：48.
② 同①63.
③ 同①121.
④ 马克思，恩格斯. 马克思恩格斯文集：第 6 卷. 北京：人民出版社，2009：117.
⑤ 同①112.

作用，另一方面劳动力就会处于失业状态；如果资本在最后阶段 W'—G' 停顿下来，卖不出去而堆积起来的商品就会把流通的流阻塞。"① 售卖阶段是最薄弱的一环，面临"商品的惊险的跳跃"，"这个跳跃如果不成功，摔坏的不是商品，但一定是商品所有者"。② "只要现在已经增殖的资本保留商品资本的形式，停滞在市场上，生产过程就会停止"③，"相继进行一停滞，就使并列存在陷于混乱。在一个阶段上的任何停滞，不仅会使这个停滞的资本部分的总循环，而且会使整个单个资本的总循环发生或大或小的停滞"④。对于社会总资本而言，"全部商品产品的消费是资本本身循环正常进行的条件"⑤，社会总产品中生产资料在各个生产部门的分配以及消费资料与社会消费需求之间不能维持恰当的比例关系，将产生生产相对过剩的过度积累危机，表现为商品堆积、劳动力失业、生产资料和货币闲置以及利润率下降等。马克思的资本循环理论阐释了资本主义市场经济中生产、分配、交换和消费中潜在的对抗性关系，并在经济危机中周期性地展现出来。在不同国家、不同历史发展阶段上，资本循环又呈现出不同的具体形式。

二、战后过度积累危机与资本三级循环

二战后，随着战时工业品需求的下降，美国出现了严重的产能过剩，1949 年工业产能利用率一度跌破 75%，失业率最高达到 7.0%，私人投资和制造业企业利润下降了 20% 以上，资本循环面临困难。⑥ 战后 20 年，美国通过空间扩展、技术创新和国家公共支出、发动局部对外侵略战争等方式缓解产能过剩，经历了经济增长的"黄金年代"。首先，空间扩展包括

---

① 马克思．资本论：第 2 卷．2 版．北京：人民出版社，2004：63.

② 马克思．资本论：第 1 卷．2 版．北京：人民出版社，2004：127.

③ 同①48.

④ 同①120.

⑤ 同①108.

⑥ 数据来自 CEIC 全球数据库；美国经济分析局。

国内"郊区化"和国外"马歇尔计划"，分别将国内乡村和欧洲作为新地缘投资空间。前者改造了"乡村建成环境"，在满足住房需求的同时，创造了大量家用汽车等耐用品需求；后者通过对欧洲的战后援助输出了过剩产能。其次，美国政府广泛支持技术研发，形成军工复合体，推动了半导体、电子计算机等重大民用技术创新。[①] 最后，国家福利支出快速增长，支撑国内大规模消费市场，与福特制生产能力相适应，形成了一定程度的大规模生产与大规模消费相互促进的良性循环。[②]

大卫·哈维等学者根据发达资本主义国家缓解产能过剩的实践，提出了资本三级循环理论（见图7-1）。[③] 资本一级循环包括生产和流通在同一期内完成的普通商品（即马克思资本循环理论的研究对象）。资本家通过延长工作时间、变革生产技术和生产组织、组织分工协作和运用固定资本来攫取剩余价值，资本家之间的竞争压力使得劳动过程持续发生革命，生产技术和劳动生产率不断提高。随着生产能力不断扩大，生产资料和消费资料的比例失调，导致一级循环内部产生了相对过度的积累。哈维放松了生产和消费均在一期完成的假设，考察生产时间、流通时间不同的商品为资本循环过程带来的问题，分析了资本的二级循环和三级循环。过剩资本以国家和资本市场为中介，流向长期建设项目，构成资本二级循环，形成固定资本和消费基金，即生产和消费的"建成环境"。[④] 固定资本是资本主义商品生产过程生产出来的，但它与直接投入的原材料不同，它被用作生产过程的辅助，并不直接进入生产过程，其使用周期一般较长。哈维进一步区分了两类固定资本和消费基金。第一类为生产和消费过程中的耐用生产品和消费品。第二类为生产和消费的建成环境（built environment for production and consumption），是由具有不同功能的建筑设施按一定秩序组成的生产和消费过程的空间场所。对建成环境的投资，涉及为生产、流

---

① G. 多西，C. 弗里曼，R. 纳尔逊，等. 技术进步与经济理论. 北京：经济科学出版社，1992：392-393.

② P. 阿姆斯特朗，A. 格林，J. 哈里逊. 战后资本主义大繁荣的形成和破产. 北京：中国社会科学出版社，1991：199-201.

③④ Harvey, D. "The Urban Process under Capitalism: A Framework for Analysis," *International Journal of Urban and Regional Research*, 1978, vol. 2, nos. 1-4, pp. 101-131.

通、交换和消费创建一整套实体景观的过程。建成环境直接为资本积累创造条件，从而将积累过程与地理构造联系起来。资本二级循环着重强调建成环境。建成环境的固定资本投资，"在一年或一年以上的较长时间内不提供任何生产资料和生活资料，不提供任何有用效果，但会从全年总生产中取走劳动、生产资料和生活资料"[①]，不仅提供巨大投资空间，而且改善生产和再生产的物质条件，不断创造新产品新需求。由于资本二级循环需要的投资规模大、周期长，要求有效的金融市场和国家对一级循环和二级循环进行调节，以保证各种形式的过度积累能够转化为自由的货币资本形式，以及控制资本流动的规模和方向。过剩资本借助国家的职能流向社会支出，构成资本三级循环，包括科学研究和与劳动力再生产相关的社会支出（教育、培训、福利和医疗等），前者将科学技术运用于生产以促进社会生产力不断革新，后者能够改善劳动力质量，控制和整合劳动者，以提高生产效率。

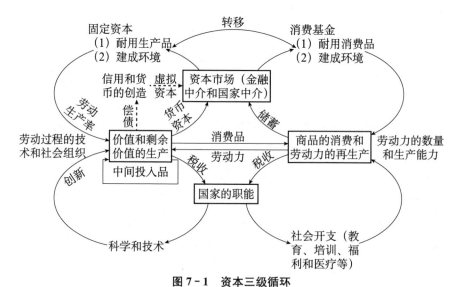

图 7-1　资本三级循环

本地过度积累危机可以进一步通过地理扩张实现空间修复，包括开辟

[①]　马克思.资本论:第2卷.2版.北京:人民出版社,2004:349.

新的市场、资源、劳动力和生产能力等。① 实际上，马克思在对资本循环的分析中已经暗示了资本主义地理扩张的冲动。资本循环的三个阶段都是开放的，"商品来源的全面性，市场作为世界市场的存在，是产业资本流通过程的特点……也同样适用于外国货币"②。这意味着当本区域内循环受阻时，资本能够向别的区域寻找生产资料、劳动力和市场，或者向外输出过剩资本、劳动力等。因此，马克思判断资本主义必然要向全球扩张。商品资本循环的地理扩张在资本主义社会初期就在很大程度上实现了，主要表现为世界贸易扩大。货币资本循环的地理扩张在 20 世纪 60—70 年代开始大幅增加，特征为国际投资的扩张。生产资本循环的地理扩张作为对滞胀危机的回应在 20 世纪 70 年代以后大规模兴起，借助于信息技术的突破式发展，劳动过程得以在全球范围内展开，分工达到极限，原子化成为普遍特征，真正推动资本循环越来越多地在世界水平上运作，更多的发展中国家被纳入全球资本循环，是资本循环空间修复的最新实践。③

但这些所谓"空间修复"的方法只能提供暂时转移资本主义生产方式基本矛盾的场所，而且需要建设发达的金融体系来转移产业资本，造成了更大的危机隐患。④ 资本的二级循环和三级循环并不直接创造剩余价值，而是创造出生产的社会条件，其产出的商品不能通过普通的方式定价，相应的投资也无法以盈利标准来衡量，资本的二级循环和三级循环的投资是否有效与一级循环密切相关，只有当这些投资能够扩大剩余价值生产，从而促进资本积累时，才是具有生产性的。但这些投资的生产性往往要经过很长一段时间才能体现出来，使得资本的二级循环和三级循环本身存在过度积累的倾向，将引爆更大规模的危机。一旦这些领域的生产性投资潜力被耗尽，或者最终证明这些投资并不能够转化为生产力，就将导致固定资本贬值的危机、金融危机以及国家财政危机等。例如 1969—1973 年，许多

① Harvey, D. "Globalization and the 'Spatial Fix'," *Geographische Revue*, 2001, vol. 2, no. 3, pp. 23-31.

② 马克思. 资本论：第 2 卷.2 版. 北京：人民出版社，2004：127.

③ 克里斯蒂安·帕劳，王兴华. 资本的国际化和社会资本循环. 政治经济学报，2015（5）：77-98.

④ 禚明亮. 大卫·哈维谈资本的逻辑与全球金融危机. 国外理论动态，2010（1）：10-12.

发达资本主义国家出现了非同寻常的房地产繁荣，并在 1973 年底崩溃，成为引发滞胀危机的导火索。[①]

三、20 世纪 70 年代福特制危机与生产方式变革

20 世纪 70 年代，随着标准化需求饱和以及国际市场竞争加剧，个性化、多样化需求开始涌现，福特制标准化的大规模生产遭遇困难，阻碍了资本循环和资本积累，必须改变生产方式。经过长期的 IT 技术创新和劳动组织结构调整，20 世纪 90 年代，美国等发达国家借助模块化和信息技术，形成了核心-外围的全球生产网络布局、两头高中间低的 U 形全球价值链。基于可重构的生产系统，发达国家的核心企业负责关键核心部件及专用设备的研发及制造，规定其他模块化部件生产的标准和参数，将生产过程中的劳动密集型环节发包给新兴市场经济体，由它们承担模块化部件的标准化生产和组装，生产过程在全球范围内被模块化分解。穿越民族国家疆界，核心企业通过开放的产品架构把不同层次的部件和设备生产企业连接起来，利用全球系统集成，实现持续的产品创新，及时响应需求变化，高效率、低成本地生产满足全球消费者特定文化需求和适应其生活状况的产品。[②] 在具体实践中，基于核心企业对使用价值生产或价值实现环节的控制，形成了偏向生产者驱动和偏向购买者驱动的两种典型生产网络，核心企业分别利用其对关键核心技术生产和品牌营销及经营渠道的垄断，协调和控制整个外包网络。[③] 无论是哪种形式的生产网络，核心企业都拥有绝对控制权，利用外围企业的"逐底竞争"来压低成本和转嫁风险，导致了具有数量弹性的低技能外围劳动力的供给，这些劳动力面临着

---

① Harvey, D. "The Urban Process under Capitalism: A Framework for Analysis," *International Journal of Urban and Regional Research*, 1978, vol. 2, nos. 1-4, pp. 101-131.

② 约拉姆·科伦. 全球化制造革命. 北京：机械工业出版社，2015：10.

③ 谢富胜，黄盛. 全球生产网络的政治经济学分析. 教学与研究，2015 (8)：49-58.

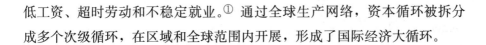

低工资、超时劳动和不稳定就业。① 通过全球生产网络，资本循环被拆分成多个次级循环，在区域和全球范围内开展，形成了国际经济大循环。

全球生产网络与资本循环

伴随着这种生产方式的变化，国家之间以及地区之间贸易经济交往日益密切。对于全球化生产的研究，主流学术界主要有全球商品链、全球价值链和全球生产网络三种理论。全球价值链理论起源于波特用以界定企业的核心竞争力的"价值链"的概念。② 格里菲提出了"全球商品链"的概念，并按主导企业的驱动机制将全球商品链划分为"生产者驱动型商品链"和"买方驱动型商品链"。③ 随着分工生产的日益深化，"全球商品链"的概念越来越难以解释全球化生产网络的新变化。格里菲、亨普瑞和斯特吉恩在2005年提出以"全球价值链"的概念取代"全球商品链"的概念。他们根据企业间的协调机制，将全球价值链划分为五种治理模式，依次对应企业间不同的协调水平和权力的不对称程度。④ 庞特和吉本通过借用惯例理论，以质量标准和惯例的传递机制为核心，构建了一个"标准化"的治理理论。⑤ 在此基础上，庞特和斯特吉恩将联结理论和惯例理论整合在一起，并融入宏观要素，构建了一个包括微观、中观和宏观三个层面的"模块化"理论框架。⑥ 卡普林斯基和莫里斯对价值链中企业主体的升级行

① 拉法尔·卡普林斯基. 夹缝中的全球化：贫困和不平等中的生存与发展. 北京：知识产权出版社，2008：253 - 254.

② 迈克尔·波特. 竞争优势. 北京：华夏出版社，1997：33 - 46.

③ Gereffi, G. "The Organization of Buyer-Driven Global Commodity Chains: How US Retailers Shape Overseas Production Networks," in Gereffi, G. and Korzeniewicz, M. *Commodity Chains and Global Capitalism*, Westpord: Praeger, 1994.

④ Gereffi, G., Humphrey, J. and Sturgeon, T. "The Governance of Global Value Chains," *Review of International Political Economy*, 2005, vol. 12, no. 1, pp. 78 - 104.

⑤ Ponte, S. and Gibbon, P. "Quality Standards, Conventions and the Governance of Global Value Chains," *Economy and Society*, 2005, vol. 34, no. 1, pp. 1 - 31.

⑥ Ponte, S., and Sturgeon, T. "Explaining Governance in Global Value Chains: A Modular Theory-Building Effort," *Review of International Political Economy*, 2013, vol. 21, no. 1, pp. 1 - 29.

为进行了划分①，他们将企业升级的动因归于经济租，企业通过建立某种形式的进入壁垒来保持其租金。② 庞特和吉本认为主导企业所构筑的进入壁垒能够以质量标准等形式传递到价值链中的其他供应商处。③

索科尔以马克思的资本循环理论为基础，构建了一个全球生产网络的资本循环分析框架，对全球生产网络中的价值链进行了一般分析。④ 以图 7-2、图 7-3 为例，将价值链看作一个整体的循环过程，它由三个相互交错的次级循环过程构成。循环一的产出 W_1' 作为生产资料参与到循环二的生产中。则循环二的购买阶段与循环一的售卖阶段相互对接，使循环一所创造的剩余价值得以实现。即 W_1' 以生产资料 PM 的形式参与生产过程 P_2，同时 G_2 的一部分转换成 G_1'。同理，循环二的产出 W_2' 又作为循环三生产资料的一部分参与生产。最终产品 W_3' 中包含着前两个循环过程中所创造出的价值。但循环与循环之间的过渡的实现依赖于价值链中企业间的交易行为。随着价值链中企业间协调水平的不断提高，它们更倾向于采用定期结算方式进行支付。例如，对于循环一而言，其向循环二提供生产资料，价值并不是立刻转化为货币，而是存在一定时滞。这种时滞受到其他循环的周转时间的影响，即每个循环的剩余价值的实现都依赖于价值链中其他循环的剩余价值的实现。另外，专业化的分工协作要求企业间的交易具有一定的资产专用性。专用性水平越高，企业间的相互依赖就越强。这种循环间的相互依赖关系也存在着内在的矛盾，这种矛盾积累到一定程度，就可能发生危机。

这一资本循环的分析框架得到了许多学者的发展和运用。索科尔进一步将地理空间上的资本循环具象为借贷关系下社会空间上的价值流动进行

---

① Kaplinsky, R. and Morris, M. *A Handbook for Value Chain Research*, Ottawa: IDRC, 2001.

② 拉法尔·卡普林斯基. 夹缝中的全球化：贫困和不平等中的生存与发展. 北京：知识产权出版社，2008：71-98.

③ Ponte, S. and Gibbon, P. "Quality Standards, Conventions and the Governance of Global Value Chains," *Economy and Society*, 2005, vol. 34, no. 1, pp. 1-31.

④ Sokol, M. *Economic Geographies of Globalisation*, Cheltenham: Edward Elgar Publishing, 2011.

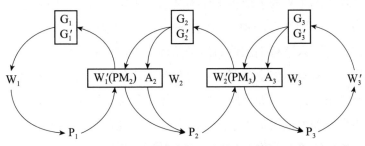

图 7 - 2　全球生产网络中的资本循环

注：G 代表货币，W 代表作为生产要素的商品（包括劳动力 A 和生产资料 PM），P 代表生产过程，W′和 G′分别代表包含价值增殖部分的新商品和货币，下标表示不同国家和地区。

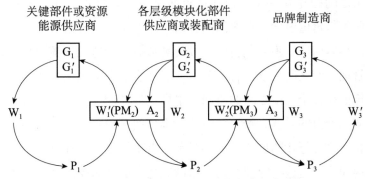

图 7 - 3　生产者和购买者驱动的全球生产网络

注：生产者和购买者驱动的全球生产网络的核心企业分别处于左右两端的次级资本循环中，新兴市场经济体处于中间的次级资本循环中。

了研究。① 他认为在借贷关系中价值在借贷双方之间流动，而贷方又是以利息为目的的。这种资本主义下的借贷关系可以被看作是简单形式的价值流动，贷方的每一笔利息收入都是从借方身上榨取的额外价值，表现出了其剥削性。更进一步，这种借贷关系循环可以扩展到广义的层次，不同的经济主体间也存在某种意义的借贷关系。例如，在资本主义生产关系中，工人以货币的形式获得工资，而价值却从工人流向资本家。资本家作为贷

---

① Sokol，M. "Towards a 'Newer' Economic Geography? Injecting Finance and Financialisation into Economic Geographies," *Cambridge Journal of Regions，Economy and Society*，2013，vol. 6，no. 3，pp. 501 - 515.

方从作为借方的工人身上取得了作为利息的剩余价值。伴随着银行等中介机构的引入，不同社会和地理空间上的经济主体能够联系在一起。家庭、企业和国家都融入这种剥削性的借贷循环之中，从而加剧了社会空间维度上的不平等。索科尔将全球范围内的金融化现象理解为一个社会空间上的借贷循环链条，并对欧洲金融化所造成的不平等问题进行了分析，探讨了金融资本循环如何以借贷关系的形式在时空上塑造了全球经济的不平等。

纽瑟姆以零售业为例，探讨了资本循环过程中生产、分配、交换和消费之间的复杂关系。[①] 纽瑟姆指出货物的产出和配送是零售业价值链的核心职能，并运用布洛维的生产政治理论对其进行分析，强调了物流企业与零售超市之间的相互联系。他通过对两个第三方货物配送企业的案例分析，说明零售价值链中企业之间的关系本质上是由主导的零售商所塑造和控制的。具体而言，主导零售商通过关键绩效指标监控物流供应商的运营环节来管理它们之间的复杂合同关系。这种企业间关系实现了生产网络的联结及价值在各个主体之间的流动。主导零售商能通过与第三方企业的合同关系实现价值的俘获。物流供应商和零售商分别作为价值链参与者，共同构成整个零售行业的价值链循环过程。其中，主导企业通过对生产、分配、交换和消费这些特定环节的关系的塑造，能够影响其他供应商，并通过它们完成价值的实现。

普里查德和法根通过对雀巢公司在东南亚的生产网络的案例分析提出，企业在空间上的经济行为可以理解为资本在价值创造、价值实现和再生产过程中的多样性流动。[②] 他们借鉴了古德曼关于四种具有代表性的积累过程的划分：（1）国际化（internationlisation），经济一体化主要依靠货币和商品的国际流动来推动。常规贸易和金融关系是主导国际互动的主要形式。伴随着国家间的贸易空前繁荣，国际金融市场实现了一体化，而金

---

① Newsome, K. "Work and Employment in Distribution and Exchange: Moments in the Circuit of Capital," *Industrial Relations Journal*, 2010, vol. 41, no. 3, pp. 190 - 205.

② Pritchard, B. and Fagan, R. "Circuits of Capital and Transnational Corporate Spatial Behaviour: Nestlé in Southeast Asia," *International Journal of Sociology of Agriculture and Food*, 1999, vol. 8, pp. 3 - 20.

融市场与实体生产间的分隔也逐渐增大。（2）多国化（multinationalisation），经济一体化主要依赖跨国公司的外国直接投资来驱动。跨国公司采取本土化策略，其国外分支机构对于在当地的销售具有相对的自主权。在空间上，出现了企业为获得原材料而进行全球布局，国家为了获得创新租金而采取出口替代战略，以及企业内部的采购行为等现象。（3）跨国化（transnationalisation），涉及逐渐增加的国际上企业内部的分工。其在组织和治理结构上采用核心控制和垂直一体化的国际生产体系，对于大规模的生产，都采取了标准化的生产策略。（4）全球化（globalisation），经济一体化主要由工业区域之间的交易和协作主导。古德曼将其定义为新的全球化现象作为要素所共同构成的整体进程。① 这种划分虽然有别于资本循环，但在其区分了资本积累循环中的货币、商品和投资资本的流动之后，进一步分析企业经营的空间策略时，就可以运用资本循环理论。普里查德和法根将古德曼的分类与资本循环下的生产、实现和再生产结合起来，分析了雀巢公司在东南亚的空间经营策略。在生产的地理布局上，适用于"多国化"的描述：雀巢公司通过一系列的企业间交易实现生产的安排，在产品加工过程中考虑到区域内各国对于跨国贸易的限制。在价值实现的地理布局上，也适用于"多国化"的描述，雀巢公司的生产收益来源于对地区内代理商的销售收入或与其他区域的子公司之间的企业内交易。在再生产的地理布局上，适用于"跨国化"的描述，雀巢公司通过企业内交易将利润和专利费用转移到持有商标和知识产权的母公司。通过以上分析，他们阐明了对于企业复杂的空间化经营策略，只有在资本循环中的价值生产、实现和再生产过程下才能加以理解。

以上研究从剩余价值的创造与实现出发，分析了全球生产网络中不同循环过程之间的相互联系；聚焦于资本循环和价值流动对于生产、交换和分配各节点相互关系的塑造，并以此来理解价值链中的企业行为；有助于我们分析现实经济中的危机是如何通过价值链在全球经济中得以传播和扩

---

① Goodman，D. "World-Scale Processes and Agro-Food Systems：Critique and Research Needs," *Review of International Political Economy*，1997，vol. 4，no. 4，pp. 663 - 687.

散的。但由于这类研究主要着眼于资本循环过程中企业之间的生产、交换和分配关系，对于企业网络中的权力关系没有进行足够的分析，因而难以理解主导企业如何在日益复杂的市场环境下有效整合及控制价值链中的劳动过程。

弹性专业化与中小企业网络

另外一些学者则以福特制危机后生产组织形式演进为分析核心，从理论上总结了发达国家修复资本循环的经验，强调在消费需求频繁变化的背景下，微电子技术发展使弹性多功能技术得以广泛应用，产品周期缩短，生产及与生产相关的活动（如设计、营销、顾客服务等）被拆分重组，企业内部组织形式和企业间关系发生变化。

派尔、赛伯等人在进一步研究产业分工理论的基础上，发展出了弹性专业化理论，认为中小企业动态联盟逐渐在市场竞争中获得优势，生产组织向弹性专业化的中小企业网络演变，并成为研究"第三意大利"的标准范式。①"产业分工"指的是手工生产体系的经济发展和大规模生产的路径之间面临选择的不确定性的历史时期，偶然的因素决定了哪一条路径被选择。一旦某种选择被制度化，在一个相当长的时期里会不断地被复制出来，从而将其他选择推向经济活动的边缘。但是后来一系列新的历史偶然因素的出现，又导致社会进入一个新的"产业分工"时期，在这一时期，手工生产体系和大规模生产的选择又是不确定的。20 世纪 70 年代以来发达国家出现的"滞胀"为手工生产体系的复兴提供了可能性。例如在被称为"第三意大利"的地区，小工场之间组成了企业网络，并且以数控技术来适应迅速改变的市场，建立了一套新的技术范式——弹性专业化。

消费者需求样式改变和技术创新是弹性专业化企业网络诞生的重要背景。从消费需求来看，大规模生产的标准化产品市场已经饱和，需求的突然变化越来越频繁。从技术创新来看，微电子技术革命中出现的弹性多功

---

① M. J. 派尔，C. F. 赛伯. 第二次产业革命：走向繁荣之可能. 台北：桂冠图书股份有限公司，1989.

能技术的应用使得通过编写新的程序就可采用新的产品线，其结果是出现了相对于规模经济的范围经济，短的生产线就像长的标准化产品生产线一样有效地生产多样化的产品，开发新产品不需要大规模的额外投资，更重要的是，采用弹性技术的成本一直在快速下降，大多数小规模的企业也能采用这些技术。如果需求是稳定的和充足的，以泰勒制的劳动组织为支撑，任务被进一步分化，劳动力技能被机器替代的大规模生产是有效率的。一旦需求稳定性不复存在，企业对此的反应是以弹性技术和范围经济来组织生产，可以通过以细分市场区域为目标的弹性生产来实现。劳动组织涉及分化了的任务的重构和劳动力技能的恢复，向弹性专业化的转变被认为消除了无弹性的泰勒制等级管理结构，从而有利于形成弹性的、扁平的、不严密的结构。当泰勒制劳动分工和任务细化让位于一个更人道的劳动组织时，劳动本身也在改变。在弹性专业化中，劳动以工艺原则来组织，概念和执行的分离被废止了，工人被给予更多的职责和自主权，从而劳动力技能得以重建。这种技术范式下面这个观点为前提，即计算机化代表着与福特主义技术模式的脱离。计算机适应并加强了使用者的生产能力，它恢复了操作者对生产过程的控制，从而是机器从属于操作者，而不是操作者从属于机器。

在专业化的基础上小企业结成了动态的联盟，利用集体的力量进行发明创新，以不断扩大它们的市场并独立于大企业，形成了弹性专业化企业网络。弹性专业化在世界范围内存在四种具体形式：中小企业区域积聚、企业联盟、以自我为中心的企业、工场式工厂。弹性专业化范式的特性包括：（1）弹性加专业化。弹性意味着不断地借着对各部分的重新安排来重新设计生产过程，但同时这些企业又是专业化的，所以重新安排受到产品本身和物质上的限制。（2）限制进入。这是因为，网络是以是否有权享受网络区域内的福利为界限的。（3）对竞争的鼓励。由于想在网络内的既有等级中占有更好位置的内部动力和网络外部的竞争压力，网络鼓励企业进行产品、工艺、设计和过程的持续创新。（4）对竞争的限制。网络对有害于持续创新的竞争如竞相压低工资、降低劳动条件的策略进行限制。但这四个特性的实现必须解决两个问题：一是如何使竞争与合作相协调；二是如何化解整个集体所必需资源的再生产与集体中每个个体缺乏诱因去生产这些资源之间的矛盾。皮奥里和塞希尔指出，解决这些问题不可能依靠价格，而必须依靠认同，要实现认同，就应该把生产活动融入社区更大的生活中。地方自治主义、福利资本主义、家族主义或家长主义都有助于形成特定的社区。

大企业的组织瘦身与核心-外围生产网络

与弹性专业化理论关注中小企业联盟不同，哈里森提出，大企业仍然居于决定性的核心地位，并通过精简内部业务和规模，致力于持续的产品创新和品牌经营等，通过发包和承包，基于"没有集中化的集中"原则，形成以追求更大弹性为目标的核心-外围生产网络，这是福特制后典型的生产组织形式。[①]

这种生产组织形式源于日本的丰田生产方式，由于一系列历史偶然因素，战后日本占主导地位的企业组织从来没有完全采用福特制，而是采用了以丰田生产方式为代表的新生产方式，并且这种生产方式被认为能够取代大规模生产和手工生产，成为 21 世纪标准的全球生产体制。以沃麦克、琼斯和鲁斯为代表的、由 50 多位专家组成的麻省理工学院（MIT）研究小组用了 5 年的时间，对日本汽车工业的生产管理方式进行了系统的调查，对 17 个国家的 90 多家汽车制造企业进行了比较分析，并在 1990 年发表了名为《改变世界的机器》的著名报告。该报告总结了丰田生产方式，指出了它的重大历史意义，认为这是制造业的又一次革命。该报告将日本取得成功的生产方式称为精益生产。精，即少而精，不投入多余的生产要素，只是在适当的时间生产必要数量的市场急需产品；益，即所有经营活动都要有益有效，具有经济性。该报告认为大多数美国企业过于臃肿，应当"精简、消肿"。[②] 此后，美国企业在大规模生产的基础上，借助信息技术

① 班奈特·哈里森. 组织瘦身：21 世纪跨国企业生产型态的蜕变. 台北：远流出版事业股份有限公司，1997.

② 詹姆斯·P. 沃麦克，丹尼尔·T. 琼斯，丹尼尔·鲁斯. 改变世界的机器. 北京：商务印书馆，1999；詹姆斯·P. 沃麦克，丹尼尔·T. 琼斯. 精益思想. 北京：商务印书馆，2002.

的发展，吸收了日本丰田生产方式中及时生产、多技能工人团队合作、全面质量管理、交叉职能团队开发和利用分包网络等策略，发展出了新的大规模定制生产组织，实现了大规模和消费者定制的结合，以低成本向消费者提供定制产品。

核心-外围生产网络的重要特点之一是大企业实行精简生产策略。精简生产即在保留必要的核心活动的条件下缩减业务，将原来由公司总部直接控制的重要活动及附属员工的控制权和雇用权转移到其他部门，把非核心业务外包或转包给外围供应商。例如，日本的丰田生产方式通过各种工作轮训将车间工人培养成能自我管理的多技能的劳动者，减少所有不能增加产品最终价值的间接劳动形式，包括监督活动、质量控制、维护工作和清理工作等等。多技能工人将对质量的关注、机器的维护和清理工作在劳动过程中结合在一起，在如何处理在生产中出现的问题中处于一个特殊的地位，即具有持续改进的能力。而美国大企业则更多地是利用数控技术、计算机辅助设计和制造，与少量的多技能工人结合来实行定制生产，对于大量的非核心业务广泛借助信息技术下的分包网络供应商来实现。精简生产策略使得从数据上看，小企业数量迅速增加，而大企业则由于精简规模也逐渐"小型化"。

信息技术的进一步发展和运用令美国克服了丰田生产方式的种种限制，在全球范围内构建起了核心-外围生产网络。随着标准化电脑软件的出现，非电脑专业人士能够以简易的方式操作电脑，以协调和控制企业内部、跨组织甚至跨国界的生产活动，提高企业进入和退出不同市场的弹性，同时，新技术还能够用于改变生产设计和监控员工的工作绩效，帮助提高产品品质和降低机器组装成本及其他生产成本等等，生产组织具有更大的弹性来应对市场需求的变化，并以低成本向市场供应不同数量的多样化产品。在直接生产过程中，形成了多技能工人与弹性制造系统相结合的团队协作，某些辅助性工作被外包给专业公司或临时工。在企业内部的管理活动中，借助于分布式的客户机/服务器方式（横向信息传递方式）和集成的企业资源计划系统，决策信息可以在同一层次快速传递、共享，决策权直接由作业层自主掌握，高层管理部门通过集成的企业资源计划系统直接掌握着作业层的具体情况，降低了协调成本，使管理层级日益扁平化。在销售活动中，客户关系管理系统可以直接掌握消费者的信息或与其直接交流来实现定制，快速地对市场需求作出反应。在生产网络内的企业协调活动中，供应链管理系统不仅可以加强制造商和供应商之间的联系，而且可以使双方的作业层直接连接，缩短了信息的传递、降低了双方零件的库存成本。

灵活的劳动关系：弹性企业模型

然而，这种核心-外围生产网络也导致员工收入两极分化，带来了"工作贫穷"等新的问题。阿特金森着眼于福特制危机后劳动关系的变化，将研究的焦点放在企业内部的劳动组织和雇用方式上，综合了劳动力市场分割理论、以劳工法为核心的观点以及关于劳动过程中管理部门与工人之间关系的各种理论观点，围绕着核心与外围、功能弹性与数量弹性等概念，强调为应对需求频繁变化带来的市场不稳定，企业采取弹性的工作和雇用方式，实现弹性生产。[①]

消费者需求样式的变化无常导致了市场的不稳定性和不确定性，企业需要相应地采取弹性的工作和雇用方式来实现生产的弹性。企业内部的雇用结构被划分为核心-外围。[②]核心劳动力提供了功能弹性化，他们拥有多种技能并且能在多种任务之间转换，以实现产品多样化。这类人群包括企业内部管理员、设计师和技术员等，获得高薪酬和稳定工作。外围劳动力提供了数量弹性化，他们技能低且更容易被解雇。这类人群包括企业内部的低技能员工和外包机构的临时雇员等，他们薪酬低且就业不稳定，可以满足工作时间和职务要求的变动，为生产提供劳动力市场的数量弹性，使得企业可以迅速应对市场波动并削减成本。在企业层面上，核心-外围被

---

① Atkinson, J. "Manpower Strategies for Flexible Organisation," *Personnel Management*, 1984, vol. 16, no. 8, pp. 28 - 31.

② 这一理论在很大程度上来自强调主要劳动力市场和次要劳动力市场划分的劳动力市场分割理论，即劳动力被分为能获得更多薪资、技能水平更高和职位稳定的核心工人与获得更低的薪资、技能水平低、不需要培训、不稳定的外围工人。

认为代表了为适应变化的产品市场而增加弹性的雇用战略。全职的核心工人对生产过程非常重要，他们提高了企业的功能弹性。另外，外围工人容易被遣散，因为当企业不再需要他们的时候他们就会被抛弃。把兼职工人定位为外围的一个组成部分的做法来自这样一个假定：管理部门认为他们不如全职核心工人对生产那么重要。同时兼职工人一般很难获得职业福利，如企业的养老金计划，员工权利比全职工人少等。这一模型如图7-4所示。

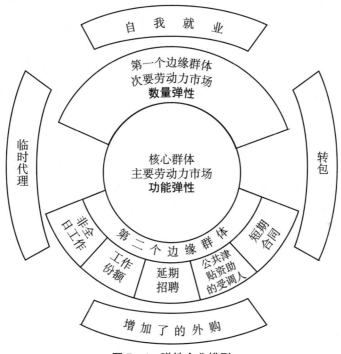

图7-4　弹性企业模型

资料来源：Atkinson, J. "Manpower Strategies for Flexible Organisation," *Personnel Management*, 1984, vol. 16, no. 8, pp. 28-31.

数量弹性化的概念是弹性企业模型的本质，外围工人被认为通过劳动力的规模来向企业提供弹性，而数量弹性化被看作是对变化着的和不确定的产品市场的反应。企业既可以通过短期合同、中介以及自我雇用的方式来雇用这类工人，也可以通过下包以及分包利用小企业内部的工人来实现对这类工人的雇用。企业并不需要外围工人对企业高度的组织承诺，只希望通过这些雇用方式，能借着对不同劳动合约的运用和工作时间的安排，在任何需要之时都可以随时增减这些员工，以使人数和类型都能符合企业生产的需要。这样一群劳动力不仅可以同时满足工作时间和职务要求变动的需要，使得企业可以对无法预测的市场变化迅速作出反应，而且能更有效地降低单位劳动成本。

功能弹性化的概念用于分析企业内部核心劳动力中劳动组织的变化，与把工作分解成细碎的专门任务的福特主义生产组织不同，弹性企业中的核心工人行使着多种职能，即提供了功能弹性化。功能弹性化需要的是多方面的技能，主要表现为一些不同的形式。第一种形式涉及工人应用其他工业技能的横向工作融合，如装配工要通过训练才能完成基本的焊接工作。第二种形式是纵向的任务融合，这涉及工人要完成那些技能要求更高的任务，而这之前是一个独立的团体的专长。如机器的操作者现在要承担更广泛的包括安装、维护和修理机械的职责。

企业实现功能弹性化的方法包括：（1）用另一个同样严格但更宽泛的分类去替代原来的严格的事先定义好的工作分类。（2）建立弹性的原则。它要求工人能完成所有他们有能力完成的工作，并在公司需要时完成任务。因此这种形式的功能弹性化涉及对劳动的有效利用，这种有效利用要与企业的需要一致，而不是与现在对工作的描述一致。核心工人可以创造并维护企业的核心价值，直接从事企业经营的关键性活动，不容易被取代。他们给企业带来独特性，以保持对外竞争力。因此企业必须采取全职性、安全性、高工资的长期雇用策略，以避免核心员工的流失。①

① Atkinson, J. "Flexibility of Fragmentation? The United Kingdom Labour Market in the Eighties," *Labour and Society*, 1987, vol. 12, no. 1, pp. 87-105.

第八章　中国经济循环的问题

作为社会主义市场经济国家，中国的经济循环不仅体现了社会化大生产的一般规律，而且受马克思资本循环规律的支配。与我国经济发展阶段相适应，经济循环有不同的具体形式。中国改革开放以来，参与国际大循环，作为模块化部件供应商和装配商加入全球生产网络，实现了经济快速稳定增长，各生产要素的组合在经济循环的各环节有机衔接，形成了一个螺旋式上升的发展过程。由于近年来国内外经济结构的深度调整，经济循环出现堵点，经济增长的不确定性和风险上升。

一、国际大循环主导的发展格局

在计划经济时期，中国在特殊的时代背景下形成了以重工业为主导、国内大循环为主体的经济循环模式，依靠国内大循环实现了快速工业化的目标。在这一时期，我国主要实行进口替代战略，国际贸易主要是从苏联等国引入较为先进的机器设备，基本上不参与国际大循环。由于工业化建设和国防工业建设对重工业产品有大量需求，同时，人民收入水平较低使得居民对消费资料的需求被抑制，国内经济循环得以稳定进行。然而，

1972 年中美关系正常化，标志着中国对外关系的缓和，此后国际环境逐渐趋稳，我国重工业产品的需求下降，导致重工业产品供给过剩。与此同时，被长久压抑的居民消费逐渐显现，但重工业的生产能力与消费资料的需求并不匹配，经济循环的售卖阶段出现问题，导致整个经济循环受到阻碍，表现为经济效率低下。

1978 年，党和国家领导人正确认识到经济发展面临循环不畅通的问题，实行了改革开放，封闭的国内经济循环逐渐被打开。20 世纪 80 年代，王建提出"国际大循环"战略构想，认为中国应当利用剩余劳动力，出口劳动密集型产品，赚取外汇来支持国内基础工业的发展，带动经济增长。①但改革开放初期，国内经济循环与国际经济循环很少产生联系，国际大循环主导的发展格局并未真正形成。加工贸易以来料加工为主，港澳台和外资企业带来生产资料，在我国境内组织劳动力开展生产，最终商品流向境外，经济循环的售卖阶段和购买阶段都发生在境外，境内只负责简单的装配业务。以笔记本电脑生产为例，当时主要是我国港澳台等地区的企业直接将整个生产过程完整地搬运到我国境内，境内企业被排除在外。因此，这一时期我国企业的技术水平较低，形成了缺乏技术进步的粗放式生产方式。到了 20 世纪 90 年代，加工贸易中的进料加工逐渐超过了来料加工，我国企业已经有能力生产零部件，而非只是简单地组装。我国汽车企业也开始引入大规模生产方式，国内国际循环的隔膜逐渐打开。直到 2001 年加入 WTO 后，中国凭借低成本高素质的劳动力和完整高效的产业链优势，以大规模生产标准化模块部件的方式融入全球生产网络，国际大循环主导的发展格局才得以形成。以"两头在外，大进大出"为特点，我国外向型企业成为全球生产网络的外围部分，承接欧美日韩以及我国台湾等地的发包订单，从澳大利亚、印度、俄罗斯和巴西等国进口能源资源，从日韩以及我国台湾等地进口关键部件，外向型企业为国内大量农民工创造了就业机会，按照核心企业的标准生产、加工和组装模块化部件，将产品冠以核

---

① 王建. 选择正确的长期发展战略：关于国际大循环经济发展战略的构想. 经济日报，1988 - 01 - 05.

心企业的品牌出口（见图8-1）。

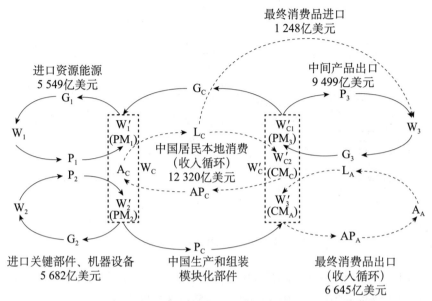

图8-1 中国融入全球生产网络

注：图8-1在图7-3的基础上绘制，以中国参与国际大循环为例，区分进出口的产品类型以及本地或进口消费。A→L→CM→AP→A为收入循环，A为劳动力，L为劳动者的工资，CM为消费资料，AP为劳动力再生产过程。为便于描述，省略了中国生产中间产品在本地使用的环节和G′。数字代表价值流量，根据2014年WIOD世界投入产出表（2016年版）估算而得。

我国参与国际大循环，畅通了国内循环，形成了出口-投资联动的发展模式。强劲的外需带动企业出口，推动农村剩余劳动力转移，加速了城镇化。政府主导的基础设施建设快速发展，人民收入水平提高，缓解了前期改革阵痛带来的"有消费需求但没有消费能力"的问题，大规模标准化的消费市场形成，与承包生产标准化模块部件形成的大规模生产方式相匹配。同时，居民消费结构从"吃、穿、用"等基本消费向"住、行"等提高生活质量的消费转变，催生了住房和家用汽车需求及其产业化。加工贸易业、房地产业、汽车行业以及基础设施建设的快速发展通过产业关联效应带动上游产业产能扩张，推动整体经济增长，形成了产品有市场、投资有回报、企业有利润、人民有收入、政府有税收的良性国民经济循环，改革开放后的中国经济进入黄金增长期（见图8-2）。

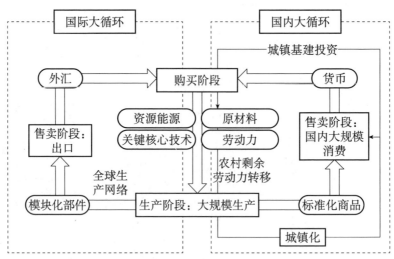

图 8-2　国际大循环主导的发展格局

21世纪头十年，国际大循环拉动国内大循环，开启了中国经济的黄金增长期，兼具规模效应和增长率效应，是经济发展最快速的10年。2002—2011年，我国GDP年均增长率达到10.7%，在2007年更是达到14.2%，年均GDP约为80—90年代的7.5倍。[①] 出口扩张是这一轮高速增长最重要的原因之一，若不考虑国际金融危机及其后的时期，2002—2007年，出口的平均贡献率达到47.5%，相比之下，投资的平均贡献率为45.4%，而居民消费的平均贡献率仅为31.2%。[②] 2002—2011年，我国平均贸易依存度从80—90年代的26.7%平均跃升至53.8%，在2005—2007年间还一度超过60%。从出口的贸易形式来看，1995—2010年，加工贸易均超过了一般贸易，是我国对外贸易的主导形式。加工贸易快速增长的推动力来自大型跨国公司的投资。21世纪初，"《财富》500强"中就已有超过450家在华投资，并且约60%以上都流向了制造业，如电子和通信设备制造业、电气机械制造业、交通运输设备制造业、纺织服装制造业等，而此前我国的

---

① 数据见中国国家统计局，由笔者计算而得。如无特殊说明，下文数据均来自中国国家统计局。

② 居民消费贡献率和固定资本形成贡献率基于支出法国内生产总值核算而得。

境外投资主要来自我国港澳台地区和东南亚国家。

二、国民经济循环的堵点

　　"我国作为一个人口众多和超大市场规模的社会主义国家，在迈向现代化的历史进程中，必然要承受其他国家都不曾遇到的各种压力和严峻挑战。"[①] 国际大循环主导的发展格局，建立在企业以低劳动力成本为基础的大规模标准化生产上，经济快速发展有赖于"世界工厂"的数量和规模优势。随着 2008 年国际金融危机爆发，"大进大出"的外部条件发生变化，同时国内劳动力成本逐步上升，资源承载能力遇到瓶颈，科学技术自主自控的重要性全面上升。我国出口份额于 2013 年超过美国成为世界第一，出口的数量型扩张达到极限，旧的发展模式难以维系。[②] 2012 年后，我国进入增速换挡、结构调整阵痛、前期政策消化三期叠加的新常态发展阶段，面临发展和安全的双重挑战。经济循环各阶段的矛盾开始凸现，形成国民经济循环的堵点，是发达国家在经济发展不同阶段遇到的诸多问题在中国经济高速发展时空压缩过程中的叠加镜像，包括产能相对过剩、供给不适应需求、高技术与资源能源"卡脖子"三大重点问题（见图 8-3）。

　　第一，售卖阶段的需求结构性变化引致多方位的产能相对过剩。在外需方面，我国外向型企业的产品实现高度依赖国外持续稳定的最终消费需求。由于外围企业直接面向市场需求，一旦需求稳定性被破坏，我国企业就将承担外部环境变化带来的风险。与此同时，我国企业对核心企业订单的依赖度高。外围企业通常规模较小，容易产生对核心企业的过度依赖。有研究表明，多数情形下我国外围代工企业有 60％ 的外包订单来自同一家国外企业，一旦核心企业缩减订单或者终止合作，外围企业就会面临全面

---

① 习近平. 把握新发展阶段，贯彻新发展理念，构建新发展格局. 求是，2021（9）：14.
② 根据世界银行公布的数据计算而得。

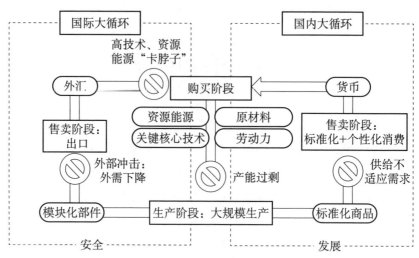

图 8 - 3　国民经济循环的堵点

崩溃的危险。[1] 国际金融危机后世界市场收缩，中国出口增速放缓，导致下游加工企业产能过剩，通过产业关联效应，传导至固定资本投入更大的上游企业，供应链产能过剩加剧。2016 年全国工业产能利用率为 73.3%，在供给侧结构性改革的推动下，2019 年提升至 76.6%，仍处于较低水平。[2] 在内需方面，收入群体水平分层化，使贫富之间形成标准化与个性化并存的动态需求结构。以城镇居民为代表的中等收入群体已超 4 亿，个性化、多样化消费渐成主流；以农村大多数居民为主的约 8 亿人平均月收入低于 2 000 元，维持着标准化消费。[3] 大规模生产使得彩色电视机等日常耐用消费品在城市全面饱和，但在微波炉、空调以及更高档的汽车、计算机、照相机等消费品上，农村拥有量远低于城镇。追求个性化、多样化、高质量商品的城镇居民倾向于购买进口产品，造成消费外溢，2018 年

①　汪建成，毛蕴诗. 从 OEM 到 ODM、OBM 的企业升级路径：基于海鸥卫浴与成霖股份的比较案例研究. 中国工业经济，2007（12）：110 - 116.

②　数据参见中华人民共和国 2017 年国民经济和社会发展统计公报. 中国统计，2018（3）：7 - 20；中华人民共和国 2019 年国民经济和社会发展统计公报. 中国统计，2020（3）：8 - 22.

③　数据来自中国住户调查年鉴，由笔者结合中国总人口数估算而得。

中国进口消费品已达到 2 万亿元。① 农村居民仍消费低成本的标准化产品，并且消费收入比在 2019 年达到 83.2%，表明在当前收入水平下，农村消费扩张和升级的空间十分有限。与此同时，我国流通体制仍存在地方保护、行业垄断和市场分割等问题，物流成本高，不利于国内统一大市场的形成。数据表明，我国居民消费增速从 2011 年的 20.4% 降至 2019 年的 9.0%。

第二，生产阶段采用的大规模生产方式不能及时适应需求结构的变化，降低了实体经济的盈利能力。首先，大规模生产方式使用的是单一功能的专用机器设备，只能低成本地生产标准化产品，无法迅速转换生产线以满足个性化、多样化的需求。其次，大规模生产方式用机械替代人力技能，导致劳动者技能退化②，无法根据需求变化改善生产活动，工资的提高面临企业削减成本和国际"逐底竞争"的压力。最后，大规模生产方式的技术和产品创新频率低，不适应需求的频繁变化。③ 不仅如此，由于全国产业布局缺乏"一盘棋"的统筹规划以及市场导向下地方政府对短期利润的追求，各地区进行重复建设，导致大规模生产方式在地区间趋同。2011—2019 年，我国实体经济盈利能力持续走低，规模以上工业企业营业收入增速下降，总资产收益率从 9.1% 下跌至 5.5% 左右，进一步抑制了实体经济的投资。2012—2019 年间制造业固定资产投资增速连续 7 年下降。货币或被贮藏起来不参与经济循环，或直接离开生产领域，进入金融领域空转。这不仅加大了金融体系的风险，而且加重了实体经济的融资困难，金融、房地产业与实体经济的失衡加剧。

第三，购买阶段面临关键核心技术与资源能源供给"卡脖子"问题，威胁产业链供应链安全稳定。作为全球生产网络的外围部分，我国企业从技术引进中通过自主开发获得的技术创新十分有限，受到发达国家研发技术垄断的严重压制。同时，我国科技创新体制机制并不完善，科技

---

① 根据 2018 年中国非竞争型投入产出表计算。参见中国国家统计局。
② 约拉姆·科伦. 全球化制造革命. 北京：机械工业出版社，2015：20 - 21.
③ 大卫·M. 安德森，B. 约瑟夫·派恩二世. 21 世纪企业竞争前沿：大规模定制模式下的敏捷产品开发. 北京：机械工业出版社，1999：11.

创新存在部门分割、小而散等情况，不利于集中资源进行战略性关键核心技术开发。当前，我国高科技产品关键部件的国产化率很低，即便是自主开发的高新技术产品，仍需要进口关键部件，一旦断供将严重威胁我国供应链安全。半导体产业是被"卡脖子"的典型。2019年，我国半导体进口量达到2.24万亿元，在非资源型六大工业进口品中占比高达63.9%。[①] 同时，大规模生产方式所使用的单一功能机器设备，对资源能源的需求巨大，但由于国内供给不足，我国资源能源高度依赖进口。2018年，石油和天然气、金属矿的进口量和国产使用量之比已分别达143%和82%[②]，上游企业的生产极易受国际大宗商品市场价格震荡和资源能源出口国供给的影响。

长期来看，大国发展不能依赖国际大循环。近年来，西方主要国家民粹主义盛行、贸易保护主义抬头，随着新冠疫情的暴发，全球产业链供应链受到冲击，外部环境正在变得更加不稳定、不确定。面对这些新挑战，我国必须转向以国内大循环为主导，国内国际相互促进的经济双循环。构建经济双循环的新发展格局，核心是要统筹发展和安全，一方面，在畅通国内大循环的过程中实现经济发展，坚持供给侧结构性改革的战略方向，提升供给体系对国内需求的适配性，打通经济中的堵点，提升产业链、供应链的完整性和安全性，使国内市场成为最终需求的主要来源，形成需求牵引供给、供给创造需求的更高水平动态平衡，增强国内大循环的韧性、自主性和可持续性；另一方面，在参与国际循环的过程中维护我国经济安全，顺应世界格局的发展演变，更加积极地开拓参与国际循环的新机遇，继续深化对外开放，化被动为主动，充分利用国际资源和市场，形成对全球资源要素的引力场，既满足国内需求，又提升我国产业的技术水平，形成参与国际经济竞争与合作的新优势。

---

① （6）2019年12月全国进口重点商品量值表（人民币值）. 中华人民共和国海关总署，2020 - 01 - 14.

② 根据2018年中国非竞争型投入产出表计算。

三、流行的解决方案与不足

党中央根据国内外新的形势变化提出的加快构建新发展格局，关键在于国内经济循环的畅通。一些学者提出了"提振国内消费""改善收入分配""减税降费""发展新基建"等畅通经济循环的方案。

第一，"提振国内消费"的观点主张通过刺激国内消费潜力，以庞大的国内市场拉动经济增长。我国内需市场广阔，最终消费占 GDP 比重的一半以上，随着收入水平的提高，我国中等收入群体规模不断扩大，对高质量商品与服务的需求将持续释放，消费对经济增长的贡献率将会持续攀升。近年来，党中央从养老、医疗、信息消费等领域多次对扩大消费进行部署，以期刺激国内消费潜力，形成庞大的国内市场来拉动经济增长。近期，中央部委和地方政府等实施了一系列政策，例如发放消费券、启动购车补贴等以提振消费。然而，提振消费受到居民部门预算约束的限制。一方面，居民部门债务负担日益加重，广发银行联合西南财经大学发布的《2018 年中国城市家庭财富健康报告》指出，尽管中国城市家庭户均资产规模从 2011 年的 97 万元增长到了 2017 年的 150 万元，但房产比重过高，约为 77.7%，不仅挤占了家庭流动性，还意味着中国家庭负债规模较大。结合国家统计局和国家资产负债表研究中心的数据，由于房价等生活成本提高，2020 年底居民部门贷款余额与可支配收入之比已达 140.2%，将严重挤压家庭消费支出，2012—2019 年，居民消费支出增长率从 11.9% 下降至 9.0%。[1] 另一方面，数据显示，2019 年我国仍有 68.85% 的人月收入在 2 000 元以下，规模约为 9.6 亿，其中城镇人口约为 3.2 亿〔由北京师范大学中国家庭收入调查数据库（CHIPS）推算〕。在经济增长乏力的情况下，人均可支配收入增速持续走低，从 2012 年的 13.4% 下降至 2019 年的 8.9%。因此，在居民债务负担日益加重和收入没有实质性增长的双重压

---

[1] 居民部门贷款余额数据参见国家资产负债表研究中心。

力下，提振消费步履维艰。2011年以来，最终消费对GDP的拉动在波动中下降，到了2019年仅为3.5％。

第二，"改善收入分配"的方案认为畅通国民经济循环的关键在于改善收入分配，这是最为大家所熟知、最多人推崇的一种方案，只有收入分配改善才有可能刺激居民消费。居民收入已经成为制约消费增长的关键因素，扩大内需、提振消费要求改善收入再分配，以切实提高人民的收入水平。具体来看，要提高劳动者的工资收入，进一步加大对劳动密集型产业的扶持，提高就业数量和质量，稳定居民（特别是中低收入群体）收入。2012年至今，各地最低工资水平数次上调。上海最低工资水平从2012年的1 450元上调至2019年的2 480元；标准最低的黑龙江（最低档）也从600元上调为1 270元。然而，收入提高在短期内将恶化企业经营成本。由于我国就业人口的约59％（2019年）集中于私营和个体企业等中小企业，且其收入水平普遍偏低（城镇私营单位平均工资约为城镇单位的一半），提高较低收入群体的收入在短期内将进一步加重中小企业的成本负担。在实体企业盈利能力未得到改善的前提下，劳动者收入提高带来的经营成本上升将抑制企业的实体投资意愿。2012年以来，制造业固定资产投资增速持续下降，其中私人控股企业下降速度高于全部制造业企业，表明私营企业实体投资意愿更为低迷。2019年规模以上工业企业总资产收益率为5.5％，制造业固定资产投资增速为3.1％。

第三，"减税降费"论提倡减税降费以降低企业生产成本、提高盈利能力。我国经济发展进入新常态以来，鉴于实体投资回报率不断下降，实体企业的高昂经营成本开始被广泛诟病。在经济下行压力下，为激发市场主体活力，2013年以来我国不断加大减税降费力度，出台了一系列支持实体经济，特别是支持小微企业和科技创新型企业发展的政策措施，以缓解企业的成本压力，提高盈利能力、促进实体投资和经济增长。然而，减税降费会使地方政府财政压力增大且效果甚微。一方面，减税降费带来地方政府财政可持续性问题。经济面临下行压力，地方政府财政收入增长乏力。2019年已有6个省份财政收入下降（其财政收入增长率分别为：吉林－10％、重庆－5.8％、宁夏－4.7％、西藏－3.6％、甘肃－2.4％、黑龙江－1.6％），仅有 8 个省份财政收入增长率超过 5％；2020 年第 1 季度，30 个省份出现财政收入负增长。刚性财政支出易上难下，减税降费进一步加重了地方的财政压力。2019 年，除北京、天津、内蒙古和上海外，其余省份地方财政支出增速均大于收入增速；若从绝对规模来看，31 个省份地方政府收入规模均小于支出规模。另一方面，减税降费实施后，实体企业投资回报仍未有起色。税费只是企业综合成本的一部分，并且成本下降并不能直接提高企业利润，这导致虽减税降费 2 万亿元却并未大幅度拉动经济增长。企业真正面临的是需求问题，营业收入下降才是实体投资回报率下降的根本原因。在外部需求下降、内部需求不振的背景下，企业不愿意追加实体投资，大大弱化了减税降费的政策效果。数据显示，尽管 2016 年以来工业企业主营业务成本开始下降，但由于主营业务收入的下降，2017 年后资产收益率持续下降；2015 年以前资产收益率的下降也可以被认为来自主营业务收入增速的下降（同期主营业务成本增速也在下降）。能够发挥作用的前提是需求改善，经济增长步入正轨。

第四，"发展新基建"论倡导培育新基建为新经济增长点。新基建，即新型基础设施建设，包括 5G 基站、特高压、城际高速铁路和城市轨道交通、新能源汽车充电桩、大数据中心、人工智能和工业互联网等的建设，成为近年来讨论的新热点，被认为提供了生产性服务业和制造业的融合发展真正的应用前景。在消费和出口双疲软的情况下，政府主导的基建投资被赋予了厚望，新基建被认为是经济的新增长点。然而，新基建规模有限，促就业前景未知。一方面，新基建撬动的投资规模有限。根据工信部最新数据和北大光华新基建课题组的测算，预计"十四五"期间新建 5G 基站 425 万个，投资 1.7 万亿元，带动相关产业市场规模约 9 万亿元；预计"十四五"期间人工智能领域投资 1.9 万亿元，带动相关产业市场规模约 6 万亿元。就目前的数据来看，新基建的规模可能仅占传统基建的10％～20％，带动的投资规模也难以弥补投资总量的回落。另一方面，新基建对就业的影响尚未可知。在新基建的七大行业中，5G、人工智能、大数据中心、工业互联网等都属于前沿科技领域，需要相关领域的专业人才，难以缓解当前的就业问题。新基建完成以后，很可能将出现新技术替代劳动力的情况。以新能源汽车充电桩为例，作为一种"无接触加油站"，不仅不能创造就业岗位，反而将替代已有的就业者。发展新基建论的本质是创造新的技术前沿驱动新的产业，从而促进经济增长。但新产业规模始终有限，若仅将创新局限于前沿行业，将限制经济增长，眼下更为重要的是革新在经济中占主导地位的传统制造业。

总的来说，"提振国内消费"和"改善收入分配"从需求侧出发，都试图通过刺激国内消费潜力，以庞大的国内市场拉动经济增长，但它们分别受到居民部门预算约束和企业盈利能力的限制。在企业盈利能力短期未得到改善的条件下，劳动者收入提高带来的经营成本上升将加重企业的成本负担，抑制企业的投资意愿。"减税降费"和"发展新基建"则从供给侧出发，试图利用"节流"和"开源"两个途径，促进企业投资。但税费只是企业综合成本的一部分，减税降费带来的成本下降并不能直接提高企业利润，还会加重地方政府的财政压力。与传统基建相比，新基建规模较小①，且属于前沿科技领域，能否创造大量就业机会的前景并不明朗，甚至可能替代已有的就业者。经济社会是一个动态循环系统，各个环节层层相扣，任何环节遇到阻滞，上中下游都会受影响。以上方案仅考察了对经济循环局部问题的解决，忽略了各个环节的总体联系，容易顾此失彼。

---

① 陆娅楠."老基建"新作为（观象台）. 人民日报，2020 - 06 - 17.

第九章 以问题为导向构建新发展格局

"问题就是时代的口号"①，构建新发展格局是关系我国经济社会发展全局的重大战略任务，需要从总体高度准确把握和积极推进。即以新发展理念为指导思想，在短期内解决经济循环中突出的矛盾和问题，贯通生产、分配、流通、消费各环节，在长期中实现社会主义现代化的远景目标，实现国民经济体系和供求关系高水平的总体动态均衡。立足我国的现实国情，借鉴发达资本主义国家遭遇经济循环中断的历史经验教训，畅通国内大循环可考虑采取以下路径。

一、建设社会主义新农村

畅通国内大循环的战略基点是扩大内需，"农村有巨大空间，可以大有作为"②。2020年，我国农村绝对贫困人口如期实现全部脱贫。以现行

---

① 马克思，恩格斯．马克思恩格斯全集：第40卷．北京：人民出版社，1982：289.
② 坚持把解决好"三农"问题作为全党工作重中之重 促进农业高质高效乡村宜居宜业农民富裕富足．人民日报，2020－12－30.

价格计算，农民收入较 1978 年翻了百倍多。截至 2021 年初，具备条件的乡镇和建制村全部通硬化路、通客车、通邮路，790 万户、2 568 万贫困群众的危房得到改造。[①] "三农"工作的重心向全面推进乡村振兴转移。当前，"乡村建成环境"[②] 落后是首先要突破的瓶颈，将乡村建成环境现代化作为乡村振兴战略的总抓手，着力创造乡村生产和消费活动的物质基础，保障农村社会主义公共产品的供给，改变其发展不平衡不充分的被动落后局面，才能真正建成社会主义新农村。

乡村建成环境建设作为长期的投资建设项目，将吸纳大量投资和就业，在化解过剩产能的同时，能够不断优化农村生产生活生态空间，持续改善村容村貌和人居环境，创造出有利于农村再生产的社会条件。农村居民是乡村建成环境的建设主体，建设工程将吸引部分农民工回流，并促进农村当地劳动力的非农就业。据测算，每亿元建筑业投资完全拉动就业约 450 人。[③] 短期内，新增就业带来的消费需求将带动本地餐饮、住宿、零售等服务业的发展。农村生产生活生态环境的长期改善将吸引更多农民工回乡回土，通过破除影响城乡融合发展的体制机制，加速制造业转移，促进县域经济发展和一二三产业融合，缓解"现代城市病"和"乡村空心化"趋势，同时带动农村教育、医疗等社会保障项目支出，促进城乡基本公共服务均等化和城乡融合，满足农村居民日益增长的美好生活需要，实现协调绿色共享发展。

乡村建成环境建设不仅能带来投资需求，而且有助于提高消费需求。当前，中等收入群体是最主要的消费群体，扩大中等收入群体规模是未来的重要政策目标[④]，提高 5.5 亿农村居民的收入是重要任务。2017 年我国中等收入人口规模已超 4 亿，是全球最大最有潜力的消费市场。按照中国国家统计局的标准，中等收入群体的人均年收入大概在 3.3 万～16.7 万元

---

① 习近平. 在全国脱贫攻坚总结表彰大会上的讲话. 人民日报, 2021 - 02 - 26.
② 根据前述哈维对建成环境的定义，"乡村建成环境"就是乡村生产生活的空间场所，建设乡村建成环境就是为乡村的生产、流通、交换、消费创建一整套实体景观的过程，有利于促进乡村的经济发展和提高人民生活水平。
③ 基于 2018 年中国非竞争型投入产出表，利用局部闭模型估算。
④ 习近平. 国家中长期经济社会发展战略若干重大问题. 求是, 2020 (21)：4 - 10.

之间，2019 年我国 60% 的城镇居民已经达到这个标准，并且处在这一标准区间的中上水平。但仅有 20% 的农村居民人均年收入刚刚超过标准区间的下限，平均约 3.6 万元，而且他们收入的增长率在下降，同时仍有 80% 的农村居民人均年收入在 2 万元以下。[①] 因此，农村居民收入仍有较大的提高空间。农村居民收入主要来自农业就业的经营性收入和工业就业的工资性收入。其中，工资性收入占比持续上升，并于 2015 年超过经营性收入成为农村居民可支配收入的第一大来源，在工业部门就业的农民工对此发挥了重要作用。过去，在国际大循环主导的发展格局下，我国东部沿海地区的出口导向型企业对中西部地区的劳动力形成了巨大的虹吸效应，一大批农民工异地就业，为东部沿海地区的经济增长作出了重大贡献，也提高了农村居民收入。然而，近年来农村居民工资性收入增长乏力，增长率从 2014 年的 13.7% 跌至 2019 年的 9.7%，这在很大程度上是由我国出口下降从而农民工返乡导致的。[②] 随着出口导向型经济发展受挫，东部沿海城市对农民工的吸纳能力逐渐减弱，同时大力发展高端制造业的举措也从客观上降低了对农民工的需求，农民工回流成为必然趋势。从 2014 年起，跨省流动的农民工数量和比例持续下降，农民工更倾向于在省内或本地就业。2019 年，跨省流动的农民工仅有 7 508 万人，比 2014 年下降了 4.6%。[③] 在转换发展方式的关键时期，继续通过鼓励农民工到出口导向型部门就业来拉动农村居民收入已经不合时宜。一方面，农民工在城市工业部门就业的同时，劳动力的再生产是在乡村完成的，由于出口导向型企业面临着恶劣的国际"逐底竞争"，农民工的工资被持续压低，工作极不稳定，也难以获得和城镇劳动者相同的教育、医疗等社会保障。另一方面，多年来，青壮年劳动力的出走导致乡村空心化、老龄化，乡村建设严重受阻，长期中将进一步拉大城乡差距。农村人居环境落后是阻碍农民工返乡和推动新生代农民工出走的重要原因，乡村建成环境建设有助于吸引农民

---

① 数据来自历年《中国住户调查年鉴》。

② 数据来自历年《中国住户调查年鉴》。值得说明的是，农民工工资增长率也相应地从 9.7% 下降至 6.5%。

③ 数据来自历年农民工监测调查报告。

工返乡，提高农村居民的收入和生活水平。与鼓励农村居民到出口导向型部门就业相比，农村地下管网建设工程拉动就业的链条更加安全可控，不仅就业稳定性不会受到外部需求的冲击，工资收入的提高也不会受国际"逐底竞争"的影响，能更好更快地提高农村居民收入，并且住房、教育和医疗成本相对下降，将为消费腾出空间，有助于大规模消费市场的培育。

乡村建成环境建设要抓住以下三个重点。第一，抓重点区域。"十四五"规划明确提出，打造以19个城市群为核心的"两横三纵"城镇化战略格局，这囊括了我国70％以上的人口、约85％的GDP①。应当利用城市辐射效应，重点在这19个城市群周边开展乡村建成环境建设。第二，抓重点领域。地下管网是保障城市高效运行的"生命线"，能够满足供水、排水、燃气、热力、电力、通信、广播电视等各种生产生活需要。但截至2016年末，几乎所有的村庄都没有地下管网②，未来有巨大的投资空间。第三，抓重点问题。由于分散式基础设施成本较高③，开展乡村建成环境建设需要形成集中的长期规模化投资。这意味着，一是要合村并居，以农村居民的利益为核心，遵循村庄演变发展规律，因地制宜、循序渐进地开展工作；二是要保证经营者财务可持续，发挥政府撬动投资的作用，激发民间投资活力，由国有企业承担主要建设任务，同民营企业协作进行。2020年9月，中共中央办公厅、国务院办公厅印发《关于调整完善土地出让收入使用范围优先支持乡村振兴的意见》，要求到"十四五"期末，政府获取的土地出让收入的一半以上用于乡村振兴。若按照每年建设8 000公里、每公里投资1.2亿元计，总量约为第一产业全年固定资产投资的三分之一，持续投资5年可以建成4万公里的农村地下管网，预计满足约5万平方公里综合体的能源需求，相当于惠及500个平均面积为100平方公里的小城

---

① 根据国家公布的19个城市群规划区域，利用县域统计数据估算。

② 魏后凯，刘长全. 中国农村改革的基本脉络、经验与展望. 中国农村经济，2019（2）：2－18.

③ 朱玲. 乡村废弃物管理制度的形成与发展. 劳动经济研究，2019（5）：3－30.

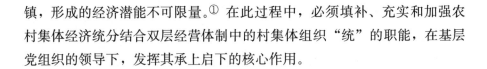

镇，形成的经济潜能不可限量。① 在此过程中，必须填补、充实和加强农村集体经济统分结合双层经营体制中的村集体组织"统"的职能，在基层党组织的领导下，发挥其承上启下的核心作用。

二、构建国内生产网络

畅通国内大循环要深化供给侧结构性改革，解决供需错配的问题，提升供给体系与国内需求的适配性，形成需求牵引供给、供给创造需求的更高水平动态平衡。针对标准化与个性化并存的动态需求结构，企业要革新生产方式，"推动制造业产业模式和企业形态根本性转变"②，加快制造业的数字化、智能化、网络化转型，实现上中下游、产供销有效衔接，构建国内生产网络。

从发达国家的经验来看，20世纪60年代的福特制大规模生产方式和大规模标准化需求相适应，随着产品市场的成熟和消费者收入的提高，个性化需求形成，与20世纪80年代产生的大规模定制模式相适应。立足于我国需求结构的特殊性，应当结合大规模生产和大规模定制，建立一种全新的生产组织，过去20年蓬勃发展的全球生产网络具有很好的借鉴意义。"核心-外围"的全球化弹性企业网络能够及时响应需求的多样性、市场的多变性和技术更新的频繁性，高效率、低成本地生产出满足全球消费者特定文化需求和适应其生活状况的产品。但也正是因为全球生产网络中制造业环节外包，发达国家面临着制造业空心化、就业岗位缩减等难题，因此，我国不应当再模仿发达国家通过向外的产业转移构建区域化生产网络，而要着眼于国内，利用国内区域发展不平衡构建国内生产网络，反过来促进区域协调发展。

现阶段我国企业仍以"纵向协作、条块分割"的大规模生产方式为

---

① 我国将鼓励社会资本参与地下管廊建设运营. 北京商报，2015-07-30；江苏五年内建万座美丽乡村 启动综合管廊省级试点. 新华日报，2016-02-03.

② 习近平. 努力成为世界主要科学中心和创新高地. 求是，2021（6）：6.

主，技术更新滞后，难以根据市场需求及时调整生产。应借鉴全球生产网络的经验，进一步打破行业封闭，扩大引入社会资本，突出核心能力，放开一般能力，推进社会化大协作[①]，推进制造业企业专业化重组，建立"以我为主"的"小核心，大协作，专业化，开放式"[②]的新型智能化网络化生产组织。国内生产网络建设在促进国内就业的同时，将增强供给体系对需求变化的适应性和灵活性，实现协调共享发展。领头核心企业向数字化转型，将剥离非核心的生产制造单元，简化业务流程，推动组织结构扁平化，专注产品开发设计、关键部件创新、品牌经营和系统集成等，加快创新速度。核心企业应对外开放系统标准，争取掌握标准制定权，以便将各层次协作企业纳入生产网络。一部分协作企业应专注某一子系统的研发和技术创新，另一部分协作企业应采用大规模生产方式保证大批量生产，实现专业化和高效率。核心企业应利用数字技术集成，从产品设计到原材料供应、生产、批发、销售等各项业务活动进行新的劳动组织和工艺流程集聚整合，迅速适应需求变化，满足标准化需求和个性化需求。

中国已经具备构建国内生产网络的条件。构建国内生产网络可以依托城市群、经济带等城市空间组织，利用城市群内部发展不平衡，实现区域经济的协调发展。习近平总书记强调，新形势下促进区域协调发展不能简单要求各地区在经济发展上达到同一水平，而是要按照客观经济规律，发挥各地区比较优势，合理分工，促进各类要素合理流动和高效集聚，增强中心城市和城市群等经济发展优势区域的经济和人口承载能力，形成优势互补、高质量发展的区域经济布局。构建国内生产网络正是要打破东部沿海地区的绝对优势地位，利用城市群内部发展不平衡实现区域经济的协调发展。具体来说，结合要素市场化配置改革，加快建设统一开放市场，打破地域分割和行业垄断，发挥各地区比较优势，将核心企业布局在各城市群的中心和副中心城市，利用人才、金融等资源优势形成创新中心，打造

---

① 中共中央 国务院 中央军委印发《关于经济建设和国防建设融合发展的意见》. 国防科技工业，2016（8）：12-14.

② 该表述借鉴了熊文明. 科技创新那些事儿：中国航空发动机的四面突围. 国企，2021（5）：80-83。

区域经济核心增长极；结合乡村振兴战略，将协作企业迁移到中小城市或有条件的县城，利用劳动力成本优势从事模块化生产，形成优势互补、高质量发展的区域经济布局。各城市群要找准定位，主动开拓战略性新兴产业，发展各具特色的产业集群，建立产业体系新支柱。例如长三角城市群致力于芯片制造业，哈长城市群发展新能源汽车产业等，利用先进制造业引领区域经济发展。地方政府要根据当地定位，建设供应链配套的工业园区、打通城市群内部的物流交通网络，积极为先进制造业发展或承接产业转移提供财政支持和融资渠道。目前，我国先进制造业主要集中在以北上广为首的东部沿海地区，这些地区不仅掌握了先进制造业的核心环节，还保留了低端代工厂（如上海的晶硕苹果代工厂），而中西部和东北地区的优势企业更多是能源资源开发和传统制造业企业。东部地区激烈的人才竞争和日益上涨的劳动力成本并没有带来先进制造业大规模的产业转移，主要原因在于其他地区没有承接产业转移的优势条件。实际上，中西部和东北地区已经具备高技术人才和低劳动力成本等方面的优势条件，西安、成都、武汉、合肥以及哈尔滨等地聚集了一批优秀的理工科院校，同时中西部和东北地区的低端劳动力月薪平均比东部地区低 700 元左右，但在配套产业链、物流和资金支持方面还存在不足。国内生产网络的远距离组织和协调需要数字基础设施，我国当前已经具备 5G、工业互联网等技术基础，未来还将加快建设进度，发展新型智能化计算设施等，不断优化国内生产网络的发展生态。[①]

三、突破关键部件创新

畅通国内大循环要靠创新驱动，实现高水平自立自强。我国正处于世界新一轮科技革命和产业变革同我国发展方式转变的历史性交汇期，习近平

---

① 黄舍予. 工信部召开数字基础设施建设工作推进专家研讨会. 人民邮电报，2020 - 04 - 20.

总书记多次指出，我们要抓住机遇，坚持创新是第一动力，在全球科技革命和产业变革中赢得主动权。改革开放以来，我国科技事业发生了历史性、整体性、格局性重大变化，但高新科技的关键核心技术受制于人，是当前经济发展中最大的隐患，关系到国家经济安全、国防安全和其他安全。实现关键领域核心技术自主化，是提高供给体系质量和水平、稳定产业链供应链的重要战略举措。近些年，我国尽管在核心技术研发上投入了大量资金，但科研和经济"两张皮"的现象突出，核心技术成果转化和产业化能力不强，主要问题是好钢没有用在刀刃上，对创新的主体和主攻方向认识不足。

科技创新要面向国民经济主战场，企业是创新主体，"社会一旦有技术上的需要，这种需要就会比十所大学更能把科学推向前进"①。与高校和科研院所相比，企业一方面处于激烈的市场竞争当中，能更快地对消费者需求的变化作出反应，另一方面处于直接生产过程之中，能直面生产过程中的问题，在"干中学"中改进生产技术和工艺，实现增量创新。企业间的竞争和模仿能够进一步促进新技术扩散，带来整个技术体系的变革。因此，企业是创新主体，应当鼓励企业牵头实施重大科技项目，支持科研院所、高校与企业融通创新，加快创新成果转化应用。创新过程具有集体性、累积性和不确定性特征，意味着企业要有恒心、重心和决心，制定自主开发战略，融通资金获取财务支持，以及组织协调人力资源。有恒心就是有长远战略眼光，增强企业创新自信，制定技术研发战略纲要，将创新内化为生产过程的重要环节，始终坚持技术创新。企业要树立顽强拼搏、刻苦攻关的志气，面向客户的需求，准确把握技术创新的方向和重点，坚持创新不动摇，实现技术创新常态化。同时政府要加强知识产权保护工作，激发企业创新活力。有重心就是要通过整合财政科研投入体制，长期持续地为战略性、关键性领域的技术创新提供财务支持。创新需要长期大规模投资，且面临着收益的不确定性，为保持资金投入的连续性，一方面，企业自身要坚持长期战略投资策略，多渠道为创新过程筹措资金，另

---

① 马克思，恩格斯.马克思恩格斯文集：第 10 卷.北京：人民出版社，2009：668.

一方面，政府要建立健全科技创新导向的资金支持体系，包括开拓科技型企业的直接融资渠道、实行有针对性的创新优惠政策、加快建设产学研协同创新平台等。有决心就是坚定不移实施创新驱动发展战略，深化人才发展体制机制改革，通过组织建构整合内外部人力资源，进行知识和经验的创造性转化。创新的关键在于构建开放的集体学习过程，要求企业对内要重视员工的集体学习和互动合作，培育和开发员工的多元化知识和技能；对外要积极开展校企合作，共建产学研创新实体，通过企业对技术创新方向的把握促进科研院所攻关基础科技领域，为企业创新提供新理论新知识的同时在基础创新方面取得重大突破。此外，还要充分调动全球人力资源，整合内外部创新能力，聚天下英才而用之。[①] 技术创新具有外部性和公共产品属性，要发挥国家和企业的协同分工作用。在战略性和全局紧迫性领域构建国家创新体系，以大型国有企业为主导，发挥政治和资源优势，促进创新参与者自有知识的聚集、整合与创造。在竞争性和局部紧迫性领域，政府引导为企业创新提供资源支持和保障，政府要支持具备创新能力的行业领头企业联合高校、科研院所和行业上下游企业，共建企业创新网络，发挥大企业的支撑作用和小企业的创新作用，实现创新发展。[②]

不同时代的技术条件、技术知识体系、产品建构和需求体系各不相同，制造业技术创新的重点也不一致，企业开展创新前必须明确核心技术，找准主攻方向。20 世纪中叶以来第三次科技革命兴起，对功能多元、品质优良的产品的需求增加，而 21 世纪制造业的竞争优势正是来自对变幻莫测的市场作出快速响应的能力，一旦需求发生变化，企业要能够快速调整产品系统以适应需求，这要求产品开发和生产过程具有可重构性，产品建构的模块化与关键部件的集成化使企业得以低成本地生产多样化产品。[③]

---

① 习近平. 在网络安全和信息化工作座谈会上的讲话. 人民日报，2016 - 04 - 26；威廉·拉让尼克，玛丽·奥苏丽文. 公司治理与产业发展：一种基于创新的治理理论及其经验依据. 北京：人民邮电出版社，2005：295 - 304.

② 中华人民共和国国民经济和社会发展第十四个五年规划和 2035 年远景目标纲要. 北京：人民出版社，2021：18.

③ 宋磊. 中国版模块化陷阱的起源、形态与企业能力的持续提升. 学术月刊，2008（2）：88 - 93.

在可重构制造系统中，改变模块化部件或其连接方式可以快速调整产品的功能，而关键部件规定了其他零部件的设计标准和连接方式，它的突破创新将改变整个产品结构的设计，其他零部件的设计也要追随这种变化，掌握关键部件设计规则的企业将掌握竞争的主动权。关键部件是当今制造业创新的重中之重，其开发水平代表关键核心技术的创新能力。发达国家领头企业牢牢控制了关键部件的设计规则，而我国企业只能通过生产模块化组件分享微薄的利润，在向价值链中高端攀升的过程中时刻面临着"卡脖子"难题。在这种情况下，我国更要大力发展关键部件创新，实现关键部件的国产化，努力从生产模块化组件的追随者转型成生产关键部件的引领者。

企业实现关键部件自主创新，需要在长期的研发实践中建立自己的关键部件开发平台。关键部件创新是从 0 到 1 的过程，研发难度很高且面临的不确定性很大，要求企业必须长期坚持自主创新，将每一代自主研发成果都作为一个平台，持续性地进行研发活动，不断试验、改进、再试验，在这一过程中学习、累积及利用技术、知识和经验，逐渐提升关键部件性能、改进接口标准。在构建关键部件开发平台的过程中要注意以下三点。第一，明确研发对象，提供研发必备条件。以关键部件开发为起点，明确研发序列，一轮一轮持续推进；持续投入人财物资源，始终坚持推进研发，重点关注技术能力的成长。第二，建立积累和利用经验知识的组织机制。企业可以通过编写操作指南与规范、建立数据库、召集组会例会、共建团队文化等方法推动组织学习，不断积累生产、研发、成果应用、信息反馈过程的实践经验，同时通过向扁平化、平台化的企业组织转型实现经验知识的有效利用，保证研发、应用、反馈流程的信息通畅，能够时刻根据客户需求灵活反应。第三，整合外部资源，实现协同创新。首先，要推动外部供应商持续创新以符合关键部件的新标准。其次，形成企业间强强联盟，协同创新攻关。最后，以问题为导向，引导高校和科研院所持续进行基础研究，并利用国内超大市场规模的优势，组建产学研用联盟，加强战略、技术、标准、市场等沟通协作。

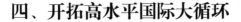

四、开拓高水平国际大循环

中国经济的发展是世界经济发展的重要组成部分。习近平总书记多次强调新发展格局不是封闭的国内大循环，而是开放的国内国际双循环，开放的国内国际双循环要求以共商共建共享为原则，通过发挥内需潜力，使国内市场和国际市场更好地联通，利用国际国内两个市场、两种资源，更强劲、更可持续、更安全地发展。过去中国以加工贸易的方式被动地参与国际大循环的道路已经被证明是行不通的，应当认清世界发展大势，顺应时代发展潮流，化被动为主动，开拓构建国际循环的新机遇。

2008 年国际金融危机爆发后世界经济格局的变化

过去，我国以被动地融入和适应国际经济大循环为主，无论是商品生产、货物出口还是国际经济合作，都在发达国家制定的规则下开展，为了加入发达国家的"朋友圈"，不得不被动接受不公平的规则和条件。后金融危机时期，发达国家集体进入经济调整期，贸易保护主义抬头，加大了中国被动参与国际经济大循环的困难。然而，在发达国家经济实力相对下降的同时，以中国为代表的发展中国家和新兴经济体的整体力量迅速上升，全球经济格局正在重塑，为我们转变参与国际大循环的方式带来了新的机遇。

自 2008 年国际金融危机爆发以来，发达国家经济实力相对下降，发展中国家和新兴经济体正在以惊人的速度崛起。以中国为代表的发展中国家和新兴经济体的整体力量迅速上升。新冠疫情大流行前，中国、印度、俄罗斯、巴西、印度尼西亚、墨西哥和土耳其等七大新兴经济体按购买力平价计算的 GDP 总量在 2012 年已超越了原"七国集团"。[①] 国际金融危机后，发达国家的 GDP 增长率普遍低于世界平均水平，维持在 0～3％，而

---

① 数据来自世界银行。

广大发展中国家却表现出了极强的增长态势，GDP增长率远超过发达国家。长期来看，发展中国家在世界经济中的地位将越来越重要。随着经济体量的不断增大，中国走近了世界舞台的中央，逐渐成为全球经济循环的枢纽。在全球生产网络中，中国通过进口技术设备、出口零部件和最终产品与发达国家产生经济联系，同时还通过进口能源资源等初级产品、出口最终产品与发展中国家产生经济联系①，成为沟通世界经济的中介。中国的全球贸易份额在2005年超越日本，在2010年超越德国，在2014年超越美国。图9-1和图9-2展示了2018年按人均GDP升序排列的世界各国与中国的货物贸易比例，可以发现各国从中国进口货物的比例密集分布在0~40%之间，有的国家甚至达到了60%~80%，并且人均GDP较低的发展中国家与中国的进口联系更强。此外，尽管各国向中国出口货物的比例相对较低，但仍有相当一部分国家在20%以上，并且该分布在发达国家和发展中国家之间没有明显差异。

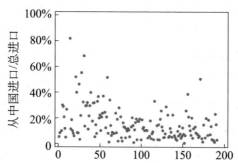

图9-1 2018年世界各国与中国的进口联系（按人均GDP由低到高排列）
注：横坐标是人均GDP排名，数字越大代表人均GDP越高。下图同。

这些转变表明发达国家主导的国际经济循环日渐式微，新的国际经济循环会呈现出多极化的趋势，以中国为代表的发展中国家和新兴经济体将作为中坚力量发挥重要作用。2013年，习近平总书记深刻认识到世界经济格局的变化，提出共建"一带一路"倡议，以基础设施互联互通为依托，推动各国加强政治互信、经济互融、人文互通。2020年，中国与东盟、日

---

① 这是一个粗略的概括，比如澳大利亚也向中国出口资源品，但整体来看可以成立。

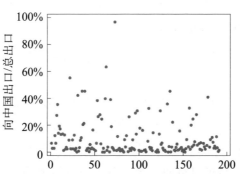

图 9 - 2　2018 年世界各国与中国的出口联系（按人均 GDP 由低到高排列）

本、韩国、澳大利亚、新西兰共同签署了《区域全面经济伙伴关系协定》
（RCEP），与欧盟完成了中欧投资协定谈判，并深化了加强中国与世界各
国的经济联系的重要举措。新冠疫情的大流行，以及拜登政府延续前任的
地缘政治经济政策，使世界格局的变革日益复杂化。习近平指出："当前，
新冠肺炎疫情延宕蔓延引发多重危机，国际社会多年积累的发展成果遭受
严重侵蚀，发展中国家面临前所未有的冲击和考验。"① 面向未来，我国要
扬优势抑劣势，主动谋划，克服障碍。要依托区域合作平台，在保障发展
安全的前提下，将高水平"引进来"和高质量"走出去"相结合，将引外
补内和以内促外相结合，形成全方位、多层次、多元化的对外开放格局，
使国内国际双循环相互促进，实现开放共享发展。

高水平"引进来"，利用国际资源、技术和商品引外补内

中国的发展离不开对外开放，改革开放 40 多年的实践启示我们，开放
带来进步，封闭必然落后，只有充分利用国际资源和市场，国内循环才能
更加畅通，整个经济的盘子才能越做越大。高水平"引进来"意味着，从
资本循环来看，$G—W$ 和 $W'—G'$ 阶段仍需要扩大对外开放，除继续高水
平引进外资外，还要引入国际资源、技术和商品补链强链，一方面，在保
证产业链供应链安全的前提下加强在资源、技术方面的多元化国际合作，

---

① 习近平继续出席二十国集团领导人第十六次峰会．人民日报，2021 - 11 - 01.

另一方面，在打造中国品牌的同时，主动扩大进口，充分利用国内大规模市场，实现国内外产品良性竞争，满足居民对美好生活的需要，实现从"世界工厂"到"世界市场"的转变。具体措施包括以下三点。

第一，推动高水平的资源、能源合作项目。我国是资源能源消费大国但本土供应量较低，必须提高资源能源的自我保障能力。[①] 在能源方面，尽管我国已经在推动低碳节能经济，开发新的替代能源（如页岩气）以及发展本土可再生能源等来缓解能源依赖，但由于技术和产量问题，很长一段时间内仍需要大量进口石油和天然气。在资源方面，与需求量相比，我国铁矿和铜矿等大宗金属矿产的储量并不丰富。以铁金属为例，2019年中国储量约为69亿吨，仅占全球的8%左右。[②] 因此，我国能源资源不可能完全实现进口替代，推动高水平的能源资源合作对维护大宗商品供应链安全至关重要。具体来看，在实际开展合作中要注意以下三点。首先，以"一带一路"为依托，通过基础设施联通实现能源资源贸易畅通。中缅油气管道、亚马尔液化天然气项目等能源基础设施，以及达尔文港、欧亚铁路等交通基础设施都帮助降低了能源资源的运输成本，缩短了流通时间，未来应当继续加强和能源资源进口国的基础设施项目合作，力争在更大范围内实现能源资源贸易畅通。其次，加强多边合作，实现安全和可持续发展。目前我国大部分石油、天然气、铁矿和铜矿分别从俄罗斯、中亚国家、澳大利亚和拉美国家进口，在继续加强与这些国家的合作的同时还要推动与其他发展中国家的资源能源合作，开发资源能源的后备供应力量，以防断供和抬价等不稳定因素威胁到供应链的安全和可持续。最后，挖掘绿色清洁能源的合作潜力，实现绿色发展。"一带一路"相关国家可再生能源丰富，未来可以围绕着核电、风电、光伏、智能电网、智慧能源等领域，加强在资金、技术和人才方面的合作，推动全球能源转型。

第二，加强高水平的科技引进。自主创新绝不是关起门来搞研发，而是要坚持开放创新。中国解决关键产业核心技术自主可控的瓶颈问题，离

---

① 习近平.咬定目标脚踏实地埋头苦干久久为功 为黄河永远造福中华民族而不懈奋斗.人民日报，2021-10-23.

② 参见美国地质勘探局的矿产资源摘要（2019）。

不开充分利用开放创新。目前我国一些高科技前沿领域的技术水平与发达国家相比仍存在较大差距，应当在重点领域以超大规模的国内市场为引力，加强与相互竞争中的发达国家的科技合作。具体要做到三个明确。一是要明确重点合作对象，在美国全面打压中国制造业发展的背景下，应当加强与欧盟、日韩等国的合作。欧盟、日本和韩国在全球范围内率先完成了工业化，长期保持世界工业的领先水平，在先进制造业方面也具有相当的竞争力。中国与欧盟、日本和韩国的科技合作历史悠久，可以追溯到20世纪80年代，未来"一带一路"和RCEP平台将成为加强国家间科技合作的重要基础。二是要明确重点合作领域。根据欧盟出口到中国的产品结构①，中欧在交通运输、航天、医药等领域有较大的合作前景。以生物制药为例，欧洲在生物技术产业方面有强劲的基础研究实力，但成果转化率却大大低于美国，主要原因是资金不足②，欧盟委员会发布的多项报告也表达了希望在科技领域利用中国资金与中国开展科技合作的意愿③。根据日韩出口到中国的产品结构④，中国与日本和韩国则可以在芯片、光学仪器等行业进行深度合作。在全球正经历数字变革的背景下，中国与欧盟和日韩还要加强新兴产业方面的技术合作，如5G、量子计算机、人工智能等，抗击美国的对华"长臂管辖"制裁。三是要明确科技合作方式。习近平总书记多次强调核心技术是买不来的。过去我国用市场换技术的路子已经行不通了，新发展格局下的科技合作要注重研发环节的合作而不仅仅是购买技术、模仿技术。具体方式包括开展联合研发项目，在我国长三角等科技资源聚集区设立联合研发中心；加强高科技人才的合作与交流，以一流环境吸引国外科技英才，充分利用国外创新资源鼓励国内科技人才到海外学习；建设企业自己的技术研发平台，我国企业通过海外收购掌握技术资源的部分成功经验表明只有对接企业自身具有强大的自主创新能力，才能使技术为我所用。

---

① ④　参见深圳商务局。

② Deu，F. and Silva，J. "Biotech in Europe：A Strong Foundation for Growth and Innovation，" McKinsey，2019 - 08 - 23.

③　参见中华人民共和国科学技术部。

第三，主动扩大进口，引进高水平的国外消费品。目前中国仍然是出口大国，大规模消费市场的优势还没有发挥出来。2019年中国贸易顺差为2.9万亿元人民币，与出口相比，中国与世界各国的进口联系相对较小。过去一段时间内，我国消费者购买境外产品的途径主要包括海外旅游、代购等"人肉"方式，近十年来我国居民境外旅游支出快速增长，2018年达到2 773亿美元。[①] 然而，随着2019年初跨境电商税收政策的调整，境外旅游支出迅速下降了226亿美元，同时我国进口跨境电商用户规模比2018年增长了41.24%，达到1.25亿人，进口电商市场规模扩大了30%，达到2.47万亿元人民币，表明中国市场蕴藏着巨大的消费潜力。[②] 正如习近平总书记所言，"中国市场这么大，欢迎大家都来看看"。我国依托RCEP等自由贸易协定，通过降低税费、打造免税区、简化海关程序、举办国际进口博览会等方式加速贸易便利化，在一些非战略性消费品行业主动扩大进口，实现国内品牌和国外品牌的百花齐放，不仅能对外分享中国发展红利，而且可以更有效、更快地满足人民日益增长的美好生活需要，同时倒逼本土企业自主创新，加强中国品牌的锻造，与国外品牌形成良性竞争，促使我国产品与国际标准接轨。

高质量"走出去"，发挥资金、技术和大规模市场的相对优势以内促外

建设开放型经济新体制、构建新型国际循环不仅要求高水平"引进来"引外补内，更要求高质量"走出去"以内促外。"国内循环越顺畅，越能形成对全球资源要素的引力场，越有利于构建以国内大循环为主体、国内国际双循环相互促进的新发展格局，越有利于形成参与国际竞争和合作新优势。"[③] 要在打通国内大循环的基础上，对外提供资金、技术和商品的延链扩链，实现从引进外资到对外投资、从引进技术到输出技术、从出口低端产品到中高端产品的三个转变，在促进自身发展的同时，让中国的

① 旅游支出来自国际收支平衡表借方。
② 张大卫，喻新安. 中国跨境电商发展报告（2020）. 北京：社会科学文献出版社，2020：4-6.
③ 习近平. 国家中长期经济社会发展战略若干重大问题. 求是，2020（21）：5.

发展成果更好地惠及世界。具体包括以下三个方面。

首先，积极开展对外投资，实现基础设施建设和产能合作等领域的高质量发展。经济快速发展使我国积累了大量外汇储备资金和优质产能，为开展对外投资提供了坚实的基础。2013年以来，我国利用"一带一路"平台与共建国家在基础设施建设和产能合作方面取得了显著的成果，对外投资工程完成营业额逐年增加，帮助多个国家建设了交通、通信和能源基础设施，中国高铁、核电走出国门，一批采用中国装备和技术的钢铁、有色金属、建材等领域重大项目稳步实施，截至2018年累计投资额达2 029亿美元。当前，"一带一路"建设进入高质量发展的新阶段，要进一步"推动形成基建引领、产业集聚、经济发展、民生改善的综合效应"①。具体而言，第一，兼顾基础设施建设和产能合作的经济效益和社会效益。一方面，要做好项目评估工作，确保项目具有可操作性、风险可控性、投资可持续性以及投产后的盈利性；另一方面，要注意实施雪中送炭、急对方之所急，能够切实提高国家经济实力、创造就业机会，改善民生且低碳节能环保的工程。第二，加快形成支持基础设施建设和产能合作的金融保障体系。通过央行合作、设立多边金融机构、资本市场合作等引导社会资金共同投入共建国家基础设施、产能合作等项目，并为"走出去"的企业提供外汇资金支持。第三，推动第三方市场合作，形成开放包容、多方共赢的合作格局。在与发展中国家开展基础设施建设和产能合作的过程中吸引更多的发达国家参与，将发达国家的技术和管理经验、中国的资金和设备以及发展中国家的需求相结合，实现项目建设的低风险、高效益和高质量。②

其次，实施对外科技合作，帮助发展中国家实现民族经济现代化。我国在提升自主创新能力、实现产业链安全可控的同时，以发展中国家为对象开展对外科技合作是中国科技走向世界并推动世界经济发展的重要举措。一方面，相对落后的发展中国家可以学习到先进技术，解决经济发展过程中的困难、补齐重大科技项目的短板；另一方面，我国也能够拓宽技

---

① 习近平. 高质量共建"一带一路"：在第二届"一带一路"国际合作高峰论坛圆桌峰会上的开幕辞（2019年4月27日，北京）. 人民日报，2019-04-28.

② 胡必亮. 共建"一带一路"：进展与前瞻. 中国外汇，2020（4）：28-29.

术应用市场，在针对各国实际需求调整技术的实践中改善自己的科技水平，提高面对不同需求的适应能力。[①] 近些年，我国凭借在农业、装备制造业、航天产业等方面的相对优势，通过共建科技合作平台、开展联合研究和技术示范、举办援外技术培训班等方式帮助许多国家解决当地的现实经济问题。例如，帮助哥斯达黎加培育新农作物品种，帮助非洲干旱地区缓解缺水难题，帮助巴基斯坦补足在预警机等军品方面的短板，等等。新时期对外科技合作的开展要注意三个问题：第一，加强顶层设计。当前我国在对外技术合作方面主要集中于对发达国家的技术学习，而对与发展中国家的技术合作关注不够。中国的强国之路必然要经历科技的高质量"走出去"，现阶段可以先以发展中国家为技术输出对象，做好顶层设计和战略规划。第二，提高资金投入。从数据来看，2019 年科技部对外援助支出约为 8 863 万元，占总对外援助支出的 1% 左右。尽管对外技术合作还有其他形式，但对外援助数据也从一定程度上表明我国资金投入有限，应当加大资金投入力度，从"授人以鱼"向"授人以渔"转变。第三，拓宽合作领域。未来我国要继续拓宽科技合作的范围，不仅包括 5G、人工智能等数字新兴产业，而且包括金融科技等技术服务领域。

最后，加快建设品牌强国，推动中国制造走向国际高端市场。近年来，随着中国制造业的快速发展，"国货崛起"成为实实在在的趋势，"中国制造"正在撕掉低端的标签，迈向中高端市场。在最终消费品领域，以华为为代表的国产智能手机迅速发展。2019 年，尽管面临海外市场打压，但华为的市场份额仍然超过苹果，达到 17.6%，仅次于三星，加上小米和 OPPO，中国品牌在世界智能手机市场的份额达到 35.1%，并且进入了 4 000 元以上的中高端市场。[②] 在装备制造领域，高铁已成为中国装备制造的一张亮丽的名片，营业里程、运营速度和客运量均位居世界第一。在零部件等中间产品领域，中国（含香港地区）有 7 家企业入围 2019 年度全球汽车零部件配套供应商百强榜，仅次于美国、日本和德国。然而，尽管

---

① 袁于飞.让中国的科技创新造福全人类.光明日报，2019-04-18.
② IDC：华为超越苹果 成为 2019 全球智能手机出货量第二.新浪科技，2020-02-04.

"中国制造"已在中高端市场崭露头角，但整体上在全球生产网络中仍然处于低端制造位置，需要在关键核心领域抓紧解决"卡脖子"问题。这要求我们既要看到优势，拉长长板，巩固提升优势产品的国际领先地位，拉紧国际产业链对我国的依存关系，也要认清劣势，补足短板，在关键核心领域、新兴产业等方面逐步向国际中高端市场迈进。同时要在开拓市场上下功夫，搭建更多贸易促进平台，包括发展跨境电商等贸易新业态、新模式，依托"一带一路"、RCEP、上合组织等区域合作平台加快建设自贸区以开拓国际市场等。

尾　　论

　　"大国经济的重要特征，就是必须实现内部可循环，并且提供巨大国内市场和供给能力，支撑并带动外循环。"① 随着国际大循环动能减弱和国内经济结构性调整，我国暴露出产能相对过剩、供给不适应需求以及高技术与资源能源"卡脖子"三大堵点问题。加快构建新发展格局、解决发展不平衡问题，乡村建成环境建设能在短期内化解过剩产能，社会主义新农村的长期建设能使人口分布更加均衡、产业布局更加合理，促进人均收入提高，实现协调绿色共享发展。加快构建新发展格局、解决发展不充分问题，核心企业需要在政府反垄断、防止资本无序竞争的强力规制下，"脱虚向实"返回产业资本循环的正轨，在生产组织瘦身的基础上集中攻克关键核心技术，并联合不同层次的协作企业，基于城乡区域发展不平衡在长期中建立起互补的国内生产网络，大规模地生产多样化产品，提高供给体系适应国内不同层次需求的能力，在保障国内就业的同时，满足人民日益增长的美好生活需要，促进城乡区域发展的相对平衡，实现创新协调共享发展。在提高资源能源自我保障能力、确保安全发展的同时，要以共商共

---

　　① 刘鹤.加快构建以国内大循环为主体、国内国际双循环相互促进的新发展格局（学习贯彻党的十九届五中全会精神）.人民日报，2020－11－25.

建共享为原则，加强高水平的资源能源、技术、资金合作和扩大高质量商品进出口，形成参与国际经济竞争与合作的新优势，实现共享开放发展（见下图）。

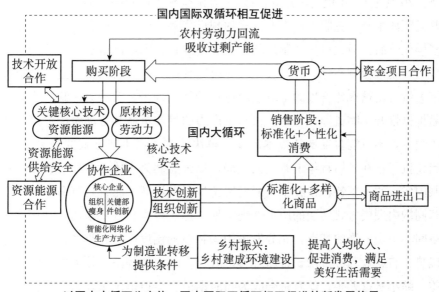

以国内大循环为主体、国内国际双循环相互促进的新发展格局

　　"凡是民族作为民族所做的事情，都是他们为人类社会而做的事情"，"每个民族都为其他民族完成了人类从中经历了自己发展的一个主要的使命（主要的方面）。"[1] 18 世纪以来，世界发生了几次重大科技和产业革命，一些发达资本主义国家抓住历史条件的机遇，通过技术或生产组织变革，解决了旧时代经济发展的矛盾，成为当时的世界典范国家。[2] 18 世纪英国采用蒸汽动力降低了货物运输成本，克服了生产的距离限制，革命性地提高了生产力。但由于技能工人控制了生产，英国小规模工厂占主导地位。19 世纪末，美国运用电力、内燃机等实现了机械化生产，企业管理部门制定工作标准以协调工作内容，弱化了技能工人的地位，实现了企业大

　　① 马克思，恩格斯．马克思恩格斯全集：第 42 卷．北京：人民出版社，1979：257.
　　② 习近平．在省部级主要领导干部学习贯彻党的十八届五中全会精神专题研讨班上的讲话（2016 年 1 月 18 日）．人民日报，2016－05－10.

规模生产。但大规模生产方式依赖稳定的投入和需求，20世纪70年代个性化多样化需求走向主流，日本重新将技能工人吸纳到生产过程中，发展出丰田生产方式，低成本小批量地生产多样化产品，夺得了国际竞争优势。20世纪90年代美国建立的核心-外围全球生产网络，借助信息技术协调远距离生产，克服丰田生产方式的规模劣势，调动全球资源大规模生产多样化产品。但大量生产制造环节的外包导致美国经济增长和就业的空间分离，制造业空心化、就业极化、金融空转圈钱等矛盾凸显。全球新冠疫情大流行使精准化管理的全球供应链遭受巨大冲击，劳动力短缺，大宗商品价格攀升，物流港口堵塞。仅有生产力的科技革命和劳动组织方式的随机演变，不可能自发地从根本制度上解决资本主义生产方式的基本矛盾。当今世界正在经历百年未有之大变局，以公有制为主体、多种所有制经济共同发展的中国特色社会主义的发展正处于世界新一轮科技革命和产业变革同国内发展方式转变的历史性交汇期，加快构建新发展格局，利用大国空间不平衡发展的特点，充分发挥中国特色的制度优势、市场优势、人才优势，将就业和经济增长重新结合，着力发展实体经济，壮大中等收入群体，缩小贫富差距，就有机会成为新时期的世界典范国家，为人类社会进步贡献中国力量。

第四编

迈向中国化时代化的
马克思主义

　　回答中国共产党为什么能、中国特色社会主义为什么好、马克思主义为什么行，归根到底是要阐明中国化时代化的马克思主义行。马克思主义揭示了人类社会发展的一般规律和资本主义社会发展的特殊规律，而中国化时代化的马克思主义就是要以中国为观照、以时代为观照，"运用历史唯物主义，系统、具体、历史地分析中国社会运动及其发展规律，在认识世界和改造世界过程中不断把握规律、积极运用规律……不断把对中国特色社会主义规律的认识提高到新的水平，不断开辟当代中国马克思主义发展新境界"①。判断一个社会所处的社会形态的性质是马克思主义者揭示社会运动规律的必要前提。马克思、恩格斯以资本主义经济关系为主体，研究资本主义经济运动规律，开创了马克思主义政治经济学。列宁分析了资本主义在垄断资本主义阶段的社会性质，发现了世界体系不平衡发展规律，创立了帝国主义论。毛泽东正确分析了近代中国半殖民地半封建的社会性质，明确了中国革命的对象、动力、性质和两重任务，创立了新民主主义论。改革开放后，邓小平提出直至社会主义现代化建设基本完成之前，中国都将长期处于社会主义初级阶段。然而，我国即将在 2050 年全面建成社会主义现代化强国，是否意味着社会主义初级阶段的结束？社会主义初级阶段存在的那些不属于社会主义生产关系的成分是否还应继续坚持和发展？这是关系到党和国家各项事业发展的重大理论问题，要求我们在社会主义初级阶段之上进一步明确中国特色社会主义的社会性质。

　　习近平同志在庆祝中国共产党成立 100 周年大会、中国文联十一大和中国作协十大开幕式以及党的十九届六中全会第二次全体会议上先后三次提出我们党领导人民，坚持和发展中国特色社会主义，创造了"人类文明新形态"。中国特色社会主义这一人类文明新形态不仅是党和人民 100 年奋斗、创造、积累的根本成就，引领中国进步、增进人民福祉、实现民族复兴，还深刻影响了世界历史进程，拓展了发展中国家走向现代化的途径。

---

① 习近平. 坚持历史唯物主义不断开辟当代中国马克思主义发展新境界. 求是，2020 (2)：5.

自"人类文明新形态"提出以来，学者们进行了大量研究，普遍认为"中国式现代化新道路"的实践开创了"人类文明新形态"，物质、政治、精神、社会和生态文明协调发展是其主体内容，高度肯定了"人类文明新形态"概念的理论价值和现实意义，但对"人类文明新形态"的具体内涵形成了不同的看法。有学者将"人类文明新形态"理解为不同于西方文明的新的"文明"，即人类文明的"中国形态"①；也有学者基于社会形态视角，认为"人类文明新形态"就是不同于资本主义等以往社会形态的社会主义、共产主义社会形态②；还有学者融合了上述两种观点，提出"人类文明新形态"是社会主义社会形态和中华文明的统一体，兼具社会主义性质和鲜明的中国特色③。

　　以上研究将"人类文明新形态"的"新"归结为中华文明，或社会主义本身，或二者的结合。但中华文明和社会主义实践早已有之，并且都曾经历挫败，难以称之为"新"。中华文明和社会主义的结合作为个别国家建设社会主义的实践来说是"新"的，但根据这种观点，任何国家建设社会主义都可以被认为是创造了"人类文明新形态"。那么中国创造的"人类文明新形态"究竟"新"在何处？中国特色社会主义为什么是"人类文明新形态"？习近平同志关于"人类文明新形态"的重要论断是原创性的历史性判断，在即将开启全面建设社会主义现代化国家新征程的历史关口，正确理解"人类文明新形态"对指明党和国家事业的前进方向及制定正确的路线、方针和政策具有重大意义。理解"人类文明新形态"的出发点和侧重点是"社会形态"，"人类文明新形态"指的就是中国共产党带领中国人民在实践中建构的中国特色社会主义社会形态。中国特色社会主义

---

　　① 孙代尧.论中国式现代化新道路与人类文明新形态.北京大学学报（哲学社会科学版），2021（5）：16-24；寇清杰.中国共产党百年奋斗与人类文明新形态的创造.思想理论教育导刊，2021（9）：40-44；吴海江.中国特色社会主义：人类文明新形态.理论视野，2021（11）：49-54.

　　② 陶文昭.创造人类文明新形态.中国高校社会科学，2021（6）：11-18.

　　③ 田心铭.中国特色社会主义和人类文明新形态.世界社会主义研究，2021（11）：12-22；张夏.从人类文明新形态高度理解马克思主义基本原理与中华优秀传统文化相结合.学校党建与思想教育，2021（15）：38-40.

社会形态的"新"体现在三个方面：第一，它以科学社会主义为指导，隶属于"物的依赖性"阶段，是不发达社会主义社会形态的具体形式；第二，它是对资本主义社会形态的积极扬弃；第三，它破除了西方中心论，开辟了人类社会形态演进的新模式。习近平准确把握人类社会发展规律和社会主义社会运动规律，正确分析了中国特色社会主义的社会性质，提出了"人类文明新形态"，是继马克思的政治经济学、列宁的帝国主义论、毛泽东的新民主主义论后，马克思主义发展的时代高峰和理论巅峰，是21世纪的马克思主义经济学，是中国化时代化的马克思主义。

第十章通过马克思的社会形态理论阐明了文明形态的内涵及其演变特征。文明是物质生活实践的产物，必须以一定的形态存在，"文明形态"是社会形态在一个国家的具体形式，考察"文明形态"的理论基础是"社会形态"。社会形态的演变具有一元多线特征，每个国家在遵循人类社会发展一般规律的同时又可以选择不同的发展道路。资本主义社会形态开辟了现代文明的历史，具有进步意义，但其内在矛盾随着资本主义的发展不断激化。马克思、恩格斯阐明了人类社会从资本主义社会走向社会主义、共产主义社会的必然性，使社会主义从空想发展为科学。第十一章探讨了列宁、斯大林、毛泽东等共产党人对落后国家建设社会主义社会形态的探索。列宁带领俄国人民创造了一条"先革命、后建设"的社会主义道路，证明了在落后国家进行无产阶级革命夺取政权、建立无产阶级统治是可以取得成功的，但由于没有客观经济基础，没有完全解决无产阶级夺取政权后如何一步步建设社会主义，发展社会主义生产力，直到真正实现人的解放和人类社会解放的问题。毛泽东创立了新民主主义论，就中国社会性质和革命任务在党内形成了战略共识，在全社会各阶层形成了广泛的统一战线，领导中国革命取得了胜利。但由于社会主义实践经验有限，对社会主义发展规律探索不足，面对新生的社会主义社会和全国规模的社会主义建设事业，中国共产党经历了曲折而艰辛的探索。邓小平提出的"社会主义初级阶段"回应了中国社会性质的问题，但依然没有从根本上突破传统的"五社会形态"的限制。第十二章围绕着习近平总书记提出的"人类文明新形态"，阐明了中国特色社会主义是以科学社会主义为指导的、不发达社会主义社会形态的具体形式。社会主义社会形态的产生和发展始终是有政党指导的、建构与演进相结合的过程。中国共产党领导人民创造了一种以科学社会主义为指导、具有中国特色的隶属于"物的依赖性"阶段的新社会形态，积极扬弃了资本主义社会形态，这种新社会形态是不发达社会主义社会形态的具体形式，开辟了人类社会形态演进的新道路。中国特色社会主义经济基础的一般规定包括坚持加强中国共产党对经济工作的集中统一领导、坚持以人民为中心的发展思想、坚持中国特色社会主义基本经济制度、坚持推动构建人类命运共同体、坚持稳中求进的方法论。"人类文明新形态"是构建 21 世纪马克思主义经济学理论体系的枢纽。

第十章　文明形态与社会形态

"文明"总是跟"社会形态"密切相连，依赖于社会形态存在的同时又使其在经济、政治、文化、社会、生态等各方面具体化，构成了文明形态。考察文明形态的理论基础是社会形态。社会形态的历史演变具有一元多线特征，每个国家在遵循人类社会发展一般规律的同时又可以选择不同的发展道路。资本主义社会形态开辟了现代文明的历史，具有进步意义，但其内在矛盾随着资本主义的发展不断激化。

一、文明与社会形态

经典作家运用唯物史观，从物质实践出发来考察文明。"文明是实践的事情，是社会的素质"①，"整个所谓世界历史不外是人通过人的劳动而诞生的过程，是自然界对人来说的生成过程"②。文明产生于物质生活实践，当人类的实践活动发展到一定程度时，人们"通过实践创造对象世

---

① 马克思，恩格斯．马克思恩格斯全集：第3卷．2版．北京：人民出版社，2002：536.
② 同①310.

界，改造无机界"①，"生产自己的生活资料，同时间接地生产着自己的物质生活本身"②，摆脱了野蛮和未开化的状态，"把自己和动物区别开来"③，创造出了人类文明。

经典文本中多次出现"文明"概念，它在不同的语境中含义不同。第一，运用"文明时代"阐明人类历史发展的阶段性。恩格斯沿用摩尔根的"文明时代"提法，指出商品生产是文明时代的本质特征，"文明时代是社会发展的这样一个阶段，在这个阶段上，分工、由分工而产生的个人之间的交换，以及把这两者结合起来的商品生产，得到了充分的发展，完全改变了先前的整个社会"④。文明时代具有不同的阶段，恩格斯指出古代奴隶制、中世纪农奴制和近代雇佣劳动制"是文明时代的三大时期所特有的三大奴役形式"⑤。第二，不同民族和国家具有不同的文明，例如"德国文明""法兰西文明""印度的文明"等等。即使具有"相同的经济基础"的文明，也会"由于无数不同的经验的情况，自然条件，种族关系，各种从外部发生作用的历史影响等等，而在现象上显示出无穷无尽的变异和彩色差异"。⑥ 第三，文明代表一个社会的进步程度。不同的地区、国家和社会具有不同的文明程度，例如经典文本指出共产主义社会与资本主义社会"一方面是文明，另一方面是野蛮"⑦。第四，狭义的文明特指资本主义社会。资本主义社会代表了经典作家写作年代文明发展的极盛时期，经典文本中常用"文明国家"、"文明世界"、"文明社会"或"现代文明"来指代资本主义，并且批判了"文明的一切进步……都不会使工人致富，而只会使资本致富"⑧，"只会增大支配劳动的客体的权力"⑨。

"文明"与"社会形态"究竟有什么区别和联系？1996 年，俄罗斯社

---

① 马克思，恩格斯．马克思恩格斯全集：第 3 卷．2 版．北京：人民出版社，2002：273.

②③ 马克思，恩格斯．马克思恩格斯选集：第 1 卷．3 版．北京：人民出版社，2012：147.

④ 马克思，恩格斯．马克思恩格斯选集：第 4 卷．3 版．北京：人民出版社，2012：190 - 191.

⑤ 同④193.

⑥ 马克思．资本论：第 3 卷．2 版．北京：人民出版社，2004：894.

⑦ 马克思，恩格斯．马克思恩格斯全集：第 43 卷．北京：人民出版社，1982：169.

⑧⑨ 马克思，恩格斯．马克思恩格斯全集：第 30 卷．2 版．北京：人民出版社，1995：267.

会主义学者协会中央委员会哲学部举办了"关于社会形态和文明"问题的圆桌会议，并且中共中央编译局将有关报告和发言编译后形成系列文章发表于《国外理论动态》上。与会学者普遍认为从社会形态和文明视角对待人类历史发展过程是相互补充而不是相互排斥的，前者揭示了历史过程的逻辑而后者揭示了多样性。社会形态是人类社会发展的一定历史阶段，反映了社会的本质特征和结构，即历史上一定的生产方式及与其相适应的社会结构和社会关系的体系。而具体到国家层面，国家的发展使社会形态发展具体化并以经济制度、政治制度的多样性以及宗教信仰、传统、习俗等特殊性补充了社会形态的发展，也即文明。例如，马克思经常使用的"古代社会"一词，严格来说指的是古希腊罗马社会，属于西欧社会的特殊性，而亚洲、东欧国家也有各自的特殊性。但由于西欧文明从工业革命时期起就走在了其他文明前面，使其在很长一段时间内被认为具有普遍性，其他文明必须模仿和追随西欧道路。而"文明"概念字面上的多义性产生了不同的文明研究范式，包括：采取具体的历史分析的一般历史范式，如地区文明、世界文明；以人的社会关系为核心的哲学-人类学范式；将"文明"作为"文化"同义语的社会文化范式；涉及人-技术体系根本改造的工艺学范式；等等。①

俄国学者关于"文明"和"社会形态"的讨论对我们理解"文明形态"富有启发性。尽管"文明"的具体含义和研究范式有所区别，但可以肯定的是文明是物质生活实践的产物，必须以一定的社会形态存在，并在具体层面上丰富和发展着这种社会形态。文明的基础和根源是一定的社会生产方式及其所产生的生产关系和竖立在这些生产关系总和之上的上层建筑，即一定的社会形态，文明根据社会形态的变化而改变。例如，文明时代的社会通过采用私有制生产与过去采取共同生产的社会区分开来，与此相适应产生了一夫一妻制等家庭形式、国家制度、城乡对立制度、遗嘱制

---

① 周亮勋. 俄国学者论社会形态和文明（一）. 国外理论动态, 1997（25）：193-200；张钟朴. 俄国学者论社会形态和文明（二）. 国外理论动态, 1997（29）：225-232；张钟朴. 俄国学者论社会形态和文明（三）. 国外理论动态, 1997（32）：249-256；周亮勋. 俄国学者论社会形态和文明（四）. 国外理论动态, 1997（35）：273-278.

度等。一定的社会形态对应着一定的文明，例如文明时代本身就根据生产方式及与其相适应的生产关系的不同区分为奴隶文明、封建文明、资本主义文明等。但值得注意的是，生产方式的更替并不总是导致一个社会生活制度的传统基础完全毁灭，从而也保证了文明类型的相对稳定性和连续性。综上，不同国家、不同文明历史发展的特殊性使得社会形态在经济、政治、文化、社会、生态等各个方面具体化，构成了"文明形态"，即社会形态在一个国家的具体形式，兼具"文明"的多样性、连续性和"社会形态"的变化性、阶段性。① 因此，考察"文明形态"的理论基础是"社会形态"。

二、社会形态演变的一元多线特征

马克思文本中留下的"三社会形态"和"五社会形态"的雏形使其后的学者围绕着社会形态如何演变发展出了不同的观点。传统的单线演变论认为人类社会应当按照原始社会、奴隶制社会、封建社会、资产阶级社会和共产主义社会五大社会形态发展，这一观点以欧洲中心主义思想为出发点，是对马克思文本最简单化的抽象概括，马克思本人曾回应："把我关于西欧资本主义起源的历史概述彻底变成一般发展道路的历史哲学理论，一切民族，不管它们所处的历史环境如何，都注定要走这条道路，——以便最后都达到在保证社会劳动生产力极高度发展的同时又保证每个生产者个人最全面的发展的这样一种经济形态。"② 以普列汉诺夫为代表的双线演变论则把马克思文本中的"亚细亚生产方式"作为原始社会解体后东方社会形态的代表，提出了原始社会→古代社会→封建社会→资产阶级社会，以及原始社会→亚细亚社会两种演变模式，认为亚细亚社会在没有外力推动的情况下会发生社会停滞、循环甚至倒退。还有一些学者则直接将亚细

---

① 实际上"社会形态"概念本身就包含了人类社会发展一般规律和某一社会发展的特殊规律，但社会形态的多样性却长期被研究者忽略。

② 马克思，恩格斯. 马克思恩格斯文集：第 3 卷. 北京：人民出版社，2009：466.

亚社会放入原始社会与古代社会之间，形成了新的"六社会形态"单线演变论。在批判单线演变论的基础上，许多学者都注意到不同国家的特殊性，发展出了多线演变论。梅洛蒂以欧洲、俄国、中国、日本等为例，发展出了人类社会多线演变的五条主要路径，见图 10-1。[①]

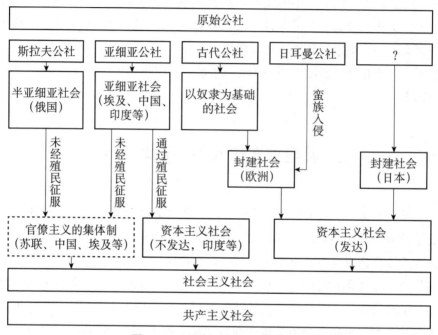

图 10-1　社会形态多线演变图示

资料来源：翁贝托·梅洛蒂. 马克思与第三世界. 北京：商务印书馆，1981：36.

梅洛蒂的多线演变图示从具体视角展示了各个不同国家和地区社会形态发展的模式，从更一般的层面来说，社会形态的演变既具有共同的、普遍的历史规律，又根据特殊的发展条件体现着各自的特色，兼具历史统一性和空间多样性的特征，"世界是多向度发展的，世界历史更不是单线式前进的"[②]，"没有多样性，就没有人类文明。多样性是客观现实，将长期

---

① 翁贝托·梅洛蒂. 马克思与第三世界. 北京：商务印书馆，1981.
② 习近平. 在布鲁日欧洲学院的演讲. 人民日报，2014-04-02.

存在"①。这种历史统一性和空间多样性蕴含在"三社会形态"和以"五社会形态"为代表的各种社会形态演变路线的统一之中。

历史统一性是指，从世界历史的角度来看，人类社会形态的演变具有一般的、共同的规律，总是要经历以"人的依赖关系"为基础、以"物的依赖性"为基础和以"个人全面发展"为基础的三大社会形态，这是不能跨越的客观历史规律。以"人的依赖关系"为基础的社会形态是最初的社会形态，每个人"只是作为具有某种规定性的个人而互相发生关系"②。在这种社会形态下，人们使用自然产生的生产工具，受自然界的支配，以人的劳动换取自然的产品，并且缺少不同个人之间的分工，"无论是劳动者的全部活动还是他的全部产品，都不依赖于交换"③，每个人通过家庭、部落或者地区的联系而聚集在一起，"人的生产能力只是在狭小的范围内和孤立的地点上发展着"④，"物质生产的社会关系以及建立在这种生产的基础上的生活领域，都是以人身依附为特征的"⑤，自然经济占有绝对优势。以"物的依赖性"为基础的社会形态是第二大社会形态，毫不相干的个人之间通过交换形成了互相和全面的依赖。第一大社会形态"随着商业、奢侈、货币、交换价值的发展而没落下去"⑥，人的一切固定的依赖关系开始解体，同时分工深化使得生产者间形成了全面的依赖，一切产品和活动都转化为交换价值，大工业生产和发达的商品经济取代了自然经济，独立的生产要素所有者之间以物品流通为中介，以私人交易的形式短期地、时断时续地联系起来，从全社会来看形成了"普遍的社会物质变换、全面的关系、多方面的需要以及全面的能力的体系"⑦，现代社会逐步发展起来。在这种社会形态下，人的独立性以物的依赖性为基础，每个人都"必须生产

---

①　习近平. 让多边主义的火炬照亮人类前行之路：在世界经济论坛"达沃斯议程"对话会上的特别致辞. 人民日报，2021-01-26.

②　马克思，恩格斯. 马克思恩格斯全集：第30卷.2版. 北京：人民出版社，1995：113.

③　马克思，恩格斯. 马克思恩格斯文集：第8卷. 北京：人民出版社，2009：64.

④⑥⑦　同③52.

⑤　马克思. 资本论：第1卷.2版. 北京：人民出版社，2004：95.

一般产品——交换价值，或本身孤立化的，个体化的交换价值，即货币"①，同时，"每个个人行使支配别人的活动或支配社会财富的权力，就在于他是交换价值的或货币的所有者"②。马克思充分肯定了第二大社会形态的先进性，认为"这种物的联系比单个人之间没有联系要好，或者比只是以自然血缘关系和统治从属关系为基础的地方性联系要好"③。但他同时也指出，这种物的联系"借以同个人相对立而存在的异己性和独立性只是证明，个人还处于创造自己的社会生活条件的过程中，而不是从这种条件出发去开始他们的社会生活"，"这是各个人在一定的狭隘的生产关系内的自发的联系"。④ 在扬弃第二大社会形态的基础上，马克思提出了"个人全面发展"的第三大社会形态，每个人的自由个性都"建立在个人全面发展和他们共同的、社会的生产能力成为从属于他们的社会财富这一基础上"⑤，而人与人之间的社会关系作为共同关系，服从于人们自己的共同控制。第二大社会形态"建立在交换价值基础上的生产"在"产生出个人同自己和同别人相异化的普遍性的同时，也产生出个人关系和个人能力的普遍性和全面性"⑥，为第三大社会形态创造了条件。在新的社会形态下，"表现为生产和财富的宏大基石的……是人对自然界的了解和通过人作为社会体的存在来对自然界的统治，总之，是社会个人的发展"⑦，以交换价值为基础的生产随之崩溃，"因此，并不是为了获得剩余劳动而缩减必要劳动时间，而是直接把社会必要劳动缩减到最低限度，那时，与此相适应，由于给所有的人腾出了时间和创造了手段，个人会在艺术、科学等等方面得到发展"⑧。

空间多样性则意味着，从地理空间来看，一方面，处于同一社会形态大历史阶段的文明可以发展出不同的具体形态，例如，原始社会崩溃后，地理条件的不同塑造了希腊罗马式、日耳曼式等不同公社的不同发展道

①② 马克思，恩格斯. 马克思恩格斯文集：第8卷. 北京：人民出版社，2009：51.

③④⑥ 同①56.

⑤ 同①52.

⑦ 同①196.

⑧ 同①197.

路。① 处于资本主义社会形态的不同国家采取不同的制度形式，产生了盎格鲁-撒克逊模式、日德模式、北欧模式等多样化的资本主义社会。另一方面，社会形态在地理空间上的不均衡发展使得不同文明程度的社会形态在空间上并存，例如当西欧国家进入资本主义社会时，世界上大多数国家还处于封建社会。"世界历史发展的一般规律，不仅丝毫不排斥个别发展阶段在发展的形式或顺序上表现出特殊性，反而是以此为前提的。"② 马克思和恩格斯发现的西欧社会形态演变模式代表了西欧具体历史条件下人们进行社会实践的成果，是人类社会形态演变的特殊路线之一，但其他国家并不一定会遵循相同的发展道路。

三、现代文明与资本主义社会形态

在人类文明发展的一定历史时代，总有某种社会形态在世界范围内占主导地位，影响了人类历史的进程。以资本主义生产方式为基础的资本主义社会形态开创了现代文明，"或多或少地摆脱了中世纪的杂质，或多或少地由于每个国度的特殊的历史发展而改变了形态，或多或少地有了发展"③，使人类从以"人的依赖关系"为基础的传统社会进入了以"物的依赖性"为基础的现代社会。

在很长一段时间里，资本主义社会形态是现代文明的唯一载体，它从以下几个方面与传统社会形态区别开来。第一，建立了一定规模的人类协作的劳动体系，摆脱个人劳动的生理局限，发展社会劳动的生产力，推动了生产的社会化。随着技术演变，劳动资料经历了各种不同的形态变化，以自动的机器体系为最终形态，发展出机器协作的劳动体系，使得大工业获得"与自己相适应的技术基础"并"得以自立"。④ 在此过程中，科学技

---

① 吴大琨. 关于亚细亚生产方式研究的几个问题. 学术研究，1980（1）：11-18.
② 列宁. 列宁全集：第43卷.2版增订版. 北京：人民出版社，2017：374.
③ 马克思，恩格斯. 马克思恩格斯选集：第3卷.3版. 北京：人民出版社，2012：373.
④ 马克思. 资本论：第1卷.2版. 北京：人民出版社，2004：441.

术的不断发展推动了经济发展和社会变革。第二，造成了商品关系的普遍化，使得"家长制的，古代的（以及封建的）状态随着商业、奢侈、货币、交换价值的发展而没落下去，现代社会则随着这些东西同步发展起来"①。第三，开启了世界历史。产业资本运动的开放性使得它与其他商品经济可以相容，"使每个文明国家以及这些国家中的每一个人的需要的满足都依赖于整个世界"，"消灭了各国以往自然形成的闭关自守的状态"，"首次开创了世界历史"。②

尽管资本主义生产方式比过去一切形式"都更有利于生产力的发展，有利于社会关系的发展，有利于更高级的新形态的各种要素的创造"③，但其本身蕴含着的内在矛盾随着资本主义社会的发展而不断激化。在资本主义社会中，"生产已经成为社会的活动"，生产力的大发展带来了剩余产品，但同时"交换以及和它相伴随的占有，仍旧是个体的活动，单个人的活动：社会的产品被个别资本家所占有"，"资产阶级生存和统治的根本条件，是财富在私人手里的积累，是资本的形成和增殖"，"这就是产生现代社会的一切矛盾的基本矛盾"。④ 这一基本矛盾主要表现为"无产阶级和资产阶级的对立"，"个别工厂中生产的组织性和整个社会中生产的无政府状态之间的对立"⑤，导致人的全面异化，加剧了社会生产的无政府状态，"在一极是财富的积累，同时在另一极……是贫困、劳动折磨、受奴役、无知、粗野和道德堕落的积累"⑥。随着资本疆界不断扩张，垄断、金融化和经济全球化程度加深，社会贫富分化、经济和金融危机、气候和环境危机等问题日趋严重。

---

① 马克思，恩格斯. 马克思恩格斯全集：第30卷. 2版. 北京：人民出版社，1995：108.

② 马克思，恩格斯. 马克思恩格斯选集：第1卷. 3版. 北京：人民出版社，2012：194.

③ 马克思. 资本论：第3卷. 2版. 北京：人民出版社，2004：927-928.

④ 马克思，恩格斯. 马克思恩格斯选集：第3卷. 3版. 北京：人民出版社，2012：816；马克思，恩格斯. 马克思恩格斯选集：第1卷. 3版. 北京：人民出版社，2012：412.

⑤ 马克思，恩格斯. 马克思恩格斯选集：第3卷. 3版. 北京：人民出版社，2012：659，661.

⑥ 马克思. 资本论：第1卷. 2版. 北京：人民出版社，2004：743-744.

四、马克思、恩格斯对未来社会形态的设想与局限

以唯物史观为指导，以揭示资本主义经济运动规律为逻辑依据，马克思、恩格斯阐明了人类社会从资本主义社会走向社会主义、共产主义社会的必然性，基于发达资本主义国家的实践和基本国情，探讨了什么是社会主义、如何开展社会主义革命等问题，使社会主义从空想发展为科学。

马克思、恩格斯在理论上阐明了未来共产主义社会的一般规定，指出了未来社会发展的基本方向。共产主义社会是"以每一个个人的全面而自由的发展为基本原则的社会形式"①，它"将是这样一个联合体，在那里，每个人的自由发展是一切人的自由发展的条件"②。由于生产高度社会化，"生产的共同性一开始就使产品成为共同的、一般的产品"，使"单个人的劳动一开始就被设定为社会劳动"，生产中劳动力的耗费和产品的分配不再以交换为基础，"不存在交换价值的交换中必然产生的分工，而是某种以单个人参与共同消费为结果的劳动组织"，这种共同生产遵循着社会的有计划的控制。③ 与资本主义社会解放了生产力但却造成人的异化不同的是，共产主义社会是对资本主义社会中"人的自我异化的积极的扬弃"④，使得"人以一种全面的方式……占有自己的全面的本质"⑤，每个人的能力、需要和社会关系都全面丰富和发展起来，在此基础上人的自由个性得到充分发展，真正实现人的彻底解放和人类社会的解放。

资本主义的充分发展是共产主义社会诞生的历史前提，因此马克思、恩格斯认为无产阶级领导的社会主义革命将首先在发达资本主义国家并且只有在几个主要发达资本主义国家同时发生才能取得胜利。资本主义社会

①　马克思.资本论：第1卷.2版.北京：人民出版社，2004：683.

②　马克思，恩格斯.马克思恩格斯文集：第2卷.北京：人民出版社，2009：53.

③　马克思，恩格斯.马克思恩格斯全集：第30卷.2版.北京：人民出版社，1995：121－122.

④　马克思，恩格斯.马克思恩格斯全集：第3卷.2版.北京：人民出版社，2002：297.

⑤　同④303.

带来的生产力的极大发展为共产主义社会"创造了物质的和其他的条件，使工人能够并且不得不铲除这个历史祸害"①，而这些条件在发达资本主义国家发展得更为充分。"彻底的社会革命是同经济发展的一定历史条件联系着的；……只有在工业无产阶级随着资本主义生产的发展，在人民群众中至少占有重要地位的地方，社会革命才有可能。"② 如果没有"生产力的巨大增长和高度发展"，"那就只会有贫穷、极端贫困的普遍化；而在极端贫困的情况下，必须重新开始争取必需品的斗争，全部陈腐污浊的东西又要死灰复燃"。③ 同时，资本主义生产方式的世界扩张使得无产阶级与资产阶级的矛盾对立具有国际性质，意味着"无产阶级的解放只能是国际的事业"④。恩格斯明确提出，"共产主义革命将不是仅仅一个国家的革命，而是将在一切文明国家里，至少在英国、美国、法国、德国同时发生的革命"⑤，并且不同国家工业和生产力发达程度的高低决定了革命进程的快慢。马克思在总结巴黎公社失败经验时也指出，"革命应当是团结的"，"巴黎公社之所以失败，就是因为在一切主要中心，如柏林、马德里以及其他地方，没有同时爆发同巴黎无产阶级斗争的高水平相适应的伟大的革命运动"。⑥

共产主义社会的建立是世界历史发展的统一趋势，但并不排除从资本主义以外的其他社会形态过渡到共产主义的可能。马克思、恩格斯在世界历史发展统一性的基础上，分析了东方社会历史发展的特殊性。马克思晚年以俄国社会为例，首次讨论了经济文化落后国家有没有可能"不经受资本主义生产的可怕的波折而占有它的一切积极的成果"⑦ 的问题。不发达的生产方式"和资本主义生产同时存在，则为它提供了大规模组织起来进行合作劳动的现成的物质条件。因此，它可以不通过资本主义制度的卡夫

---

① 马克思，恩格斯. 马克思恩格斯文集：第 3 卷. 北京：人民出版社，2009：430.
② 同①404.
③ 马克思，恩格斯. 马克思恩格斯文集：第 1 卷. 北京：人民出版社，2009：538.
④ 马克思，恩格斯. 马克思恩格斯文集：第 10 卷. 北京：人民出版社，2009：656.
⑤ 同③687.
⑥ 马克思，恩格斯. 马克思恩格斯全集：第 18 卷. 北京：人民出版社，1964：180.
⑦ 同①571.

丁峡谷，而占有资本主义制度所创造的一切积极的成果"①，缩短落后国家发展的历史进程，走出一条同资本主义社会发展空间并存但形式不同的道路②。但在马克思、恩格斯看来，落后国家要想开展社会主义革命和建设，"必不可少的条件是：目前还是资本主义的西方作出榜样和积极支持"③。马克思指出"假如俄国革命将成为西方无产阶级革命的信号而双方互相补充的话，那么现今的俄国土地公有制便能成为共产主义发展的起点"④。恩格斯也提出，只有当"资本主义经济在自己故乡和在它兴盛的国家里被克服的时候"，"落后的国家才能开始这种缩短的发展过程"。⑤然而，随着资本主义社会进入垄断阶段，世界社会主义实践与马克思、恩格斯的设想十分不同，社会主义国家首先在资本主义发展比较薄弱的、落后的俄国建立了。由于历史和实践局限性，马克思和恩格斯没有预料到、也没能从理论上回答落后国家首先建立无产阶级政权后应当如何认识其社会性质、如何建设社会主义的问题。

————————
　① 马克思，恩格斯．马克思恩格斯文集：第 3 卷．北京：人民出版社，2009：587.
　② 顾海良．人类命运共同体政治经济学初探．教学与研究，2022（4）：23－34.
　③⑤　马克思，恩格斯．马克思恩格斯文集：第 4 卷．北京：人民出版社，2009：459.
　④ 马克思，恩格斯．马克思恩格斯文集：第 2 卷．北京：人民出版社，2009：8.

第十一章　落后国家对社会主义社会形态的探索

　　列宁、斯大林、毛泽东等共产党人阐明了社会主义革命能够在落后的资本主义国家，甚至是没有经历资本主义发展的半殖民地半封建社会取得成功，创造了一条"先革命、后建设"的社会主义新路。但推翻旧社会形态与创造新社会形态不同，后者更需要对新社会形态的性质有深刻的了解。由于社会主义实践经验有限，社会主义发展规律探索不足，落后国家取得社会主义革命胜利后处于什么社会性质是共产党人始终在探索却没能完全解决的问题，落后国家的社会主义建设注定是一条蜿蜒曲折之路。

一、"倒过来的革命"和逐步后退的苏联社会主义

　　19世纪末20世纪初，随着生产和资本的高度集中，资本主义社会形态进入了以垄断为基本特征的帝国主义阶段。列宁以世界资本主义体系为考察对象，正确认识了资本主义发展的新阶段，阐明了帝国主义阶段的本质特征，指出"垄断组织和金融资本的统治已经确立、资本输出具有突出意义、国际托拉斯开始瓜分世界、一些最大的资本主义国家已把世界全部

领土瓜分完毕"①，资本主义越来越从封闭走向开放，世界资本主义体系发展不平衡愈加突出，产生了资本主义发展比较薄弱的环节，使"社会主义可能首先在少数甚至在单独一个资本主义国家内获得胜利"②。

列宁认为帝国主义是无产阶级社会主义革命的前夜，俄国应利用战争造成的革命形势，调动工农群众的革命积极性，夺取国家政权，创造性地提出了落后国家可以进行社会主义革命的思想并付诸实践。"在资本主义制度下，各个企业、各个工业部门和各个国家的发展必然是不平衡的、跳跃式的"③，而到了帝国主义阶段，"资本主义的发展……更不平衡了"④。发达资本主义国家剥削落后殖民地国家，攫取大量垄断利润，"在经济上就有可能把工人中的某些部分，一时甚至是工人中数量相当可观的少数收买过去，把他们拉到该部门或该国家的资产阶级方面去反对其他一切部门或国家"⑤，不仅使发达资本主义国家内部资产阶级与工人阶级的矛盾变成世界性的，还由于"帝国主义分裂工人、加强工人中间的机会主义"⑥ 等各种原因而导致发达国家工人阶级的革命暂时推迟了，革命政治冲突的中心转移到了资本主义发展比较薄弱的地方。俄国作为一个落后的资本主义国家，不仅有一定程度的资本主义经济发展基础，还因战争影响造成了国内严重的政治危机，无产阶级和资产阶级之间的矛盾和对抗比发达资本主义国家更加尖锐，具备开展社会主义革命的条件。而在革命形势已经形成的客观条件下，"必须再加上革命阶级能够发动足以摧毁（或打垮）旧政府的强大的革命群众行动"⑦，革命才能成功。

随着十月革命的胜利，列宁领导俄国人民建立了第一个社会主义国家，证明了社会主义作为夺取政权的计划可以在一国内——并且是落后国家内——取得胜利，但却遭到超越发展阶段的质疑。苏汉诺夫、考茨基等

---

①　列宁. 列宁全集：第 27 卷. 2 版增订版. 北京：人民出版社，2017：401.

②　列宁. 列宁全集：第 26 卷. 2 版增订版. 北京：人民出版社，2017：367.

③　同①376.

④　同①436.

⑤　同①437.

⑥　同①418.

⑦　同②230.

人遵循经济决定论的教条，认为俄国缺乏实行社会主义的客观前提，试图在俄国进行社会主义革命和建设是跨越社会发展阶段、违背历史发展规律的，以此否定俄国的社会主义道路。葛兰西虽大力赞扬十月革命的积极意义，认为人的主观能动性冲破了经济决定论的既定公式和教条，评价其为"反《资本论》的革命"①，但这一观点也间接承认十月革命与历史唯物主义相冲突。面对国内外对俄国社会主义革命的责难，列宁在晚年时提出了"先革命、后建设"的观点②，认为俄国革命具有世界历史发展一般规律之外的特殊性，"既然建立社会主义需要有一定的文化水平……我们为什么不能首先用革命手段取得达到这个一定水平的前提，然后在工农政权和苏维埃制度的基础上赶上别国人民呢？"③

列宁"先革命、后建设"的观点表明，无产阶级政党夺取政权后，主要任务就从变革旧的社会形态转变为建设新的社会形态，从消灭旧的经济形式转变为创造新的经济形式，但面对发达资本主义国家的包围和本国经济文化水平的落后，落后国家如何建设社会主义仍是亟待解决的难题。十月革命前后，列宁曾设想采用国家资本主义形式过渡到社会主义，但基于客观历史环境，列宁领导苏俄人民先后实施了"直接过渡"的战时共产主义政策和"迂回过渡"的新经济政策。以余粮收集制为核心内容的战时共产主义政策集中国内一切人力、物力，赢得了国内战争的胜利，粉碎了国外武装干涉，巩固了新生的苏维埃政权。随着国内外形势趋于缓和，列宁指出战时共产主义政策"不是而且也不能是一项适应无产阶级经济任务的政策"④，转而实行新经济政策。新经济政策试图探索一条社会主义建设的新道路，突破了单一生产资料公有制、计划经济和消灭商品货币关系的教条，在坚持社会主义的同时允许在一定时期、一定范围内实行市场经济，提高了人民建设社会主义的积极性，利用资本主义的积极方面来促进社会

---

① 葛兰西.葛兰西文选（1916—1935）.北京：人民出版社，1992：9.

② 张光明.略论"倒过来的革命"：关于列宁的《论我国革命》.社会主义研究，2009（5）：1-6.

③ 列宁.列宁全集：第43卷.2版增订版.北京：人民出版社，2017：375.

④ 列宁.列宁全集：第41卷.2版增订版.北京：人民出版社，2017：208-209.

主义经济发展。新经济政策维持了不到七年，在列宁逝世后逐渐被废除，取而代之的是斯大林开创的高度集中的"苏联模式"。斯大林始终强调新经济政策的特殊性和过渡性，低估了市场经济的积极作用，认为在战争形势趋缓的条件下继续实行新经济政策将导致资产阶级更加活跃[①]，因此主张转变经济政策，"巩固无产阶级专政，加强工农联盟，从国家工业化着眼来发展我国的经济命脉……限制并战胜城乡资本主义分子"[②]。与社会主义工业化和农业集体化相适应，"苏联模式"发展了高度集权的政治体制，建立了社会主义生产资料公有制，贯彻了按劳分配原则，实行了高度集中的计划经济体制。但在低生产力水平的条件下，高度集中的政治经济体制很快就束缚了经济发展。随着"苏联模式"的僵化，苏联经济发展遇到困难，苏联历届领导人对社会主义的认识也表现为一个逐步后退的过程。斯大林在1936年就宣布苏联建成社会主义，1939年提出要继续坚持"向共产主义前进"的口号；随后赫鲁晓夫在苏共二十大上进一步提出了"20年内基本建成共产主义"的设想；在勃列日涅夫执政后期，官方表述从"20年内基本建成共产主义"退到苏联已建成"发达的社会主义"；安德罗波夫执政后则提出苏联并没有建成"发达的社会主义"，而是处于"发达的社会主义"这一漫长历史阶段的"起点"；戈尔巴乔夫上台后又将苏联社会形态的性质判断为"发展中的社会主义"，主要任务是从根本上改革旧体制。

随着20世纪90年代向市场经济转型失败，苏联解体、东欧剧变，苏联社会主义建设的进程被终止。苏联经验表明，在落后国家进行无产阶级革命夺取政权、建立无产阶级统治是可以取得成功的，但由于没有客观经济基础，无产阶级夺取政权后如何一步步建设社会主义，发展社会主义生产力，直到真正实现人的解放和人类社会的解放，仍然是共产党人未能回答的问题，是一项复杂且艰巨的长期任务。

---

①　"既然小生产在我国很普遍，甚至占优势，既然它特别是在新经济政策条件下经常地大批地产生着资本主义和资产阶级，那么我国就有使资本主义恢复成为可能的条件。"斯大林.斯大林选集（下）.北京：人民出版社，1979：66.

②　斯大林.斯大林选集（下）.北京：人民出版社，1979：67.

二、新民主主义革命和社会主义建设中超越发展阶段

正如列宁所说，"在东方那些人口无比众多、社会情况无比复杂的国家里，今后的革命无疑会比俄国革命带有更多的特殊性"①。19 世纪中后期资本主义以殖民、侵略等野蛮方式在世界范围内扩张，吞没在其道路上所遇到的一切国家，并且结合当地的条件和资本主义的一般规律，与其他落后生产方式发生"连接"，即资本主义和非资本主义生产方式在落后国家共生共存、共同统治②，把先进的资本主义社会形态与落后社会形态在地理空间上结合起来，形成了一种社会混合物。③ 近代中国就处于本国小农生产方式和资本主义生产方式共同统治的半殖民地半封建社会。由于历史和实践局限性，马克思和恩格斯没有预料到也无法回答如何在这样的国家建设社会主义。中国的现实情况与马克思、恩格斯的经典理论和苏联经验都有很大差距，中国社会形态的性质是什么？中国革命应当采取什么形式？这些都是亟须回答的、关乎中国命运的重大问题。

长期的革命和运动的历史经验表明只有共产主义才能救中国，但 1921 年刚刚诞生的中国共产党尚未成熟，还不能深刻认识中国社会形态和革命的性质。在共产国际内部，布哈林、斯大林等人认为封建关系在中国占主导地位，而托洛茨基则认为占统治地位的是资本主义关系。一些中国知识分子发展了托洛茨基的观点，认为西方列强入侵推动了中国资本主义的发展，蒋介石夺取政权标志着中国进入资本主义社会，产生了取消反帝反封建革命的错误主张。④ 1928 年中共六大决议采纳了斯大林的说法，在肯定中国是半殖民地的同时，指出"现在的中国经济政治制度，的确应当规定

---

① 列宁. 列宁全集：第 43 卷 . 2 版增订版 . 北京：人民出版社，2017：376.

② Taylor, J. *From Modernization to Modes of Production：A Critique of the Sociologies of Development and Underdevelopment*, London and Basingstoke：The Macmillan Press，1979.

③ Trotsky, L. *1905*, Chicago：Haymarket Books，2016.

④ 吴怀友，刘艳. 中国社会性质问题论战与中共对国情认识的变化. 党史研究与教学，2013 (6)：45 - 53.

为半封建制度"①，明确了中国革命的性质是资产阶级民主革命，但没有使用"半殖民地半封建"这一概念。一些中国知识分子通过社会调查和农村经济性质分析，阐明了中国处于半殖民地半封建社会。首先，帝国主义损害了中国独立民族工业的发展，"中国幼稚的工业遂处处受着限制、剥削。以致出品的成本昂贵"，无法和"帝国主义者进步的大机器生产，成品低廉又占着协定税则的便宜的货物竞争"②。其次，"帝国主义要维持他在中国的统治，只有极力维持中国的封建势力"③，民族资本也受到封建势力的严重束缚。最后，中国农村依然保持着封建剥削关系，"因为这里对立的不是在土地上投下资本取得平均利润的资本家与得到工资的工人，而是将土地出租给农民、从农民那里收到地租的地主与农民"④。

毛泽东创立了新民主主义论，为在党内形成战略共识和在全社会各阶层形成广泛的统一战线奠定了理论基础。《矛盾论》标志着中国共产党基本矛盾和主要矛盾分析法的创立，用基本矛盾判断社会形态的性质、用主要矛盾判断一种社会形态内部的发展阶段，提供了分析混合社会形态性质的学理依据。《中国革命和中国共产党》和《新民主主义论》等著作明确了中国半殖民地半封建的社会性质和革命任务，指出外国资本主义侵入使中国变为半殖民地半封建社会，"封建时代的自给自足的自然经济基础是被破坏了；但是，封建剥削制度的根基……同买办资本和高利贷资本的剥削结合在一起……占着显然的优势"，"民族资本主义有了某些发展……但是，它没有成为中国社会经济的主要形式"，"皇帝和贵族的专制政权是被推翻了，代之而起的先是地主阶级的军阀官僚的统治，接着是地主阶级和大资产阶级联盟的专政。在沦陷区，则是日本帝国主义及其傀儡的统治"，"帝国主义不但操纵了中国的财政和经济的命脉，并且操纵了中国的政治和军事的力量"，"中国的经济、政治和文化的发展，表现出极端的不平

---

①　中央档案馆．中共中央文件选集：第4册．北京：中共中央党校出版社，1989：336.

②　瞿秋白．瞿秋白选集．北京：人民出版社，1985：299.

③　中央档案馆．中共中央文件选集：第5册，中共中央党校出版社，1990：630.

④　张闻天．张闻天选集．北京：人民出版社，1985：6.

衡"。① 近代中国社会的基本矛盾就是"帝国主义和中华民族的矛盾，封建主义和人民大众的矛盾"，"这些矛盾的斗争及其尖锐化，就不能不造成日益发展的革命运动"。② 基于对中国社会形态性质的判断，毛泽东提出中国革命的历史进程要分两步走。第一步是进行改变半殖民地半封建社会形态的新民主主义革命，第二步是建立社会主义社会。毛泽东等中国共产党人据此制定了新民主主义革命的基本纲领，推翻了帝国主义和封建主义的压迫，领导中国革命取得了胜利，建立了新中国。新民主主义革命基本纲领从政治、经济和文化三个方面规定了新中国的社会性质。政治上，新中国是一个以无产阶级为领导的、以工农联盟为基础的各革命阶级联合专政的民主共和国；经济上，没收操纵国计民生的大银行、大工业、大商业，建立国营经济，没收地主土地归农民所有，并引导农民发展合作经济，同时允许民族资本主义经济的发展和富农经济的存在；文化上，废除封建买办文化，发展民族的科学的大众的文化。

新民主主义革命胜利后，面对新生的社会主义社会和全国规模的社会主义建设事业，中国共产党经历了曲折而艰辛的探索。新中国成立初期，在正确的方针和政策的指导下，先后经过新民主主义经济建设和社会主义改造，中国有步骤地实现了从新民主主义到社会主义的转变，恢复了国民经济并在计划经济的保障下逐步建立起独立的工业体系，绝大部分地区完成了生产资料私有制的社会主义改造，取得了辉煌的胜利。1956 年党的八大决议宣布中国已基本建立社会主义的社会制度。毛泽东深刻认识到中国的"社会主义制度还刚刚建立，还没有完全建成，还不完全巩固③，"还需要有一个继续建立和巩固的过程"④，"建成社会主义不要讲得过早了"⑤。社会主义改造基本完成后，党和人民的事业转向全面的大规模社会主义建设，在工业、农业、科学技术和教育等方面都取得了较大成就。但1958 年，党的八大二次会议提出"在社会主义社会建成以前，无产阶级同

---

① 毛泽东. 毛泽东选集：第 2 卷. 2 版. 北京：人民出版社，1991：630-631.

② 同①631.

③④ 毛泽东. 关于正确处理人民内部矛盾的问题. 人民日报，1957-06-19.

⑤ 毛泽东. 毛泽东文集：第 8 卷. 北京：人民出版社，1999：116.

资产阶级的斗争，社会主义道路同资本主义道路的斗争，始终是我国内部的主要矛盾"①，这"把社会主义社会中一定范围内存在的阶级斗争扩大化和绝对化"②，忽略了客观经济规律，后来甚至出现了反对发展社会生产力、"鼓吹社会主义制度的巩固和发展不需要物质基础"③、"主张普遍贫穷的假社会主义"④ 的现象，都犯了不遵循社会经济发展规律、试图超越发展阶段的错误。由于社会主义运动历史不长，世界社会主义国家建设经验十分有限，社会主义社会发展规律仍是有待挖掘的富矿，党和人民在"中国是什么性质的社会""应该建设什么样的社会"等问题上缺乏充分的思想准备和科学研究，并没有达成共识，在基本战略、路线、方针和政策上存在着混乱和严重失误，"离开现实和超越阶段采取一些'左'的办法"⑤，导致问题和挫折不断出现。

三、社会主义初级阶段和初级阶段的理论难题

党的十一届三中全会是中国社会主义建设过程中具有深远意义的历史转折，以邓小平同志为主要代表的中国共产党人坚决纠正了前期党的工作的失误，停止了"以阶级斗争为纲"的不适用于中国实际的口号，作出了把工作的着重点转移到社会主义现代化建设上的重大决策。邓小平指出，"搞社会主义，一定要使生产力发达，贫穷不是社会主义"，"虽说我们也在搞社会主义，但事实上不够格"，只有"到达了中等发达国家的水平，才能说真的搞了社会主义，才能理直气壮地说社会主义优于资本主义"。⑥

---

①　中共中央文献研究室．建国以来重要文献选编：第 11 册．北京：中央文献出版社，2011：249－250.

②　中共中央文献研究室．改革开放三十年来重要文献选编（上）．北京：中央文献出版社，2008：193.

③　同②65.

④　同②33.

⑤　邓小平．邓小平文选：第 2 卷．2 版．北京：人民出版社，1994：312.

⑥　邓小平．邓小平文选：第 3 卷．北京：人民出版社，1993：225.

那么，中国作为一个落后国家，在发展生产力、摆脱贫穷和建设社会主义的过程中究竟具有什么样的社会性质？属于什么样的社会？邓小平等中国共产党人创造性地提出了社会主义初级阶段理论，认为中国正处于并将长期处于社会主义初级阶段。

新中国成立以来的社会主义建设经验表明，落后国家建设社会主义不仅是一个长期的历史过程，而且是需要划分为不同历史阶段的过程。20 世纪 50 年代末 60 年代初，针对党内一些希望中国立刻进入共产主义的观点，毛泽东指出，"社会主义这个阶段，又可能分为两个阶段，第一个阶段是不发达的社会主义，第二个阶段是比较发达的社会主义。后一阶段可能比前一阶段需要更长的时间"①，为社会主义初级阶段的提出提供了有益的启示。1979 年，叶剑英《在庆祝中华人民共和国成立三十周年大会上的讲话》中首次提出了我国"社会主义制度还处在幼年时期"；1981 年党的十一届六中全会通过的《关于建国以来党的若干历史问题的决议》指出"我们的社会主义制度还是处于初级的阶段"；1986 年党的十二届六中全会通过的《中共中央关于社会主义精神文明建设指导方针的决议》说明了社会主义初级阶段的经济特征，"我国还处在社会主义的初级阶段，不但必须实行按劳分配，发展社会主义的商品经济和竞争，而且在相当长历史时期内，还要在公有制为主体的前提下发展多种经济成分，在共同富裕的目标下鼓励一部分人先富裕起来"；党的十三大报告系统地阐述了社会主义初级阶段的含义，"第一，我国社会已经是社会主义社会。我们必须坚持而不能离开社会主义。第二，我国的社会主义社会还处在初级阶段。我们必须从这个实际出发，而不能超越这个阶段"。② 中国正处于并将长期处于社会主义初级阶段是由中国的客观历史条件决定的，"不是泛指任何国家进入社会主义都会经历的起始阶段"，中国的社会主义"脱胎于半殖民地半封建社会，生产力水平远远落后于发达的资本主义国家，这就决定了我们必须经历一个很长的初级阶段，去实现别的许多国家在资本主义条件下实

---

① 毛泽东. 毛泽东文集：第 8 卷. 北京：人民出版社，1999：116.
② 中共中央文献研究室. 改革开放三十年来重要文献选编（上）. 北京：中央文献出版社，2008：63，212，434，474.

现的工业化和生产的商品化、社会化、现代化"。① 基于社会主义初级阶段的历史判断，邓小平认识到"计划经济不等于社会主义，资本主义也有计划；市场经济不等于资本主义，社会主义也有市场。计划和市场都是经济手段"，"社会主义也可以搞市场经济"，"这是社会主义利用这种方法来发展社会生产力。把这当作方法，不会影响整个社会主义，不会重新回到资本主义"。② 中国的社会主义经济制度不再拘泥于传统的"公有制＋计划经济"的社会主义标准，通过社会主义和市场经济的结合，有计划、有选择地引进和学习"资本主义国家先进的经营方法、管理方法、发展科学的方法"③，极大地发展了生产力，提高了人民生活水平，开辟了中国特色社会主义道路。

　　社会主义初级阶段的提出从一定程度上克服了把马克思主义教条化、把苏联经验神圣化的错误倾向，但依然没有从根本上突破传统的"五社会形态"理论的限制。社会主义初级阶段理论认识到了中国尽管可以不经过资本主义制度，但不能不经过市场经济下生产力巨大发展的阶段，因此必须吸取发达国家发展的积极成果用于社会主义经济建设，同时中国"既不能照搬西方资本主义国家的做法，也不能照搬其他社会主义国家的做法"④，而是要走出一条符合中国实际的、具有中国特色的道路，这是符合客观经济发展规律的科学判断。但受制于传统的"五社会形态"理论，社会主义初级阶段的提法并没有从社会形态层面阐明中国社会的性质，而是采用了一种折中的方法，认为中国处于社会主义社会形态中的某个不发达阶段，并且将建构社会主义社会形态的重点从生产关系转移到生产力上，因此鼓励、支持和引导一些适应社会主义初级阶段生产力水平但不属于社会主义生产关系的成分（例如非公有制经济）存在和发展，然而却带来了

---

　　① 中共中央文献研究室. 改革开放三十年来重要文献选编（上）. 北京：中央文献出版社，2008：476，474－475.

　　② 邓小平. 邓小平文选：第3卷. 北京：人民出版社，1993：373；邓小平. 邓小平文选：第2卷.2版. 北京：人民出版社，1994：236.

　　③ 邓小平. 邓小平文选：第2卷.2版. 北京：人民出版社，1994：235.

　　④ 同①470.

新的理论问题。第一，邓小平同志说"巩固和发展社会主义制度，还需要一个很长的历史阶段，需要我们几代人、十几代人，甚至几十代人坚持不懈地努力奋斗"①，表明巩固和发展社会主义制度的持续时间超过了"初级阶段"所涵盖的范围。第二，社会主义初级阶段是动态发展、不断变化的，区分为不同的发展阶段，习近平同志提出的"新发展阶段"就是社会主义初级阶段的一个新的阶段，新发展阶段后的更高阶段又面临新的表述难题。第三，我国即将在2050年全面建成社会主义现代化强国，是否意味着届时社会主义初级阶段的结束？社会主义初级阶段下存在的那些不属于社会主义生产关系的成分是否还应继续坚持和发展？这些问题仍是理论研究的未竟之地。

---

① 邓小平. 邓小平文选：第3卷. 北京：人民出版社，1993：379-380.

第十二章　中国特色社会主义创造了"人类文明新形态"

　　建党百年之际，习近平同志庄严宣告"我们坚持和发展中国特色社会主义，推动物质文明、政治文明、精神文明、社会文明和生态文明协调发展，创造了中国式现代化新道路，创造了人类文明新形态"①。这一伟大论断将中国特色社会主义的社会性质判断为"人类文明新形态"，是不发达社会主义社会形态的具体形式。

一、中国特色社会主义的社会性质

　　中国特色社会主义的形成和发展是理性建构与自发演化相统一的动态过程，制度建构内生于中国社会实践历史演化过程的同时又作用于中国实践，二者的互动不断推动中国特色社会主义向前发展，创造了一个以科学社会主义为指导、具有中国特色的隶属于"物的依赖性"阶段的新社会形态，积极扬弃了资本主义社会形态，是不发达社会主义社会形态的具体形式，开辟了人类社会形态演进的新道路。

---

　　①　习近平．在庆祝中国共产党成立 100 周年大会上的讲话．求是，2021（14）：4-14.

从半殖民地半封建社会到中国特色社会主义社会

尽管包含人为建构和设计的痕迹，但资本主义社会形态的产生和发展更多的是一个自发的、没有事先理论指导与谋划的过程，相比之下，社会主义社会形态的产生和发展始终是有政党指导的、建构与演进相结合的过程。[①] 中国共产党根据中国在不同历史时期的基本国情和主要矛盾，发挥主观能动性自上而下地变革上层建筑，进行革命、建设和改革，开创了中国式现代化道路，实现了从半殖民地半封建社会到中国特色社会主义的伟大跨越。19 世纪中后期，落后国家社会形态的发展进程由于西方资本主义的扩张和侵略而中断。在半殖民地半封建的混合形态下，资本主义生产方式在促进前资本主义生产方式解体的同时，利用前资本主义生产方式中人与人之间的统治和从属关系维护自己的统治，使这种混合形态在不受外界干预的情况下长期存在，无法自发地向现代社会形态过渡，改变了落后国家发展的历史进程。落后国家要想打破这种混合形态，必须采取革命手段从根本上改变社会性质，自上而下地重塑生产条件，逐步探索并进行制度建设。长期的革命和运动的历史经验表明只有共产主义才能救中国，1949年，中国共产党团结带领中国人民，取得了新民主主义革命的胜利，彻底结束了旧中国半殖民地半封建社会的历史，"造成由人剥削人的社会向着社会主义社会发展的可能性"[②]，为建立新的社会形态创造了根本社会条件。

社会主义社会必须建立在现代生产的基础上，毛泽东等中央领导人提出了四个现代化任务，为了"摆脱落后和贫困"，必须"建设起强大的现代化的工业、现代化的农业、现代化的交通运输业和现代化的国防"，首先就是要"建立一个独立的比较完整的工业体系和国民经济体系"。[③] 新中国成立初期，中国仍然是一个生产力落后的农业国家，传统小农生产方式

---

① 卫兴华. 有领导有谋划地自觉发展是社会主义的客观要求和重要特点：兼析社会主义初级阶段的理论与实践. 经济纵横，2017（10）：1-11.

② 毛泽东. 毛泽东选集：第 4 卷. 2 版. 北京：人民出版社，1991：1375.

③ 周恩来. 周恩来选集（下）. 北京：人民出版社，1984：132，439.

是"以土地和其他生产资料的分散为前提的。它既排斥生产资料的积聚，也排斥协作，排斥同一生产过程内部的分工，排斥对自然的社会统治和社会调节，排斥社会生产力的自由发展。它只同生产和社会的狭隘的自然产生的界限相容"①。要向现代生产过渡，必须在国家主导下建立独立自主的工业体系，而这一前提是"使生产资料的社会主义所有制成为我国国家和社会的唯一的经济基础"，只有这样"才利于在技术上起一个革命，把在我国绝大部分社会经济中使用简单的落后的工具农具去工作的情况，改变为使用各类机器直至最先进的机器去工作的情况"。② 经过三年的社会主义改造，党中央在 1956 年宣布社会主义的社会制度基本建立，为创造新的社会形态奠定了根本政治前提和制度基础。在社会主义制度下，中国共产党利用计划经济体制，以重工业优先发展为发展战略，以国家和政府干预为基本手段，以农业支持工业为机制保障，随着苏联援助开展的 156 个项目的建设，建立起了独立自主的工业体系。

　　除了完整的工业体系外，现代生产的另一特点是发达的商品经济，正如马克思所说，"最初表现为资本生成的条件，因而还不能从资本作为资本的活动中产生"，但当这些条件具备以后，"资本为了生成，不再从前提出发，它本身就是前提，它从它自身出发，自己创造出保存和增殖自己的前提"。③ 通过反思中国的基本国情，邓小平等中央领导人提出"我们的社会主义是脱胎于半殖民地半封建社会，生产力水平远远落后于发达的资本主义国家"，"决定了在生产关系方面，发展社会主义公有制所必需的生产社会化程度还很低，商品经济和国内市场很不发达，自然经济和半自然经济占相当比重"，"我们必须经历一个很长的初级阶段，去实现别的许多国家在资本主义条件下实现的工业化和生产的商品化、社会化、现代化"。④ 据此，邓小平创造性地打破了市场经济与社会主义的二元对立，创立了社

---

①　马克思. 资本论：第 1 卷 . 2 版 . 北京：人民出版社，2004：872.

②　中共中央文献研究室 . 毛泽东年谱：第 2 卷 . 北京：中央文献出版社，2013：200.

③　马克思，恩格斯 . 马克思恩格斯全集：第 30 卷 . 2 版 . 北京：人民出版社，1995：452.

④　中共中央文献研究室 . 改革开放三十年来重要文献选编（上）. 北京：中央文献出版社，2008：474 - 475.

会主义市场经济，并首次提出"中国式的现代化"概念，具体就是"到本世纪末在中国建立一个小康社会"。① 社会主义市场经济的创建和发展为中国式现代化道路提供了充满新活力的体制保证和快速发展的物质条件。

党的十八大以来，中国特色社会主义进入新时代，随着2020年全面建成小康社会，以习近平同志为核心的党中央基于新时代的基本国情，不断完善和发展中国特色社会主义制度，更加关注高质量发展和经济社会全系统的有机协同发展，具体的战略目标就是要推进国家治理体系和治理能力现代化、建设现代化经济体系、全面建设社会主义现代化国家。习近平同志深刻指出："经济发展是一个螺旋式上升的过程，上升不是线性的，量积累到一定阶段，必须转向质的提升，我国经济发展也要遵循这一规律。"② 立足于新时代，习近平同志提出以供给侧结构性改革为主线，以建设现代化经济体系为战略目标，贯彻新发展理念，加快构建新发展格局，核心就是要通过提高供给体系的质量和效率，不断满足人民日益增长的美好生活需要，保障和改善民生水平，朝着人的自由全面发展和共同富裕迈进。具体的战略和举措包括创新驱动发展战略、区域协调发展战略、绿色发展战略、精准扶贫战略、乡村振兴战略、"一带一路"倡议等。

中国特色社会主义是不发达社会主义社会形态的具体形式

2022年，党的二十大宣布，"中国特色社会主义制度更加成熟更加定型，国家治理体系和治理能力现代化水平明显提高"③，标志着中国特色社会主义基本建构完成。经过多年的探索和实践，中国特色社会主义已是一个隶属于"物的依赖性"阶段的新社会形态，是不发达社会主义社会形态的具体形式。

第一，中国特色社会主义"既坚持了科学社会主义基本原则，又根据时代条件赋予其鲜明的中国特色"④，在经济、政治、文化、社会、生态等

---

① 邓小平. 邓小平文选：第3卷. 北京：人民出版社，1993：54.
② 习近平. 习近平谈治国理政：第3卷. 北京：外文出版社，2020：238.
③ 习近平. 高举中国特色社会主义伟大旗帜 为全面建设社会主义现代化国家而团结奋斗：在中国共产党第二十次全国代表大会上的报告. 北京：人民出版社，2022.
④ 习近平. 关于坚持和发展中国特色社会主义的几个问题. 求是，2019（7）：5.

各方面具体化，体现为五大文明。在物质文明方面，坚持和完善社会主义基本经济制度，在强调公有制主体地位不能动摇的同时推动各种所有制取长补短、相互促进、共同发展，强调在使市场在资源配置中起决定性作用的同时更好发挥政府作用。在政治文明方面，坚持和完善党的领导制度体系和人民当家作主制度体系，发展社会主义民主政治，既充分发扬民主，又有效进行集中，同时坚持和完善党和国家监督体系，强化对权力运行的制约和监督。在精神文明方面，坚持和完善繁荣发展社会主义先进文化的制度，以马克思主义为指导，坚守中华文化立场，结合中国现实和时代条件，发展面向现代化、面向世界、面向未来的，民族的、科学的、大众的社会主义文化。在社会文明方面，坚持和完善统筹城乡的民生保障制度，满足人民日益增长的美好生活需要；坚持和完善共建共治共享的社会治理制度，促进共同富裕，实现社会和谐安定。在生态文明方面，坚持和完善生态文明制度体系，践行"绿水青山就是金山银山"理念，走生产发展、生活富裕、生态良好的文明发展道路，促进人与自然和谐共生。"这些都是在新的历史条件下体现科学社会主义基本原则的内容，如果丢掉了这些，那就不成其为社会主义了。"①

第二，中国特色社会主义是必须长期坚持的发展道路，从持续时间来看构成一种社会形态。习近平同志多次引用邓小平的论述，强调"坚持和发展中国特色社会主义是一项长期的艰巨的历史任务"②，"伟大事业需要几代人、十几代人、几十代人持续奋斗"③，"即使实现了现代化，要把我国社会主义制度世世代代坚持下去，仍然要一以贯之地把巩固和发展社会主义制度的问题解决好，不可能一劳永逸"④。因此，中国特色社会主义的经济和社会结构将长期稳定且较少变动，属于历史发展的"长时段"，这

---

① 习近平．关于坚持和发展中国特色社会主义的几个问题．求是，2019（7）：5．

② 习近平．在纪念红军长征胜利 80 周年大会上的讲话．人民日报，2016－10－22．

③ 习近平．在 2018 年春节团拜会上的讲话．人民日报，2018－02－15．

④ 习近平．把握新发展阶段，贯彻新发展理念，构建新发展格局．求是，2021（9）：8．

种稳定的、长达数百年的社会经济体系应当构成社会形态。①

第三，中国特色社会主义作为一国社会主义实践始终隶属于不发达的社会主义阶段。实践已经证明社会主义可以作为无产阶级政党夺取政权的计划在一国内取得胜利，但却很难证明社会主义能够作为人类解放的计划在一国内取得成功。马克思就曾明确指出，"普遍交往……使每一民族都依赖于其他民族的变革"，"共产主义只有作为占统治地位的各民族'一下子'同时发生的行动，在经验上才是可能的，而这是以生产力的普遍发展和与此相联系的世界交往为前提的"。② 因此，在世界资本主义体系存在的情况下，社会主义国家与资本主义世界普遍交往，通过汲取资本主义文明成果，社会主义革命和建设可以在一国内开展，但无论生产力多么发达，只要社会主义仍然是具有地域性的国别现象，就始终都隶属于不发达的社会主义阶段，只有几个发达国家转向社会主义才能脱离不发达的阶段。

第四，从人类社会演变的历史方位来看，中国特色社会主义仍然处于以"物的依赖性"为基础的阶段，正向马克思和恩格斯构想的共产主义社会迈进。"以物的依赖性为基础的人的独立性，是第二大形式"，突破了在最初的"人的依赖关系"的社会形态下"人的生产能力只是在狭小的范围内和孤立的地点上发展着"的根本限制，"以交换价值和货币为中介的交换"，"以生产者互相间的全面依赖为前提"，"普遍的需求和供给互相产生的压力，作为中介使漠不关心的人们发生联系"，形成了"普遍的社会物质变换、全面的关系、多方面的需求以及全面的能力的体系"，只有在此基础上，才能向"个人全面发展"和"自由个性"的第三大形态过渡。③ 中国特色社会主义脱胎于落后的小农经济，需要充分发挥非公有制经济和市场经济的作用，突破"人的依赖关系"下的根本限制，建立人与人之间的普遍联系。因此，尽管与生产力的发展相适应的"社会主义生产关系已

---

① 费尔南·勃罗代尔. 历史和社会科学：长时段//蔡少卿. 再现过去：社会史的理论视野. 杭州：浙江人民出版社，1988；J. 勒高夫. 新史学//J. 勒高夫，P. 诺拉，R. 夏蒂埃，等. 新史学. 上海：上海译文出版社，1989.

② 马克思，恩格斯. 马克思恩格斯选集：第1卷.3版. 北京：人民出版社，2012：166.

③ 马克思，恩格斯. 马克思恩格斯全集：第30卷.2版. 北京：人民出版社，1995：107-108.

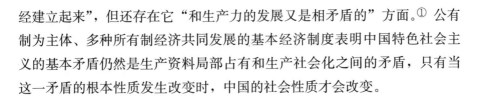

经建立起来",但还存在它"和生产力的发展又是相矛盾的"方面。① 公有制为主体、多种所有制经济共同发展的基本经济制度表明中国特色社会主义的基本矛盾仍然是生产资料局部占有和生产社会化之间的矛盾,只有当这一矛盾的根本性质发生改变时,中国的社会性质才会改变。

中国特色社会主义是积极扬弃资本主义的"人类文明新形态"

中国特色社会主义积极扬弃了西方资本主义的文明成果,是现代文明的新载体,丰富了人类历史发展的新形态。正如列宁所说,"资本主义所积累的一切最丰富的、从历史的角度讲对我们是必然需要的全部文化、知识和技术由资本主义的工具变成社会主义的工具"②。在理论上,中国特色社会主义与资本主义都处于"物的依赖性"阶段,而资本主义社会形态作为这一阶段的开端,是现代文明的代表形式,应当充分认识到资本的两面性,借鉴资本主义国家的先进成果来建设中国特色社会主义。在实践上,中国共产党人深刻认识到了世界各国之间普遍联系、相互依存的关系,打破了资本主义和社会主义在意识形态上的对立,积极吸收资本主义的先进文明成果,通过引进资金、人才和技术,以及融入全球生产网络等方式促进了中国特色社会主义经济的发展,从传统文明迈向了现代文明。

马克思曾指出,尽管每个社会都"既不能跳过也不能用法令取消自然的发展阶段","但是它能缩短和减轻分娩的痛苦"。③ 中国共产党始终代表最广大人民的根本利益,决定了中国特色社会主义在吸收资本主义文明成果的同时,能够发挥社会主义的制度优越性克服以"资本至上"为核心逻辑的资本主义的弊端。在物质文明方面,中国特色社会主义的基本经济制度缓解了私有制与社会化大生产的矛盾。公有制经济居于主导地位,国有企业在国家战略性、安全性和基础性领域集中,承担开展重大技术创新的责任和发挥经济稳定器的作用。同时,中国特色社会主义结合"有效市场"和"有为政府",克服了社会生产的无政府性和资本的无序扩张。社

---

① 毛泽东.关于正确处理人民内部矛盾的问题.人民日报,1957-06-19.
② 列宁.列宁全集:第34卷.2版增订版.北京:人民出版社,2017:357.
③ 马克思.资本论:第1卷.2版.北京:人民出版社,2004:10.

会主义市场经济体制本身是国家通过改革开放自上而下塑造的。在这一体制下，政府通过中长期规划、召开中央经济工作会议等方式引领市场经济发展，并通过战略性公共投资、社会支出等方式参与和弥补市场经济运行的缺陷。[①] 在政治文明方面，中国特色社会主义坚持发展人民自己参与和管理的全过程人民民主，高度重视回应民意和协商民主以切实促进民生改善，超越了以资本为中心的、社会精英集团竞争公共权力的西方式"精英民主"。在精神文明方面，西方践行的"普世价值"将资本主义制度看作是非历史的、自然合理的制度，强调维护资产阶级的利益，并带有侵略性和扩张性这些帝国主义特征，而中国特色社会主义牢固树立以唯物史观为基础的社会主义核心价值观，其本质是以人民为中心的价值观，把国家、社会、公民的价值要求融为一体，根植于中国土壤，具有民族性和时代性。在社会文明方面，与资本主义生产方式天然带来贫富分化不同，中国特色社会主义确立了共同富裕的崇高目标，结束了对抗性剥削关系，在经济发展中保障和改善民生，解决了区域性整体贫困，消除了绝对贫困，坚决防止两极分化，促进社会和谐安定。在生态文明方面，中国特色社会主义坚持生态优先、绿色低碳发展，切实推进碳达峰碳中和工作，着力克服由资本逐利性驱使的对自然界的过度利用，让良好生态环境成为人民生活的增长点。

"人类文明新形态"突破了"五社会形态"单线发展的教条

"人创造环境，同样，环境也创造人"[②]，一国的社会形态是由理性建构力量和自发演进力量共同作用形成的复杂系统[③]，根据各国客观的历史文化背景、社会经济条件的差异而有所不同。"五社会形态"理论概括并预测了西欧社会形态的变迁，逐渐演变为人类社会沿着原始社会、奴隶社

---

① Weber 和 Qi 将此称为"国家构建的市场经济"。参见 Weber, I. and Qi, H. "The State-Constituted Market Economy：A Conceptual Framework for China's State-Market Relations," Economics Department Working Paper, 2022, Series 319.

② 马克思，恩格斯. 马克思恩格斯文集：第 1 卷. 北京：人民出版社，2009：545.

③ 黄凯南. 制度理性建构论与制度自发演进论的比较及其融合. 文史哲，2021（5）：142 - 153.

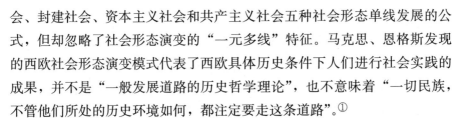

会、封建社会、资本主义社会和共产主义社会五种社会形态单线发展的公式，但却忽略了社会形态演变的"一元多线"特征。马克思、恩格斯发现的西欧社会形态演变模式代表了西欧具体历史条件下人们进行社会实践的成果，并不是"一般发展道路的历史哲学理论"，也不意味着"一切民族，不管他们所处的历史环境如何，都注定要走这条道路"。①

与西欧社会的"五形态"演变不同，中国已经经历了原始社会、奴隶社会、封建社会、半殖民地半封建社会四种社会形态，当前正在中国共产党的领导下建设中国特色社会主义社会，即不发达的社会主义社会的具体形式，并朝着未来共产主义社会形态的方向迈进——几个发达国家同时转向社会主义构成发达的社会主义社会或共产主义第一阶段，进一步向前发展为共产主义高级阶段。中华文明作为古老东方文明的代表在传统社会中一直领先于世界，但当西方社会经过工业革命率先进入现代资本主义社会形态后，社会形态的落后直接导致近代中国在西方列强的侵略下"国家蒙辱、人民蒙难、文明蒙尘"②。中国共产党采取革命手段从根本上改变了中国半殖民地半封建的社会性质，并根据不同历史时期的基本国情和主要矛盾发挥主观能动性自上而下地变革上层建筑、重塑生产条件，从 0 到 1 建立起了独立自主的工业体系，创造性地提出了建立社会主义市场经济，确立了现代生产的物质基础和制度保障，成功开辟了中国式现代化新道路，建构了中国特色社会主义社会形态。与此同时，"我们也必须看到，经济发展落后的国家在社会制度上能够越过'卡夫丁峡谷'，并不等于它们在经济发展上也必然能够越过商品经济的'卡夫丁峡谷'"③。从人类社会发展的一般规律来看，中国特色社会主义是一国内开展社会主义建设的地域性国别现象，仍处于"物的依赖性"社会，需要充分发挥市场的作用，突破"人的依赖关系"下的根本限制，以物的交换为中介，建立起人与人之间的普遍联系。

中国特色社会主义是对资本主义的积极扬弃，证明了经济文化落后国

---

① 马克思，恩格斯. 马克思恩格斯文集：第 3 卷. 北京：人民出版社，2009：466.

② 习近平. 在庆祝中国共产党成立 100 周年大会上的讲话. 求是，2021（14）：4-14.

③ 习近平. 对发展社会主义市场经济的再认识. 东南学术，2001（4）：26-38.

家能够在吸收资本主义文明成果的同时防止资本主义发展的灾难性后果。"一个落后国家固然要吸收先进国家的物质和精神成果，可是这并不等于盲目地模仿后者，复制后者以往所有的发展阶段"，而是能够通过"吸收现成的文明成果，从而能跨越一系列过渡阶段"，"导致历史进程中各个阶段的特殊叠合，其轨迹在整体上具有无序、复杂与混合的性质"。① 中国特色社会主义积极吸收了西方资本主义文明成果，极大地缩短了从传统社会走向现代社会的发展历程，是发达资本主义国家发展阶段的时空压缩。但同时，中国特色社会主义仍处于"物的依赖性"社会，经济发展过程中必然会存在各种形态的资本，不可避免地会遇到资本及其生产方式带来的种种问题，必须正确认识和把握资本的特性和行为规律，探索如何在社会主义市场经济条件下发挥资本的积极作用，同时有效控制资本的消极作用。从更广泛的世界意义来看，中国特色社会主义社会形态建构摆脱了西方中心主义的局限，为其他既希望加快发展又希望保持自身独立性的国家和民族提供了全新选择。

二、中国特色社会主义经济发展的本质规定

马克思曾指出，"人体解剖对于猴体解剖是一把钥匙"②，"对人类生活形式的思索，从而对这些形式的科学分析，总是采取同实际发展相反的道路。这种思索是从事后开始的，就是说，是从发展过程的完成的结果开始的"③，这是因为"比较简单的范畴，虽然在历史上可以在比较具体的范畴之前存在，但是，它在深度和广度上的充分发展恰恰只能属于一个复杂的社会形式，而比较具体的范畴在一个比较不发展的社会形式中有过比较充分的发展"④。"社会主义社会作为一个长期的历史发展过程，不可能在社

---

① 列夫·托洛茨基. 俄国革命史：第 1 卷. 北京：商务印书馆，2017：15 - 16.

② 马克思，恩格斯. 马克思恩格斯选集：第 2 卷. 3 版. 北京：人民出版社，2012：705.

③ 马克思. 资本论：第 1 卷. 2 版. 北京：人民出版社，2004：93.

④ 马克思，恩格斯. 马克思恩格斯文集：第 8 卷. 北京：人民出版社，2009：27.

会主义基本制度建立之初就形成一个完美无缺的生产关系，也要有一个不断成熟和完善的过程"。①"人类文明新形态"正是由现在向过去、由成熟充分的发展向不成熟不充分的发展的逆向考察和推导，集成了共产党人对"什么是社会主义、怎样建设社会主义"这一问题的探索，总结了中国特色社会主义的发展实践，系统化了中国特色社会主义建设中已有的理论创造，抽象出了中国特色社会主义经济基础的一般规定。

坚持加强中国共产党对经济工作的集中统一领导

中国共产党领导是中国特色社会主义最本质的特征，只有坚持加强党对经济工作的集中统一领导，才能确保中国特色社会主义经济沿着正确的方向发展，既不走封闭僵化的老路，也不走改旗易帜的邪路。由于人类社会仍然处于以物的依赖性为基础的发展阶段，资本主义力量在世界范围内还比较强大，中国经济深度融入世界经济，时刻面临着"交往的任何扩大都会消灭地域性的共产主义"②的威胁，必须始终坚持党的集中统一领导，才能保证公有制主体地位不动摇、国有经济主导作用不动摇，避免走上"改旗易帜"的资本主义道路。从国内来看，尽管中国的经济发展取得了历史性成就，但生产力水平仍然有限，需要发展市场经济来建立人与人之间的普遍联系，为实现人的自由全面发展创造条件，必须在中国共产党领导和社会主义制度的大前提下发展市场经济，避免走上"封闭僵化的老路"，同时发挥中国特色社会主义制度的优越性，有效防范资本主义市场经济的弊端。

随着中国特色社会主义进入新时代，经济工作有了新变化和新情况，要不断完善党领导经济工作的体制机制，保证充分发挥党总揽全局、协调各方的领导核心作用。在风云变幻的世界经济大潮中，驾驭好我国经济这艘大船要求党勇于进行自我革命，不断提高领导经济工作的能力。社会革命与党的自我革命是辩证统一的，社会革命的艰巨任务和深刻变化要求党

---

① 习近平 . 论《〈政治经济学批判〉序言》的时代意义 . 福建论坛（经济社会版），1997（1）：1 - 7.

② 马克思，恩格斯 . 马克思恩格斯选集：第 1 卷 . 3 版 . 北京：人民出版社，2012：166.

保持勇于自我革命的自觉和勇气，党的自我革命能够引领和推动社会革命。首要的是从思想上建党，全面贯彻新时代党的组织路线，推进全面从严治党向纵深发展，不断提高党的执政能力和领导水平，确保全党统一意志、统一行动、步调一致向前进，为新时代坚持和发展中国特色社会主义、实现第二个百年奋斗目标提供坚强保证。

坚持以人民为中心的发展思想

中国共产党始终坚持人民是创造历史的真正动力的唯物史观，坚持全心全意为人民服务的根本宗旨，践行以人民为中心的发展思想。党的十八大以来，在总结国内外正反发展经验和科学判断国内经济形势的基础上，习近平同志围绕着以人民为中心的发展思想，提出了创新、协调、绿色、开放、共享的新发展理念。新发展理念不是新发展阶段特有的发展理念，而是总结国内外正反发展经验和以人民为中心的发展思想的具体体现，贯穿中国特色社会主义的整个时期。

第一，创新是引领发展的第一动力。创新即"变革劳动过程的技术条件和社会条件，从而变革生产方式本身"，一方面能够"不断地驱使劳动生产力向前发展……以致……整个社会只需用较少的劳动时间就能占有并保持普遍财富"，"从而，人不再从事那种可以让物来替人从事的劳动"[1]；另一方面通过"发现、创造和满足由社会本身产生的新的需要"，"培养社会的人的一切属性，并且把他作为具有尽可能丰富的属性和联系的人，因而具有尽可能广泛需要的人生产出来"[2]。

第二，协调是经济发展的内生特点。协调发展的本质是物质生产过程的协调，马克思重点强调了社会生产的协调，指出"有些事业在较长时间内取走劳动力和生产资料，而在这个时间内不提供任何有效用的产品"，另一些生产部门则相反，"必须确定前者按什么规模进行，才不致有损于

---

① 马克思.资本论：第1卷.2版.北京：人民出版社，2004：366；马克思，恩格斯.马克思恩格斯全集：第30卷.2版.北京：人民出版社，1995：286.

② 马克思，恩格斯.马克思恩格斯全集：第30卷.2版.北京：人民出版社，1995：389.

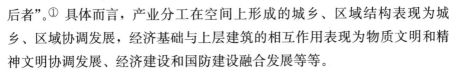

后者"。① 具体而言，产业分工在空间上形成的城乡、区域结构表现为城乡、区域协调发展，经济基础与上层建筑的相互作用表现为物质文明和精神文明协调发展、经济建设和国防建设融合发展等等。

第三，绿色是经济发展的普遍形态。资本主义生产方式通过改造自然界以服从人的需要，克服了"人类的地方性发展和对自然的崇拜"②，但忽略了人类与自然界的血肉联系。绿色发展就要使生产者"合理地调节他们和自然之间的物质变换"，"靠消耗最小的力量，在最无愧于和最适合于他们的人类本性的条件下来进行这种物质变换"③，为人民群众创造良好的生态环境，保证人类社会的存续发展。

第四，开放是经济发展的必由之路。"随着贸易自由的实现和世界市场的建立，随着工业生产以及与之相适应的生活条件的趋于一致，各国人民之间的民族分隔和对立日益消失"④。面对经济全球化带来的机遇和挑战，应当充分利用一切机遇，合作应对一切挑战，引导好经济全球化走向。

第五，共享是经济发展的根本目的。马克思曾设想在共产主义社会里，"随着阶级差别的消灭，一切由这些差别产生的社会的和政治的不平等也自行消失"⑤。但这个目标的实现需要一个漫长的历史过程，在社会主义初级阶段的客观条件下，共享发展体现为逐步实现共同富裕，使"已经积累起来的劳动"成为"扩大、丰富和提高工人的生活的一种手段"⑥，让发展成果更多更公平惠及全体人民。

坚持中国特色社会主义基本经济制度

以生产、分配、交换、消费等环节为核心的理论分析是古典政治经济学的一般研究传统，马克思运用辩证法，进一步指出生产、分配、交换和

---

① 马克思. 资本论：第2卷.2版. 北京：人民出版社，2004：396-397.
② 马克思，恩格斯. 马克思恩格斯全集：第30卷.2版. 北京：人民出版社，1995：390.
③ 马克思. 资本论：第3卷.2版. 北京：人民出版社，2004：928-929.
④ 马克思，恩格斯. 马克思恩格斯选集：第1卷.3版. 北京：人民出版社，2012：419.
⑤ 马克思，恩格斯. 马克思恩格斯选集：第3卷.3版. 北京：人民出版社，2012：371.
⑥ 同④415.

消费构成人类社会生产和再生产的有机整体。在不同的社会形态中，特定的生产方式及与其相适应的生产关系和交换关系决定了生产、分配、交换和消费各环节之间的特殊关系。经济基础中的经济关系影响上层建筑中的具体制度形式，其中，生产关系对应财产关系或所有制，分配关系对应分配制度，而交换关系则对应经济运行制度，它们共同构成"三位一体"的基本经济制度。在社会主义革命和建设时期，我国的基本经济制度是"公有制＋按劳分配＋计划经济"的形式，在促进重工业快速发展和工业体系建立的同时也逐渐阻碍了经济的持续增长。改革开放以来，社会主义初级阶段的基本国情要求我国在坚持党的领导和社会主义公有制的前提下，发挥市场在资源配置中的作用，深化劳动分工，建立人与人之间的普遍联系。随着生产力的不断发展，党对基本经济制度三个方面的规定不断发展变化。

经历了四十年的发展变化，党的十九届四中全会赋予基本经济制度新的内涵，规定坚持公有制为主体、多种所有制经济共同发展，按劳分配为主体、多种分配方式并存，社会主义市场经济体制是中国特色社会主义的基本经济制度。这一基本经济制度同我国社会生产力发展水平相适应，反映了中国特色社会主义在以"物的依赖性"为基础的历史阶段的必然要求，是党和人民的伟大创造，从三个方面有效推动了中国经济增长。第一，公有制为主体、多种所有制经济共同发展的基本经济制度形成了有利于经济增长的企业协同竞争结构，促进了不同所有制经济共同发展。第二，按劳分配为主体、多种分配方式并存的分配制度作为"能使一切社会成员尽可能全面地发展、保持和施展自己能力的那种分配方式"，"最能促进生产"[①]，调动了各经济主体的积极性，有利于实现效率和公平的有机统一。第三，充满活力的社会主义市场经济体制提供了经济增长的制度基础。社会主义市场经济实现了社会主义和市场经济的有机结合，实现了有为政府和有效市场的有机结合，在发挥市场在资源配置中的作用的同时，有效防范了资本主义市场经济的弊端。2021年中央经济工作会议深刻指

---

① 马克思，恩格斯．马克思恩格斯选集：第3卷．3版．北京：人民出版社，2012：581．

出，社会主义市场经济中必然会有各种形态的资本，这就要求通过发挥政府的作用支持和引导资本规范健康发展，防止资本野蛮生长。

坚持推动构建人类命运共同体

人类命运共同体理念是对马克思的共同体理论的新发展，是一种崭新的关于中国与世界资本主义经济体系之间关系的理念。马克思认为"人们为之奋斗的一切，都同他们的利益有关"①，根据社会形态的发展规律，利益共同体依次表现为以"人的依赖关系"为特征的自然共同体、以"物的依赖性"为基础的阶级利益共同体和以"个人全面发展和自由个性"为特征的人类共同体。但资本主义生产方式只能形成资产阶级利益共同体，资产阶级国家以"虚幻的共同体的形式"代表资产阶级利益共同体，其实质是"管理整个资产阶级的共同事务的委员会"。②列宁和斯大林提出以无产阶级共同体消灭资产阶级共同体的方式实现人类共同体，形成了以意识形态划分阵营的帝国主义论，以此指导社会主义国家的对外交往关系。

中国共产党在与资本主义世界交往的实践中，认识到世界各国是相互依赖、普遍联系的，发展了马克思的利益共同体思想，超越了帝国主义论。毛泽东首先提出中间地带思想和三个世界理论，突破了两大阵营对立论，提出不同社会制度的国家间可以成为利益共同体。20 世纪 70 年代后，邓小平提出了和平与发展论，指出中国与资本主义世界的经济利益共同体不仅不会影响中国的社会主义制度，而且有利于壮大和发展社会主义经济，开启了对外开放的伟大历史实践，创新性地解决了中国如何在资本主义世界中建设社会主义的问题。2012 年后，习近平同志站在全人类命运的高度审视中国与世界资本主义的关系，系统总结中国共产党的对外交往思想，从中华民族"大同"社会的理想传统中汲取营养，提出了人类命运共同体理念，超越了阶级利益共同体，强调利益共同性，人类可以有意识地共同改造世界，朝着人类共同体迈进，体现了中国共产党崇高的价值追

---

① 马克思，恩格斯. 马克思恩格斯全集：第 1 卷 . 2 版 . 北京：人民出版社，2002：187.

② 马克思，恩格斯. 马克思恩格斯选集：第 1 卷 . 3 版 . 北京：人民出版社，2012：164，402.

求，回答了中国应该发展什么样的开放型经济，以及如何更好地建设人类世界等重大历史问题。

坚持稳中求进的方法论

坚持稳中求进的方法论是遵循事物发展客观规律的必然要求，是对马克思主义矛盾分析法的发展和运用。马克思主义哲学包括辩证唯物主义和历史唯物主义，而矛盾分析法体现了辩证唯物主义的本质特点。矛盾存在于一切事物的发展过程中，"决定一切事物的生命，推动一切事物的发展"[1]。任何经济范畴都是对立统一的，抽象的经济理论研究经济范畴向对立面的转化，这种转化引起事物性质的变化，代表进步的方向。矛盾双方相互转化在实践中需要较长的历史时期，表明矛盾双方长期共存。稳中求进的方法论正是通过"从统一中把握对立"来认识和分析矛盾事物。其中，"稳"指的是事物发展的矛盾双方长期共存并且处于相对平衡的状态，"进"指的是事物的矛盾有着向不同方向变化的可能，既认识到了矛盾双方"在一定条件之下互相转化"[2]，也认识到了其"在一定条件之下共处于一个统一体中"[3]，在统一面中把握对立面，不断推动事物向前发展。

坚持稳中求进是中国共产党治国理政的重要原则，是做好经济工作的方法论，在确保大局稳定的基础上积极进取，防止急于求成。改革开放以来，中国共产党吸取了 20 世纪 50 年代"大跃进"运动的经验教训，纠正了认为不经过生产力的巨大发展就可以越过社会主义初级阶段的革命空想论，深刻认识到"实现共产主义是由一个一个阶段性目标逐步达成的历史过程"[4]。在具体的经济工作中，矛盾双方长期共存并且不断发展变化，在"稳"的状态下又蕴含着"进"的趋势，呈现出错综复杂的局面。经济发展"总要受历史条件、自然环境、地理因素等诸方面的制约，没有什么捷径可走，不可能一夜之间就发生巨变，只能是渐进的，由量变到质变的，

---

① 毛泽东. 毛泽东选集：第 1 卷 . 2 版 . 北京：人民出版社，1991：305.

②③ 同①330.

④ 习近平. 在纪念马克思诞辰 200 周年大会上的讲话. 人民日报，2018 - 05 - 05.

滴水穿石般的变化"①。党在经济工作中要坚持稳中求进、问题导向的辩证思维方式，把握宏观调控的度，坚持底线思维，推动经济持续健康发展。

三、构建 21 世纪马克思主义经济学理论体系

"一切划时代的体系的真正的内容都是由于产生这些体系的那个时期的需要而形成起来的。"② 落后国家建设社会主义是一场伟大的社会实践，不能没有与之相适应的科学理论作指导。随着中国特色社会主义进入新时代，面临新的机遇和挑战，对理论的需求愈加迫切。习近平同志指出"我们要立足我国国情和我们的发展实践，深入研究世界经济和我国经济面临的新情况新问题，揭示新特点新规律，提炼和总结我国经济发展实践的规律性成果，把实践经验上升为系统化的经济学说"③。

科学的理论体系与马克思主义经济学体系

"时代是思想之母，实践是理论之源"④，科学的理论体系诞生于不断发展的社会实践。在第一次工业革命不到一百年后，马克思指出"现代社会的任何一个时期，都不如最近 20 年这样有利于研究资本主义的积累。……不过，在所有国家中，英格兰又是一个典型的例子，因为它在世界市场上占据首位，因为资本主义生产方式只有在这里才得到了充分的发展"⑤，他以英国为典型例证，"在理论上假定，资本主义生产方式的规律是以纯粹的形式展开的"⑥，考察了资本主义产生、发展、灭亡的规律，明确了资本主义是一种特殊的、历史的社会形态，提出了劳动二重性的新范畴，变革了古典政治经济学，创立了马克思主义政治经济学。如今，世界社会主义实

---

① 习近平．摆脱贫困．福州：福建人民出版社，1992：44.
② 马克思，恩格斯．马克思恩格斯全集：第 3 卷．北京：人民出版社，1960：544.
③ 习近平．不断开拓当代中国马克思主义政治经济学新境界．求是，2020（16）：9.
④ 习近平．在庆祝中国共产党成立 95 周年大会上的讲话．求是，2021（8）：9.
⑤ 马克思．资本论：第 1 卷．2 版．北京：人民出版社，2004：746 - 747.
⑥ 马克思．资本论：第 3 卷．2 版．北京：人民出版社，2004：195.

践走过百余年，中国已经成为社会主义发展的典范国家，"时代变化和我国发展的广度和深度远远超出了马克思主义经典作家当时的想象"①，习近平同志提出的"人类文明新形态"，明确了中国特色社会主义社会的社会性质，是科学社会主义指导下的、不发达社会主义社会形态的具体形式，与资本主义社会形态并列存在，也是一种具有特殊历史结构的社会形态，将产生特定的经济运动规律，是 21 世纪马克思主义经济学的理论土壤。

如何坚持和运用马克思主义立场、观点、方法，构建科学的理论体系？马克思之后的许多马克思主义者着眼于将抽象的马克思主义理论转化为可运用的、可解释当代资本主义经济问题的马克思经济学体系而开展了一系列研究。其中，宇野弘藏（Kozo Uno）是日本具有代表性的马克思主义经济学家之一。20 世纪 50 年代，宇野弘藏创立的经济理论在日本马克思主义经济学论战中脱颖而出，其著作在欧美等西方国家广为流传。宇野认为，20 世纪 50 年代日本马克思主义经济学者论战的根本原因是未能区分资本主义经济分析的多个层次。在反对或批判正统派马克思主义者对《资本论》的"教条式理解"的基础上，宇野建立了自己特有的马克思经济学体系，包括三个层次，即"三阶段论"。

宇野构建的马克思经济学体系的第一个层次是"原理论"，即阐述资本主义经济一般的基本理论。他认为，要揭示所有社会——包括商品流通仅部分地影响经济生活的前资本主义社会，以及商品经济关系将被取代的社会主义社会——共同的经济生活的一般规范，就必须研究一个完全由商品经济形式支配的"纯粹的"资本主义社会。宇野的"原理论"以劳动力商品化理论为核心，分为"流通论""生产论""分配论"三个部分，对由资本家、工人、地主三大阶级构成的反复进行再生产的纯粹资本主义进行了原理性的阐述。②（1）在宇野看来，商品经济形式产生于一个生产过程和另一个生产过程之间的交换关系，商品交换所产生的特有的人与人之间的社会关系通过反作用力影响生产过程，最后占据生产过程，形成在生产

---

① 习近平. 在庆祝中国共产党成立 95 周年大会上的讲话. 求是，2021（8）：9.

② Uno，K. *Principles of Political Economy*. Atlantic Highlands：Humanities Press，1977.

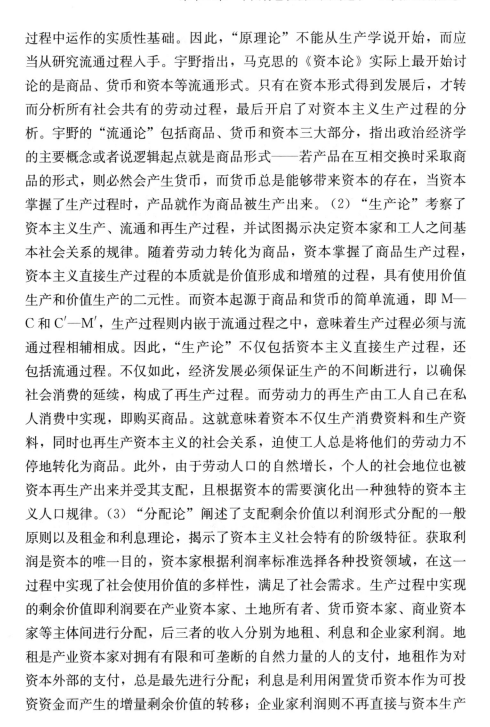

过程中运作的实质性基础。因此,"原理论"不能从生产学说开始,而应当从研究流通过程入手。宇野指出,马克思的《资本论》实际上最开始讨论的是商品、货币和资本等流通形式。只有在资本形式得到发展后,才转而分析所有社会共有的劳动过程,最后开启了对资本主义生产过程的分析。宇野的"流通论"包括商品、货币和资本三大部分,指出政治经济学的主要概念或者说逻辑起点就是商品形式——若产品在互相交换时采取商品的形式,则必然会产生货币,而货币总是能够带来资本的存在,当资本掌握了生产过程时,产品就作为商品被生产出来。(2)"生产论"考察了资本主义生产、流通和再生产过程,并试图揭示决定资本家和工人之间基本社会关系的规律。随着劳动力转化为商品,资本掌握了商品生产过程,资本主义直接生产过程的本质就是价值形成和增殖的过程,具有使用价值生产和价值生产的二元性。而资本起源于商品和货币的简单流通,即 M—C 和 C′—M′,生产过程则内嵌于流通过程之中,意味着生产过程必须与流通过程相辅相成。因此,"生产论"不仅包括资本主义直接生产过程,还包括流通过程。不仅如此,经济发展必须保证生产的不间断进行,以确保社会消费的延续,构成了再生产过程。而劳动力的再生产由工人自己在私人消费中实现,即购买商品。这就意味着资本不仅生产消费资料和生产资料,同时也再生产资本主义的社会关系,迫使工人总是将他们的劳动力不停地转化为商品。此外,由于劳动人口的自然增长,个人的社会地位也被资本再生产出来并受其支配,且根据资本的需要演化出一种独特的资本主义人口规律。(3)"分配论"阐述了支配剩余价值以利润形式分配的一般原则以及租金和利息理论,揭示了资本主义社会特有的阶级特征。获取利润是资本的唯一目的,资本家根据利润率标准选择各种投资领域,在这一过程中实现了社会使用价值的多样性,满足了社会需求。生产过程中实现的剩余价值即利润要在产业资本家、土地所有者、货币资本家、商业资本家等主体间进行分配,后三者的收入分别为地租、利息和企业家利润。地租是产业资本家对拥有有限和可垄断的自然力量的人的支付,地租作为对资本外部的支付,总是最先进行分配;利息是利用闲置货币资本作为可投资资金而产生的增量剩余价值的转移;企业家利润则不再直接与资本生产过程中的剩余价值挂钩，而是由于节省了商品流通成本而获得的；与这种虚幻形式并存的是"生息资本"，它令资本主义商品经济的拜物教性质达到了完美状态。从表面上看，劳动-工资、资本-利息、土地-地租这三对关系使得资本主义社会的阶级关系被商品经济的面纱笼罩。

第二个层次"阶段论"在基本原理之上，详细地论述了世界资本主义经济的发展阶段。宇野认为经济理论不能忽略对民族经济历史事实的分析，"阶段论"正是对资本统治形式以及这些形式的工业基础的历史性发展的分析。"阶段论"表明世界资本主义历史发展的不同阶段是由使用价值的不同种类区别开的，比如羊毛、棉花和钢铁三种使用价值分别在经济生活的各个阶段占据主导地位，构成了不同阶段产业技术的基础，而这又形成了特定阶段资本主义的积累模式。具体来看，资本主义发展经历了三个典型阶段。一是重商主义阶段，以毛纺工业为基础，英国的商业资本是占统治地位的资本形式。资本的早期形式是商业资本和借贷资本，从商品经济的有限范围内发展出来，并逐渐开始对封建关系产生破坏性影响。英国由于有大量的羊毛原料供应，顺利完成了劳动力向商品的转化，这是资本主义初期阶段的典型体现。以国际商品贸易为前提，资本主义的历史进程逐渐展开，商业资本主要通过对现有财富的占有获利。二是自由主义阶段，随着英国成为世界棉纺工业中心，工业资本成为统治形式。18 世纪末到 19 世纪初的工业革命使得英国成为资本主义发展第二阶段的典型代表，工业资本通过在社会再生产内部剥削雇佣工人的剩余劳动而积累起来，主导了资本积累进程，经济社会的再生产过程主要由资本逻辑控制，商品交换关系成为再生产过程的原则，商品经济规律渗透到整个社会经济生活中。三是帝国主义阶段，随着重工业的发展，在德、英、美出现的不同类型的金融资本变成了统治形式。重工业，如钢铁，需要大量的工厂和设备投资，这使得大量私人资本的汇集成为常态，催生了一种新的资本形式，即金融资本。金融资本不再强制要求个人资本家之间自由竞争，而是通过巧妙地组织已经被大公司主导的行业来获取"垄断利润"。但由于垄断始终是局部的或相对的，任何资本主义组织都不可能完全摆脱竞争，垄断时代的竞争反而加剧了更集中的资本的统治（Uno，2016）。[1]

---

① Uno，K. *The Types of Economic Policies under Capitalism*. Boston：Brill，2016.

第三个层次"现状分析论"是对各国资本主义现状的具体分析，涉及资本主义经济的历史性发展及其时代背景，是更具体的经验分析。宇野曾提出经济学研究的最终目的是分析现状，但其主要研究更多地考察了"原理论"和"阶段论"，没有给出分析现状的明确方法，导致现状分析论仅仅停留在初创阶段。后来宇野学派的继承者们对宇野的"现状分析论"进行了拓展，致力于建立现代资本主义理论，围绕着资本主义历史发展是一国性还是世界性的问题，形成了两个对立的分支。岩田弘等学者吸收了世界资本主义论，批判地继承了宇野的理论，认为资本主义是作为世界资本主义而产生、发展和衰落的，并不存在一国资本主义的问题。相应地，经济理论可以分为两个层次——世界资本主义历史形成过程及基于其内在必然性阐述的原理论、具体阶段下的世界资本主义经济分析。这就将宇野的三阶段论简化为由原理论和现状分析论构成的二阶段论，不仅抹杀了资本主义发展阶段论的意义，也忽略了特定国家与世界的联系问题。而以大内力为代表的学者则坚持一国资本主义论，将国家垄断资本主义与宇野的"现状分析"有机结合起来，声称其正统地继承了宇野理论。大内力认为，国家垄断资本主义并不属于宇野所规定的资本主义三个典型的发展阶段，而是世界资本主义崩溃期独特的一种形态，而他把当时"现状分析论"的研究对象界定为达到国家垄断资本主义后的日本资本主义，具体研究了日本战后的改革措施，包括解散财阀、改革农地等，认为这为日本后期经济高速增长奠定了基础。而另一些也坚持一国资本主义论的学者则从不同方面研究了战后日本经济崛起的原因，包括政府产业政策的作用、金融系统的作用等等。①

　　尽管宇野学派遭到许多挑战，例如"现状分析论"部分并未得到深入研究，又如有学者认为"原理论"是对自由主义阶段资本主义的抽象，对20世纪后半叶的资本主义所具有的现象和活力缺乏解释力等等，但宇野对马克思经济学体系的构建方式对我们深入理解马克思经济学体系、构建21

---

　　① 降旗节雄，何培忠. 解体的宇野学派. 国外社会科学，1983（8）：56-59；张忠任. 马克思主义经济思想史：日本卷. 上海：东方出版中心，2006.

世纪的马克思主义经济学理论体系有较大的启示。正如列宁所指出的，"马克思主义的全部精神，它的整个体系，要求人们对每一个原理都要（α）历史地，（β）都要同其他原理联系起来，（γ）都要同具体的历史经验联系起来加以考察"①。政治经济学的分析不是真空中的一般性哲学理论，而是现实的经济分析，要区分不同的研究层次，更好地联系抽象理论和历史经验、经济和非经济的因素。构建一个科学的理论体系是一项复杂的系统工程，应当包括一般、特殊和具体三个层次，是理论逻辑、历史逻辑和现实逻辑的有机统一。（1）"一般"即研究对象的一般性和共同性，是对研究对象深层结构的纯粹规律的理论研究，体现着理论逻辑。（2）"特殊"即研究对象的特性和区别性，研究对象在不同历史阶段将表现为不同的典型形态，体现着历史逻辑。（3）"具体"即研究对象在特定历史阶段的现实的、经验的表现，体现着现实逻辑。理论逻辑决定了问题研究的性质和方向，产生于历史实践之中，在特殊历史阶段表现出来，并在历史逻辑和现实逻辑的推动下不断发展（见图 12-1）。

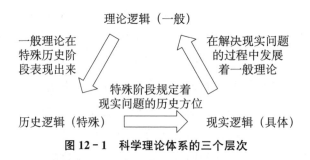

图 12-1　科学理论体系的三个层次

马克思经济学就区分了不同的层次，体现为《资本论》中讨论的两种生产方式：一是资本主义生产方式一般，二是当时具体的、历史的资本主义国家——英国的资本主义生产方式。马克思主义经济学的理论逻辑研究资本主义经济运行的一般规律，阐明资本主义社会中各种经济范畴之间的相互关系；历史逻辑以具体的生产方式及其变革为核心，研究在不同阶段典型的、占主导地位的资本主义积累体系的运作及其矛盾的产生和解决，

① 列宁.列宁选集：第 2 卷 . 3 版修订版 . 北京：人民出版社，2012：785.

例如，马克思以英国为例研究了自由竞争时期的资本主义生产方式，而列宁重点研究了资本主义进入私人垄断时期的生产方式；现实逻辑聚焦于当前资本主义经济的现实问题，提出具体对策，是更具体的经验分析，例如，马克思以工作日的变化这一具体现象阐明了英国的工厂法案。党的十八大以来，面对国内外环境的深刻复杂变化，习近平总书记科学把握世界发展大势和中国发展的阶段性特征，作出了一系列关于中国特色社会主义经济建设与发展的重要论述，是中国共产党经济思想的集大成，是 21 世纪的马克思主义经济学。习近平同志是伟大的马克思主义政治家、思想家，也是治国理政的战略家，他提出的经济思想内涵丰富、博大精深，有的属于中国特色社会主义经济发展的一般规定，有的属于对新的历史方位的界定，有的属于具体的发展战略，也应当区分为不同的层次。与马克思经济学体系相对应，21 世纪马克思主义经济学的理论逻辑研究中国特色社会主义经济基础的本质特征和经济运行规律；历史逻辑研究中国特色社会主义经济发展的阶段性，即具体生产方式及其矛盾发展；现实逻辑研究中国特色社会主义经济发展的现实问题与发展战略。

"人类文明新形态"是构建 21 世纪马克思主义经济学理论体系的枢纽

根据 2022 年 6 月出版的《习近平经济思想学习纲要》总结的"十三个方面"、2017 年中央经济工作会议提出的"七个坚持"等对习近平经济思想主要内容的权威概括，可以将习近平经济思想分为理论逻辑、历史逻辑和现实逻辑三个层次。理论逻辑的主要内容包括：加强党对经济工作的全面领导；坚持以人民为中心的发展思想；坚持新发展理念；坚持和完善社会主义基本经济制度；坚持正确工作策略和方法；坚持使市场在资源配置中起决定性作用，更好发挥政府作用，坚决扫除经济发展的体制机制障碍；坚持正确工作策略和方法，稳中求进，保持战略定力、坚持底线思维，一步一个脚印向前迈进。历史逻辑的主要内容包括：把握新发展阶段；坚持以人民为中心的发展思想，贯穿到统筹推进"五位一体"总体布局和协调推进"四个全面"战略布局之中；坚持适应把握引领经济发展新常态，立足大局，把握规律；坚持适应我国经济发展主要矛盾变化完善宏观调控，相机抉择，开准药方。现实逻辑的主要内容包括：构建新发展格局；推动高质量发展；统筹发展和安全；坚持创新驱动发展；大力发展制造业和实体经济；坚定不移全面扩大开放；坚持问题导向部署实施国家重大发展战略；把推进供给侧结构性改革作为经济工作的主线。但仍然缺乏一个核心范畴使以上内容相互连结形成一个学术化的理论体系。

"人类文明新形态"的提出标志着中国特色社会主义社会形态初步建构完成，"中国特色社会主义制度更加成熟更加定型"，通过抽象出中国特色社会主义社会的一般规定，解决了"什么是社会主义"的问题，在这个一般规定的基础上制定的一系列战略政策则进一步回答了"怎样建设社会主义"的问题，从而解决了党和国家在社会主义现代化建设中面临的重大理论难题。"人类文明新形态"通过把落后国家在建设社会主义过程中创建新社会形态的实践经验上升为新的理论范畴，成为构建 21 世纪马克思主义经济学的枢纽。

"人类文明新形态"极大地发展了中国共产党对中国特色社会主义历史方位的判断，深化了对社会主义和人类社会发展规律的认识，从认识上实现了从社会主义的发展阶段到新社会形态的跨越（见表 12-1）。第一，毛泽东提出的"不发达的社会主义"阶段是社会主义社会形态的"初级阶段"，正如列宁将共产主义第一阶段规定为社会主义社会形态，不发达的社会主义阶段也可以构成一种新的社会形态，中国建设社会主义的实践隶属于不发达的社会主义阶段，构成了中国特色社会主义社会形态。第二，中国特色社会主义社会形态也分为不同的发展阶段，邓小平提出的"社会主义初级阶段"是中国特色社会主义社会形态的初级阶段，指的是"从五十年代生产资料私有制的社会主义改造基本完成，到社会主义现代化的基本实现"① 的近百年时间。习近平同志在此基础上进一步深化了对社会主义初级阶段的理解，它"不是一个静态、一成不变、停滞不前的阶段，也

---

① 中共中央文献研究室.改革开放三十年来重要文献选编（上）.北京：中央文献出版社，2008：476.

表 12-1　社会形态和发展阶段

	过渡时期		共产主义高级阶段
马克思	资本主义社会向共产主义社会的革命转变时期	共产主义低级阶段（共产主义第一阶段）实行生产资料公有制，以劳动为尺度的按劳分配仍然是一种不平等的权利。	（共产主义社会高级阶段）迫使人们奴隶般地服从分工的情形已经消失，劳动成为生活的第一需要、个人全面发展，按需分配。
列宁		社会主义社会形态 在共产主义社会的第一阶段（通常称为社会主义），"资产阶级权利"没有完全取消，而只是部分地取消，只是在已经实现的经济变革的限度内取消。	比较发达的社会主义 到了物质产品、精神财富都为丰富和人们的共产主义觉悟极提高的时候，就可以进入共产主义社会了。
毛泽东		不发达的社会主义	发达的社会主义
邓小平		社会主义初级阶段 从社会主义改造基本完成，到社会主义现代化基本实现，都属于社会主义初级阶段，即不发达的阶段。	巩固社会主义制度
习近平	过渡时期 半殖民地半封建社会向社会主义社会过渡	中国特色社会主义社会形态 我们坚持和发展中国特色社会主义，推动物质文明、政治文明、精神文明、社会文明、生态文明协调发展，创造了中国式现代化新道路，创造了人类文明新形态。 初级阶段：1956—1978 年：社会主义革命和建设｜1979—2020 年：全面建成小康社会｜2020—2050 年（新发展阶段）：实现现代化、全面建成社会主义现代化强国｜高级阶段	发达的社会主义 几个发达国家同时进入社会主义社会 共产主义社会形态（共产主义高级阶段）

不是一个自发、被动、不用费多大气力自然而然就可以跨过的阶段，而是一个动态、积极有为、始终洋溢着蓬勃生机活力的过程，是一个阶梯式递进、不断发展进步、日益接近质的飞跃的量的积累和发展变化的过程"①，并提出了"新发展阶段"——包括从2035年基本实现社会主义现代化，到本世纪中叶建成富强民主文明和谐美丽的社会主义现代化强国的一段历史时期，拓展了邓小平提出的"社会主义初级阶段"的内涵和外延。习近平同志还指出，全面建设社会主义现代化国家、基本实现社会主义现代化是"我国社会主义从初级阶段向更高阶段迈进的要求"②。这意味着在本世纪中叶后中国特色社会主义社会形态将进入更高阶段。第三，党的十九届四中全会规定的各项基本制度构成了中国特色社会主义社会形态的"四梁八柱"，必须长期坚持，只有当社会形态的根本性质发生变化时才会改变。

"人类文明新形态"是对科学社会主义理论体系的"术语革命"，弥合了经典社会主义理论与一国建设社会主义具体实践的差异。根据马克思、恩格斯的经典理论，彻底建成共产主义社会至少要具备物质基础和国际支持两大条件。理论上，苏联和中国都不具备实现共产主义的条件，并且实际中苏联的社会主义实践也以放弃公有制、实施私有化和自由化为最终归宿，为中国和人类社会的发展提出了理论难题——中国的社会主义实践能否成功？未来的共产主义社会能否建成？长期以来，我们党运用社会主义初级阶段理论部分地回答了这一问题，表明中国的社会主义实践正处于通往未来共产主义社会的初级阶段，但却没能进一步回答什么时候才能跨越初级阶段、在什么条件下才能建成共产主义社会。"人类文明新形态"这一新的术语的提出则系统地回应了这一问题，发展了科学社会主义理论。第一，落后国家可以建设社会主义，并构成不发达社会主义社会形态的具体形式，隶属于"物的依赖性"社会，在坚持社会主义根本原则的同时吸收资本主义的积极成果、克服资本主义的弊端。第二，不发达社会主义社会中始终存在生产资料局部占有和生产社会化之间的矛盾，规定了社会的

---

① 习近平. 把握新发展阶段，贯彻新发展理念，构建新发展格局. 求是，2021（9）：8-9.
② 同①9.

根本性质。只坚持生产资料的单一公有制是以为不经过生产力巨大发展就可以直接进入共产主义的空想论，代表了"封闭僵化的老路"；只坚持生产资料的私有制下的市场经济是认为必须经过资本主义充分发展阶段才能走上社会主义道路的机械论，代表了"改旗易帜的邪路"。这两种道路的存在会改变社会形态的性质。第三，一国建设社会主义构成的不发达社会主义社会形态的具体形式，是人类走向共产主义社会的重要环节，但仅靠一国的努力，无论生产力多么发达，这种社会形态的根本性质都不会改变，只有几个发达国家转向社会主义才有可能进入发达的社会主义，并最终建成未来的共产主义社会。

21世纪马克思主义经济学的理论逻辑、历史逻辑和现实逻辑

党的十八大以来，面对国内外环境的深刻复杂变化，习近平总书记科学把握世界发展大势和中国发展的阶段性特征，作出了一系列关于中国特色社会主义经济建设与发展的重要论述，并能够以"人类文明新形态"、"把握新发展阶段"和"构建新发展格局"等重要论述为核心，构成"一般-特殊-具体"的学术化理论体系，"人类文明新形态"就是一般理论层次，"把握新发展阶段"就是特殊理论层次，"构建新发展格局"就是具体的、现实的理论层次。一般理论在特殊的经济发展阶段表现出来，并在解决现实问题的过程中得到进一步发展，体现了理论逻辑、历史逻辑和现实逻辑的有机统一，是马克思主义基本原理同中国具体实际相结合的产物。

首先，"人类文明新形态"构成了21世纪马克思主义经济学的一般理论层次。一般理论层次就是要通过抽象出中国特色社会主义经济基础的一般规定，分析中国特色社会主义经济的纯粹形式，以中国特色社会主义社会的物质资料生产过程为研究对象，阐明各种经济范畴之间的相互关系，从而揭示中国特色社会主义经济运行规律。在中国特色社会主义经济中，企业作为市场主体，"是我国经济活动的主要参与者、就业机会的主要提供者、技术进步的主要推动者"①，是组织物质资料生产过程的基本单位，

---

① 习近平. 在企业家座谈会上的讲话. 人民日报，2020-07-22.

并在购买、生产和销售的循环与周转过程中形成广泛的社会关系，包括劳动关系、企业间关系、区域和城乡关系、企业与生态关系、企业与政府关系、国际关系等等，并在现象上表现为工资、利润、税收、进出口等统计意义上的各种经济范畴。一定时期占主导地位的生产方式决定了社会关系和经济范畴，共同构成了该时期的技术经济体系。在社会生产和社会需要的矛盾运动中，企业适应社会需要进行技术创新和组织创新，推动生产方式变革，引领其背后社会关系的变化，造成了各种经济范畴间关系的变化，形成新的技术经济体系，"实现投资有回报、企业有利润、员工有收入、政府有税收"① 的良性循环，推动经济增长。

其次，"把握新发展阶段"构成了 21 世纪马克思主义经济学的特殊理论层次。任何一种社会形态都要经历自然的发展过程，根据主要矛盾的演化区分为不同的发展阶段，发展阶段层次研究的就是在不同阶段，典型的、占主导地位的中国特色社会主义技术经济体系的运作方式如何在解决矛盾的同时又酝酿着新的矛盾。中国共产党成立百年来，党和人民的事业大致经历了四个历史阶段。中国共产党成立后，团结带领中国人民经过长期奋斗，夺取了新民主主义革命的胜利，建立起中华人民共和国，实现了从新民主主义革命到社会主义革命的历史性跨越，中国人民从此站起来了。新中国成立后，中国共产党人领导人民进行社会主义革命，确立了社会主义基本制度，进行了社会主义建设的艰辛探索，实现了一穷二白、人口众多的东方大国大步迈进社会主义社会的伟大飞跃，实现了中国社会从社会主义革命到社会主义建设的历史性跨越。改革开放以来，中国共产党团结带领中国人民进行建设中国特色社会主义新的伟大实践，使中国大踏步赶上了时代，实现了中华民族从站起来到富起来的伟大飞跃，实现了中国社会主义现代化进程中新的历史性跨越。党的十八大以来，中国共产党团结带领中国人民进行伟大斗争、建设伟大工程、推进伟大事业、实现伟大梦想，推动党和国家事业取得全方位、开创性历史成就，发生深层次、根本性历史变革，中华民族迎来了从富起来到强起来的伟大飞跃，正是在此

---

① 习近平．习近平谈治国理政：第 3 卷．北京：外文出版社，2020：238－239.

前发展的基础上续写全面建设社会主义现代化国家新的历史。"经过新中国成立以来特别是改革开放 40 多年的不懈奋斗，到'十三五'规划收官之时，我国经济实力、科技实力、综合国力和人民生活水平跃上了新的大台阶，成为世界第二大经济体、第一大工业国、第一大货物贸易国、第一大外汇储备国，国内生产总值超过 100 万亿元，人均国内生产总值超过 1 万美元，城镇化率超过 60%，中等收入群体超过 4 亿人。特别是全面建成小康社会取得伟大历史成果，解决困扰中华民族几千年的绝对贫困问题取得历史性成就。"① 习近平总书记基于对当代中国特色社会主义经济发展实践的深刻认识，提出了我国经济发展进入新阶段，相继提出了"中国特色社会主义进入了新时代"②、"'十四五'时期是我国全面建成小康社会、实现第一个百年奋斗目标之后，乘势而上开启全面建设社会主义现代化国家新征程、向第二个百年奋斗目标进军的第一个五年，我国将进入新发展阶段"③。新发展阶段包括五大特征：第一，经济发展进入新常态，已由高速增长阶段转向高质量发展阶段；第二，中国社会的主要矛盾转化为人民日益增长的美好生活需要和不平衡不充分的发展之间的矛盾，主要矛盾的主要方面在供给侧；第三，发展中国社会主义事业必须统筹推进"五位一体"总体布局和协调推进"四个全面"战略布局；第四，规划了我国社会主义现代化建设的新目标和路线图；第五，揭示了当今世界正经历百年未有之大变局。

最后，"构建新发展格局"构成了 21 世纪马克思主义经济学的具体的、现实的理论层次。"一种理论的产生，源泉只能是丰富生动的现实生活，动力只能是解决社会矛盾和问题的现实要求"④，构建理论体系的最终目的是解决现实问题。现实问题层次研究的就是当前经济发展阶段——新发展阶段——的主要矛盾，并针对这一矛盾提出变革旧有技术经济体系、构建

① 习近平. 把握新发展阶段，贯彻新发展理念，构建新发展格局. 求是，2021（9）：6.
② 中共中央党史和文献研究室. 十九大以来重要文献选编（上）. 北京：中央文献出版社，2019：51.
③ 习近平. 在经济社会领域专家座谈会上的讲话. 人民日报，2020 - 08 - 25.
④ 习近平. 坚持用马克思主义及其中国化创新理论武装全党. 求是，2021（22）：9.

新发展格局的政策建议。新发展格局是适应我国社会发展的新的历史方位作出的重大战略选择。21 世纪以来，我国适应发达国家生产结构的转变，参与国际经济大循环并带动国内经济循环，形成了国际大循环主导的发展格局，取得了跨越式的经济增长。但这建立在企业以低廉劳动力成本为基础的大规模标准化生产方式之上，经济的快速发展有赖于"世界工厂"的数量和规模优势。随着全球市场收缩、贸易保护主义抬头和新冠疫情的影响，以及国内消费结构变化、生产要素成本上升、资源承载能力遇到瓶颈、科学技术重要性全面提升，生产体系内部循环不畅和供求脱节现象显现，"卡脖子"问题突出，结构转换复杂性上升，经济增速趋缓。构建新发展格局正是对新发展阶段新形势、新问题的全面回应，是事关全局的系统性深层次变革。新发展格局在战略层面上回答了在新发展阶段，我国如何贯彻新发展理念，转变经济发展方式，推动"十四五"时期高质量发展，确保全面建设社会主义现代化国家开好局、起好步的问题。构建新发展格局，要以新发展理念为行动准则，只有这样才能解决社会主要矛盾，不断破解经济发展难题，开创经济发展新局面。贯彻落实新发展理念，就要坚持以人民为中心的发展思想，将其贯穿到统筹推进"五位一体"总体布局和协调推进"四个全面"战略布局之中，满足人民日益增长的美好生活需要，推动人的全面发展和全体人民共同富裕。在具体层面上，就是要以供给侧结构性改革为主线，建立现代化经济体系，实现高质量发展。

尾　论

　　党的十八大以来，以习近平同志为核心的党中央高瞻远瞩、统揽全局，创造性地提出了一系列新理念新思想新战略，引领我国经济发展取得了历史性成就、发生历史性变革，在实践中创立了习近平新时代中国特色社会主义思想，习近平经济思想是其重要组成部分。习近平经济思想体系严整、内涵丰富、博大精深，深刻回答了事关我国经济发展全局的一系列方向性、根本性、战略性重大问题，是马克思主义政治经济学在 21 世纪的最新理论成果。习近平经济思想的主要贡献可以分为三类：一是对经典理论的丰富、发展和重新组合。结合新的实践经验，吸收已有研究成果，探索新的发展规律。二是赋予经典理论新的内涵。根据新的时代特点，重新运用已沉寂的经典理论，赋予其新的含义并产生积极影响。三是全新的原创性贡献。对经典作家没有回答、前人没能解决但现实必须面对的重大问题作出符合时代特征和实践要求的新阐释和新说明，创造适应新情况的新的科学理论。前两类属于"创新"，可以囊括习近平经济思想的许多方面，第三类属于"创造"，应当包括哪些内容是值得深入探讨和研究的问题。只有厘清习近平经济思想的原创性贡献，才能从根本上避免将习近平经济思想庸俗化、形式化，阐明习近平经济思想的科学性，在有力指导我国经济发展实践的同时不断开拓马克思主义政治经济学的新境界。

习近平经济思想诞生于中国特色社会主义实践，核心就是要以落后的发展中国家为主体解决"什么是社会主义、怎样建设社会主义"的基本问题，与马克思、恩格斯以来的共产党人的经济思想一脉相承。马克思、恩格斯运用唯物史观，通过阐明人类社会发展的一般规律和资本主义经济运动规律，提出了未来共产主义相关设想，使社会主义从空想变为科学，把"什么是社会主义、怎样建设社会主义"的基本问题立起来，并提出经济文化落后国家能否在吸收资本主义全部文明成果的同时防止资本主义发展的灾难性后果的历史之问，但由于历史和实践的局限性，他们并没有回答这个问题。马克思、恩格斯之后的共产党人接过"什么是社会主义、怎样建设社会主义"的历史问题，为探索落后国家的社会主义之路前仆后继，但却没能完全解决这个问题。列宁通过分析资本主义在帝国主义阶段的社会性质，发现了社会主义革命可以在资本主义发展比较薄弱的一国内实现，领导无产阶级革命取得胜利并建立了第一个社会主义国家，开启了社会主义建设的探索，但由于苏联共产党人对社会主义客观规律认识不足，苏联社会主义以失败告终。以毛泽东同志、邓小平同志为主要代表的中国共产党人在没有经过资本主义发展的落后中国开启了社会主义革命和建设的伟大实践，创造了新民主主义论和社会主义初级阶段论，开辟了中国特色社会主义道路，创造了经济快速发展和社会长期稳定两大奇迹，但依然没有完全回答落后国家取得社会主义革命胜利后属于什么社会性质这个难题。党的十八大以来，随着中国特色社会主义实践不断丰富和发展，习近平同志在建党百年之际提出中国特色社会主义创造了"人类文明新形态"的全新论断，是"什么是社会主义、怎样建设社会主义"的破题之钥，解决了前人没能解决但党和人民事业必须面对的重大问题。

"人类文明新形态"是习近平同志对马克思主义及其政治经济学的原创性贡献，它的提出具有重大意义。第一，"人类文明新形态"突破了传统的"五社会形态"单线演变论，回答了落后国家社会主义革命胜利后建设的社会的社会性质问题。第二，正如马克思集成古典政治经济学，创立了劳动价值论，揭示了资本主义社会运动规律，使政治经济学体系发生科学性变革一样，习近平同志集成了毛泽东、邓小平等共产党人的一系列科学论断，提出了"人类文明新形态"，明确了中国特色社会主义经济基础的制度性规定，使中国特色社会主义实践上升为理论化的经济体系。第三，"人类文明新形态"通过明确中国特色社会主义是不发达社会主义社会形态的具体形式，解决了一系列党和国家在社会主义现代化事业中面临的重大理论和实践难题。第四，"人类文明新形态"是构建 21 世纪马克思主义经济学的枢纽，与"把握新发展阶段""构建新发展格局"共同构成"一般-特殊-具体"的多层次复合理论体系，是解决事关党和国家的全局性、根本性、关键性的重大问题的理论指导，为不断推进马克思主义中国化、时代化提供了有待实践继续充实的理论框架。

判断一个社会所处的社会形态的性质是马克思主义者揭示社会运动规律的必要前提，更是共产党人开展社会主义建设的根本条件。马克思、恩格斯以资本主义经济关系为主体，研究资本主义经济运动规律，开创了马克思主义政治经济学，通过揭示资本主义产生、发展、灭亡的历史规律，从理论上使社会主义从空想变为科学，阐明了未来社会的一般规定。与资本主义社会形态先于其相关概念和经济理论形成不同的是，构建新的社会主义社会形态的实践是在马克思主义理论的指导下才有了发展，"马克思主义是实践的理论……不是教条，而是行动指南，必须随着实践的变化而发展"[1]，社会主义实践的发展又创新了马克思主义理论[2]。列宁分析了资本主义在垄断资本主义阶段的社会性质，发现了世界体系不平衡发展规律，创立了帝国主义论，提出了在资本主义比较薄弱的一国内开展社会主义革命的可能并付诸实践，开创了世界上首个社会主义国家。毛泽东正确分析了近代中国半殖民地半封建的社会性质，明确了中国革命的对象、动力、性质和两重任务，创立了新民主主义论，彻底结束了旧中国半殖民地半封建社会的历史，通过社会主义革命和建设，确立了社会主义基本制度，实现了一穷二白、人口众多的东方大国大步迈进社会主义社会的伟大飞跃。习近平集成了共产党人的思想和智慧，准确把握人类社会发展规律

---

[1]　习近平. 在纪念马克思诞辰 200 周年大会上的讲话. 人民日报，2018－05－05.

[2]　卫兴华. 有领导有谋划地自觉发展是社会主义的客观要求和重要特点：兼析社会主义初级阶段的理论与实践. 经济纵横，2017（10）：1－11.

和社会主义社会运动规律，正确分析了中国特色社会主义的社会性质，突破性地提出了"人类文明新形态"的全新论断，明确了中国特色社会主义"不是简单延续我国历史文化的母版，不是简单套用马克思主义经典作家设想的模板，不是其他国家社会主义实践的再版，也不是国外现代化发展的翻版"①，而是人类文明新形态。"人类文明新形态"同"把握新发展阶段""构建新发展格局"等习近平经济思想的重要论述构成了科学的学术理论体系，以中国之路、中国之治、中国之理为基本内容，把共产党人探索构建社会主义社会形态的成果上升为系统化的理论，开创了21世纪的马克思主义经济学，是继马克思的资本论、列宁的帝国主义论、毛泽东的新民主主义论后，马克思主义发展的时代高峰和理论巅峰（见下表）。

马克思主义发展的四次飞跃

理论家	基本理论	研究对象的社会性质
马克思	资本论	资本主义社会形态
列宁	帝国主义论	垄断资本主义阶段
毛泽东	新民主主义论	旧中国半殖民地半封建社会形态
习近平	不发达社会主义论	中国特色社会主义社会形态

"一个民族要想站在科学的最高峰，就一刻也不能没有理论思维"②，"人类社会每一次重大跃进，人类文明每一次重大发展，都离不开哲学社会科学的知识变革和思想先导"③。加快中国特色哲学社会科学发展的根本在于建构中国自主的知识体系，而中国知识体系的"自主性"恰恰源于"人类文明新形态"。第一，特定的社会形态是知识体系建构的基本主体。"世界上没有纯而又纯的哲学社会科学。世界上伟大的哲学社会科学成果都是在回答和解决人与社会面临的重大问题中创造出来的"④，当前世界流行的知识体系发源于资本主义萌芽发展后以西方话语为主导建构起来的近代知识体系，围绕着西方资本主义社会形态下工业经济和资本主义发展的

---

① 习近平. 在纪念马克思诞辰200周年大会上的讲话. 人民日报，2018-05-05.

② 马克思，恩格斯. 马克思恩格斯文集：第9卷. 北京：人民出版社，2009：437.

③④ 习近平. 在哲学社会科学工作座谈会上的讲话. 人民日报，2016-05-19.

需要而阐发①，相应地，中国自主的知识体系应当围绕着"人类文明新形态"建构，以中国为观照、以时代为观照，服务于中国特色社会主义发展的需要。第二，"人类文明新形态"蕴含鲜明的民族性特征，与马克思主义哲学相呼应，是构建中国自主的知识体系的根本遵循。与西方遵循因果原则的哲学重视一因一果相连不同，中国哲学注重的是自然、社会等各方面可能的变化与其相互关系。② 中华传统文化中"有无相生，难易相成，长短相形，高下相倾，音声相和，前后相随"的思想与马克思主义的事物普遍联系原理相融相通。习近平同志深刻指出，"世界上的事物总是有着这样那样的联系，不能孤立地静止地看待事物发展，否则往往会出现盲人摸象、以偏概全的问题"③，坚持系统观念是构建中国自主的知识体系需要遵循的根本方法。第三，"人类文明新形态"是对资本主义社会形态的积极扬弃，中国自主的知识体系则是对西方中心的知识体系的反思、发展与突破。西方发达国家曾是世界发展的典范国家，西方中心的知识体系在世界现代化进程中产生了一定的积极影响，但随着世界百年未有之大变局进入加速演变期，资本主义的弊端不断显露，西方中心的知识体系已经失去其先进性，"一元现代性"的分析框架宣告破产，亟须破除西方中心论。中国共产党百年实践构建起的"人类文明新形态"为促进世界进步贡献了中国智慧和中国方案，中国自主的知识体系要围绕着"人类文明新形态"，"立足中国实际，解决中国问题，不断推动中华优秀传统文化创造性转化、创新性发展，不断推进知识创新、理论创新、方法创新，使中国特色哲学社会科学真正屹立于世界学术之林"④，回答好中国之问、世界之问、人民之问、时代之问。

---

① 杨东，徐信予．建构中国自主知识体系论纲．中国人民大学学报，2022（3）：7-10.
② 张东荪．知识与文化．北京：商务印书馆，1946：99.
③ 习近平．坚持历史唯物主义不断开辟当代中国马克思主义发展新境界．求是，2020（2）：9.
④ 习近平．坚持党的领导传承红色基因扎根中国大地 走出一条建设中国特色世界一流大学新路．人民日报，2022-04-26.

图书在版编目（CIP）数据

中国道路的政治经济学/谢富胜著 . -- 北京：中
国人民大学出版社，2025.4. -- ISBN 978-7-300-33852-
1

Ⅰ.F120.2

中国国家版本馆 CIP 数据核字第 2025XD6082 号

党的创新理论体系化学理化研究文库

中国道路的政治经济学

谢富胜　著

Zhongguo Daolu de Zhengzhi Jingjixue

出版发行	中国人民大学出版社	
社　　址	北京中关村大街 31 号	**邮政编码**　100080
电　　话	010 - 62511242（总编室）	010 - 62511770（质管部）
	010 - 82501766（邮购部）	010 - 62514148（门市部）
	010 - 62515195（发行公司）	010 - 62515275（盗版举报）
网　　址	http://www.crup.com.cn	
经　　销	新华书店	
印　　刷	北京联兴盛业印刷股份有限公司	
开　　本	720 mm×1000 mm　1/16	**版　　次**　2025 年 4 月第 1 版
印　　张	18 插页 3	**印　　次**　2025 年 4 月第 1 次印刷
字　　数	260 000	**定　　价**　138.00 元